高校大学生就业与创业的发展与创新研究

严 颖 著

中国国际广播出版社

图书在版编目（CIP）数据

高校大学生就业与创业的发展与创新研究 / 严颖著. —— 北京：中国国际广播出版社，2023.1
ISBN 978-7-5078-5193-9

Ⅰ.①高… Ⅱ.①严… Ⅲ.①大学生 – 职业选择 – 研究 Ⅳ.①G647.38

中国版本图书馆CIP数据核字(2022)第156419号

高校大学生就业与创业的发展与创新研究

著　　者	严　颖
责任编辑	张晓梅
装帧设计	晟　熙
出版发行	中国国际广播出版社　[010-83139469　010-83139489（传真）]
社　　址	北京市西城区天宁寺前街2号北院A座一层
	邮编：100055
网　　址	www.chirp.com.cn
经　　销	新华书店
印　　刷	廊坊市广阳区九洲印刷厂
开　　本	787mm×1092mm　1/16
字　　数	240千字
印　　张	11.5
版　　次	2023年1月北京第1版
印　　次	2023年1月第1次印刷
定　　价	68.00元

欢迎关注本社新浪官方微博
官方网站 www.chirp.cn

版权所有
盗版必究

前　言

随着时代的发展，人们越来越注重教育问题，各大高校不断扩招，校园储备人员庞大，每年高考的学生数量也是越来越多。随着大学生队伍越来越大，新的问题也随之而来，其中最严重的就是大学毕业生所要面临的就业问题。毕业生要进入社会就业，用人市场却趋于饱和，很多人就业困难。想要解决这一问题，需要鼓励学生自主创业，通过创业的方式缓解市场压力，增加就业岗位。

目前我国就业市场严峻，大学生在毕业时往往面临着艰难的就业空窗期，毕业生人数过多，形势严峻。大学生创业可以拉动就业市场，缓解就业压力。我国目前正在极力推荐大学生开展自主创业，政府也推出一系列鼓励措施，启动资金的支持、创业技术的指导、政策的配合与人才的聚集等，为大学生创业提供便利条件。大学生在校期间进行创业，不仅有助于缓解大学生就业压力，还有助于学生积累社会经验，在过程中发现自身优势，为自身增加资本，促进社会发展。

大学生在创业过程中作为公司的老板，肩负着整个团队的荣耀，需要对员工负责，对执行的项目承担责任，对每一项环节了然于胸，以便于更好地带领团队走向成功。大学生创业者作为团队的决策者，具有良好的管理能力尤为重要，只有具备良好的管理能力，可以将整个团队凝聚起来，整个团队才能更好地进步，工作效率才能提高。除了需要具备良好的管理能力，大学生创业者还需要具备市场分析能力，创业本就是一件有风险的事情，大学生创业者只有具备良好的市场分析能力，才能更好地判断市场前景，抓住机遇、把握时机，做出正确的决断，对公司执行的项目做最准确的判断，为后续发展奠定良好基础。

在当今社会，科技发展快速，很多工作机器都可以代替人工开展，大大节省了人力成本，各种公司出现一系列裁员行动，这不仅标志着在职人员就业困难，也表明毕业生就业时会出现的困难。因为科技进步、岗位紧缺，即使大学生能力及知识面越来越广泛，也无法阻挡就业困难的局面，随着岗位的减少、大学生数量的增加，毕业生面临着毕业即失业的局面，很多大学毕业生赋闲在家。面对这一难题，国家推出新政策，鼓励大学生自主创业。创业作为另一种形式的就业，不仅有助于缓解毕业生工作困难的局面，也有助于为社会提供更多岗位，帮助更多人获得就业机会。

目　录

第一章　高校大学生就业观念 ··· 1
　　第一节　职业概述 ·· 1
　　第二节　大学生就业与就业指导 ·· 9
　　第三节　国外高校的就业指导 ··· 13

第二章　高校就业环境与就业观念 ··· 20
　　第一节　大学生就业形势 ·· 20
　　第二节　大学生就业环境 ·· 28
　　第三节　大学生就业政策 ·· 37

第三章　高校大学生就业的流程 ·· 46
　　第一节　大学生就业的准备与调整 ·· 46
　　第二节　大学生就业信息的收集及使用 ·· 59
　　第三节　大学生就业自荐材料的编写 ··· 73
　　第四节　大学生就业面试的内容及技巧 ·· 82
　　第五节　大学生就业协议的签订和劳动权益的维护 ································· 89

第四章　高校大学生就业心理 ··· 95
　　第一节　心理与就业心理 ·· 95
　　第二节　大学生就业心理的不良表现 ··· 96
　　第三节　大学生就业心理问题产生的原因 ·· 101
　　第四节　大学生就业心理的自我调适 ·· 104

第五章　创业导论 ··· 107
　　第一节　创业概述 ··· 107
　　第二节　创业精神与人生发展 ·· 114
　　第三节　创业与知识经济发展 ·· 118

· I ·

第六章 创业机会与创业风险 ········ 125

第一节 创业机会识别 ········ 125

第二节 创业机会评价 ········ 132

第三节 创业风险识别 ········ 137

第四节 商业模式开发 ········ 149

第七章 高校大学生创业教育的实施 ········ 158

第一节 大学生创业教育的基本理念 ········ 158

第二节 大学生创业教育的发展概述 ········ 165

第三节 实施大学生创业教育的体系构建 ········ 170

参考文献 ········ 177

第一章 高校大学生就业观念

第一节 职业概述

一、什么是职业

（一）职业的含义

职业是参与社会分工、利用专门的知识和技能，为社会创造物质财富和精神财富，获取合理报酬，作为物质生活来源，并满足精神需求的工作。它是人类社会发展到一定阶段的产物。

从不同的角度出发，人们对职业的概念有不同的论述。

中国自古就有"职业"一词，从词义的角度解释，"职"有"社会责任""权利与义务"的含义，而"业"是以某种特殊的技能"从事某种业务""完成某种事业"。

美国社会学家塞尔兹认为，职业是一个人为了不断地取得收入而连续从事的具有市场价值的特殊活动。这种活动决定着从事它的那个人的社会地位。杜威从实用主义哲学观点出发，认为职业是人们可以从中得到利益的一种生存活动。日本职业专家保谷六郎认为，职业是有劳动能力的人，为了生活所得而发挥个人能力，向社会贡献而连续从事的活动。我国学者姚裕群认为，职业是一个中性的概念。从社会的角度而言，职业是指人们为了谋生和发展而从事的相对稳定的、有收入的、专门类型的社会劳动。就个人的角度而言，职业则是指个人扮演的一系列工作角色。

在现实生活中，人们无不与职业活动发生着紧密的联系，职业活动几乎贯穿每个人的一生。人们在生命的早期阶段接受教育与培训，是为了将来的职业活动做准备。人们从青年时期走入职业生涯，到老年最终离开职业岗位，即使退休以后，还仍然参与职业活动，因此，职业活动是每个人社会生活中的重要组成部分。

在社会生活中，每一个有劳动能力的人都要从事一定的生产劳动或工作，用以维持生活，承担社会义务，促进社会发展。人的社会生活和工作领域是非常广阔的，职业门类极其繁多，但每个社会成员只能在某个领域做某种具体工作，以其有限的生命在有限的空间内占有一席位置，这就是他的职业。从社会生产的角度来看，职业是社会分工的结果，一定的社会分工或社会角色的持续实现，就形成了职业。

综上所述，职业具有经济性，即人从中取得收入；职业具有技术性，即人可发挥才能和专长；职业具有社会性，即人要承担生产任务，履行公民义务；职业具有促进性，即人要符合社会需要，为社会提供有用的服务；职业具有连续性，即人所从事的劳动相对稳定，是非中断性的。

（二）职业的内涵与外延

（1）职业的内涵主要包括以下四点：①与人类的需求和职业结构相关，强调社会分工。②与职业的内在属性相关，强调利用专门的知识和技能。③与社会论理相关，强调创造物质财富和精神财富，获得合理报酬。④与个人生活相关，强调物质生活来源，并设计满足精神生活。

（2）职业的外延主要包括以下三点：①有工作，即有事可做，有事可为。②有收入，即获得工资或其他形式的经济报酬。③有时间限度，即从事的劳动具有一定的连续性。

对大学生来说，深刻理解职业的内涵与外延，结合自己的特点选择职业非常重要。

二、职业的分类

职业分类是指按一定的规则、标准及方法，按照职业的性质和特点，把一般特征和本质特征相同或相似的社会职业分成并统一归纳到一定类别系统中去的过程。世界各国国情不同，其划分职业的标准有所区别。

（一）我国的职业分类方法

1. 我国的职业分类

我国劳动和社会保障部、国家质量技术监督局、国家统计局联合颁布了《中华人民共和国职业分类大典》，根据在业人口所从事的工作性质的统一性进行分类，将我国职业归为8个大类、66个中类、413个小类、1838个细类（职业）。

2. 我国的产业结构

根据行业性质，《国民经济行业分类》将所有行业分为三大产业，具体如下。

第一产业是指农、林、牧、渔业（不含农、林、牧、渔服务业）。

第二产业是指采矿业（不含开采辅助活动），制造业（不含金属制品、机械和设备修理业），电力、热力、燃气及水生产和供应业，建筑业。

第三产业即服务业，是指除第一产业、第二产业以外的其他行业。第三产业包括：批发和零售业，交通运输、仓储和邮政业，住宿和餐饮业，信息传输、软件和信息技术服务业，金融业，房地产业，租赁和商务服务业，科学研究和技术服务业，水利、环境和公共设施管理业，居民服务、修理和其他服务业，教育，卫生和社会工作，文化、体育和娱乐业，公共管理、社会保障和社会组织，国际组织，以及农、林、牧、渔业中的农、林、牧、渔服务业，采矿业中的开采辅助活动，制造业中的金属制品、机械和设备修理业。

（二）国外的职业分类方法

根据西方国家的一些学者提出的理论，在国外一般将职业分为三种类型。

（1）按脑力劳动和体力劳动的性质、层次进行分类。这种分类方法把工作人员划分为白领工作人员和蓝领工作人员两大类。白领工作人员包括：专业性和技术性的工作，农场以外的经理和行政管理人员、销售人员、办公室人员。蓝领工作人员包括：手工艺及类似的工人、非运输性的技工、运输装置机工人、农场以外的工人、服务性行业工人。这种分类方法明显地表现出职业的等级性。

（2）按心理的个别差异进行分类。这种分类方法是根据美国著名的职业指导专家霍兰创立的"人格—职业"类型匹配理论，把人格类型划分为六种，即现实型、研究型、艺术型、社会型、企业型和常规型。与其相对应的是六种职业类型。

（3）依据各个职业的主要职责或从事的工作进行分类。这种分类方法较为普遍，以两种代表示例。其一是国际标准职业分类。国际标准职业分类把职业由粗至细分为四个层次，即8个大类、83个小类、284个细类、1506个职业项目，总共列出职业1881个。其中，8个大类是：①专家、技术人员及有关工作者；②政府官员和企业经理；③事务工作者和有关工作者；④销售工作者；⑤服务工作者；⑥农业、牧业、林业工作者及渔民、猎人；⑦生产和有关工作者、运输设备操作者和劳动者；⑧不能按职业分类的劳动者。这种分类方法便于提高国际职业统计资料的可比性和国际交流。其二是加拿大《职业岗位分类词典》的分类。它把分属于国民经济中主要行业的职业划分为23个主类，主类下分81个子类、489个细类、7200多个职业。此种分类对每种职业都有定义，逐一说明了各种职业的内容及从业人员在普通教育程度、职业培训、能力倾向、兴趣、性格以及体质等方面的要求。

三、职业的功能

（一）个人功能

职业生活在人们生活中是居首要地位的活动，解决好职业问题对人的一生发展具有重大的意义。人们除了必须从事某种职业得以维持生计外，还可以通过职业活动参与社会实践，获得应有的社会地位，实现自己的人生理想。具体来说，职业的个人功能主要表现在以下几个方面。

（1）职业是个人获得经济收入的来源，是个人维持家庭生活的手段。人们通过职业为社会奉献劳动，社会按照一定的标准付给劳动者一定的报酬，这些报酬成为劳动者及其家庭成员生存和发展的主要经济来源。不同的职业给人们带来的经济收益存在一定的差别，这也直接影响人们的物质生活水平的高低。

（2）职业是促进个性发展的手段。职业活动是按照一定的社会规范和内在规律运行，每种职业都有其独特的活动结构，对从业者有着特定的要求。个体从事一定的职业会促进个体在相关方面兴趣的培养和个性的发展，促使个体不断完善自身，从而促进个性的发展。当个人从事的职业能使个人的特长、兴趣得到充分发挥时，也就促进了个性的充分发展。择业的成功和职业上的成就，能够满足人们实现社会价值的需要，提供成就感，满足受到社会尊重的愿望，也满足了自我实现的需要。

（3）职业对个体的生活方式有直接的影响。生活方式有广义和狭义之分。狭义的生活方式主要指的是人们的消费方式、言谈举止方式和其他日常生活方式；广义的生活方式，除包括狭义生活方式的内容外，还应包括人们的劳动方式或工作方式。由于不同的职业要求，其就业者必须掌握不同的知识和技术，遵守不同的职业规范，这就决定了不同职业有着不同的劳动方式或工作方式。

在现实生活中，人们经常可见职业对人们的消费方式、言谈举止方式和其他日常生活方式的影响。一般情况下，人们可以从对方的言谈话语、行为举止判断出对方属于哪一个具体的职业。一个人长期从事某种职业，就形成一种特殊的职业标准类型。这种职业生涯类型将会长期影响其以后的生活方式，甚至可能影响其终身。

（4）职业是个人贡献社会的途径，是劳动者创造人生价值的舞台。由于职业分工不同，从事不同职业的人们对社会所承担的责任大小也就不同，这对于一个人的人生道路的选择以及生活目标的确立有着直接的影响。人们往往在自己长期从事的某一特定职业的实践中，通过职业实践付出艰辛劳动，为社会贡献自己的力量，实现自己的人生价值。

（二）社会功能

职业的社会功能主要表现在以下几个方面。

（1）职业的存在和职业活动构成了人类社会的存在和社会活动，是社会财富的生产和创造过程。任何人生活在世界上都要从事一定类别的职业活动，没有脱离一定职业活动的人类活动。职业劳动创造出社会财富，从而为社会的存在和发展奠定物质基础，在创造物质财富的基础上，也同时生产着精神财富，构成人类的一切社会活动。一个社会如果没有专职的科技工作者，就不会有科学技术的日益发展；没有专职的医务工作者，就不会有医疗技术的进步。

（2）职业也是维持社会稳定、实现社会发展的手段。职业的发展是推动社会进步的动力。人类社会是由政治、经济、文化、教育、科学技术、军事等诸方面构成的，人类社会的发展是以上诸因素共同发展的结果，这些因素的发展又是同与之相适应的职业分不开的。职业活动、各行各业间的相互关系与合作形式反映了社会的运作方式。职业的载体是人，没有职业活动，现代社会就不能维持和运转，更谈不上发展。所以，职业活动是保障社会生存、保持现代文明的复杂结构及经济和社会发展的先决条件。

四、职业评价与职业声望

（一）职业评价

职业评价反映了人们对职业的主观认识态度，通常以公众尺度和自评尺度两种方式体现。公众尺度所反应的是由不同背景的公众对职业等级的排列次序；自评尺度所反应的是个体对职业等级的排列次序。两者之间相互联系，相互影响。因为专业与职业是相互联系的，所以大学生对专业评价和对职业的评价也是相互联系而发生的。对职业的评价直接影响到职业的选择和就业后的职业流动。

在人们的观念中，众多的职业可以按照"好""坏"标准顺序排列，但是好坏的标准并不是一成不变的，它常常由时代、制度、政策，甚至民族和区域的不同，评价有所不同。人们知道元代有"一官、二吏、三僧、四道、五医、六工、七猎、八民、九儒、十丐"之说。在中华人民共和国成立前后，人们对演艺职业有天壤之别评价。在我国经济体制改革前后，人们对从事个体职业的人评价也有很大不同。再有我国壮族重农轻商，而藏族则非常看重出家做僧侣……

当然，一般来说，评价职业地位"好"与"坏"的因素主要有四项：职业的社会功能、职业的社会报酬、职业自然条件和职业要求。

（1）职业的社会功能。职业的社会功能是指一定的职业对社会的作用，它由责任、权利、义务体现出来。社会功能大的职业，任职条件高，职业层次也高。

（2）职业社会报酬。职业社会报酬是指任职者的工资收入、福利待遇、晋升机会发展前景等。这是一个比较综合的指标。如工资收入高，并不一定福利待遇高，也不一定晋升机会多，发展前景就好。因此，不同的人以不同的认识来评判。

（3）职业自然条件。职业自然条件是指与职业活动相关的自然工作环境，如技术装备、劳动强度、安全系数、卫生条件等。职业自然条件好，职业社会层级也高。

（4）职业要求。职业要求是指一定职业对职业者各项素质的要求。职业对人要求越高，被人替代的可能性就越小，职业社会层级也越高。

（二）职业声望

职业声望是职业地位在人们头脑中的主观反映，反映了一定时期人们对职业的态度。研究者一般是采取选择具有代表性的公众和代表性的职业，通过调查数据来排列职业声望，反映职业地位。

职业声望是职业社会功能、职业社会报酬、职业自然条件和职业要求四项因素的综合反映和综合作用的结果，任何单项因素都不能全面反映职业声望的状况。有的职业从业者经济收入高，但社会地位并不高，如个体工商业者。

由于职业声望是人们对职业社会地位的主观反映，因此，不可避免地带有个人的偏见以及受社会环境、舆论氛围等其他因素的影响，使职业声望和社会地位出现了一定的差异性，主要表现在以下六个方面。

（1）个人偏好。有人形成了对某一种或某一类职业的好与恶的心理定式，缺乏客观性和全面性，只以职业声望的个别因素为评价依据，来对职业进行评价，必定得出片面的结论。

（2）社会环境。人是一定的社会环境的人，人们对职业的评价往往被社会上出现的某类个别现象所引导，如时尚性、趋利性等。尤其是一定社会的政治和文化背景，直接左右着人们对职业的评价。

（3）舆论氛围。一定时期内大众舆论所造成的具有倾向性认同的职业，虽然职业地位不高，但因其收入等其他因素，使评价者对某一种或一类职业出现了心理倾向性。

（4）性别差异。职业社会调查结果显示，男女对职业声望的总体评价大致相同，但在绝对分值中则显示了性别的差异性。

（5）教育程度。受教育程度的不同，使人们对职业声望的评价也不尽相同。

（6）国别和地区。不同国别和不同地区的人们，在职业声望比较中，也显示出了差异性。职业地位是现实的，也是历史的、发展的。在农业社会，对农民的评价高于商人；工业社会，崇尚科学家与企业家，对商人的评价高于农民。从就业上来说，人们一般都愿意选择声望高的职业，或者是从职业声望较低的职业流向职业声望较高的职业。但是，有时也会出现一些非常规现象，如把收入高或工作地区作为择业的单一指向，而不顾及职业的社会功能和个人的能力特长。事实上，职业虽然有地位上的差别，但对社会贡献只是分工不同而已，清洁工一样能做出受到人们崇敬的业绩。

五、职业的产生与发展趋势

（一）职业的产生

职业是人类社会发展到一定阶段的产物，是随着社会分工的产生而出现的。原始社会是人类历史最初的社会形态，氏族是社会的基本生产单位和组织。氏族成员中存在着自然劳动分工，如男子狩猎、捕鱼，女子在家抚养子女、管理家务。这种分工几乎是纯自然和自发的，是建立在性别、生理差异和年龄状况基础上的，还不能称为职业分工。随着社会生产力的发展，人类征服自然能力的提高，原始农业在社会生产中的重要性越来越明显，农业在社会生产中起主导作用。随后，由于社会生产力的逐步发展，产生了三次社会大分工。第一次社会大分工，畜牧业从农业中分离出来；第二次社会大分工，工业从农业中分离出来；第三次社会大分工，出现了商业和各类服务业。经过三次社会大分工之后，氏族解体，私有制产生，阶级出现，至此，职业活动已成为普遍的社会现象。

当原始社会发展到后期，随着生产力的进步，出现了畜牧业与农业、手工业与农业的分离，继而又出现了专门经营畜牧业、农业和手工业产品交换的商业。由于有了这些社会分工，便出现了最初的职业，如农夫、牧人、工匠、商人等。进入奴隶社会，随着生产力的发展，出现了大量的剩余产品，使社会上的一部分人有可能脱离体力劳动，依靠别人的剩余产品来生活。奴隶主和富商们完全摆脱了体力劳动，其中一部分人专门从事管理国家、组织生产等活动，由此出现了脑力劳动和体力劳动的大分工，职业的种类又有所增加。

封建社会使职业得到发展。随着封建社会农业经济和社会的发展，冶铁、纺织、陶瓷、造纸、印刷、造船、酿酒、制糖、制茶、漆器和武器制造等手工业、商业、自然科学、文学艺术等领域也都有了很大的进步。除在奴隶社会已经出现的农民、手工业者、商人和生产管理者外，又出现了艺术家、诗人、文学家、科学家、医生、教师等新的职业。在新行业产生与兴旺的同时，旧的、落后的行业就逐渐消失了。如冶铁技术的兴起和发展将青铜铸造业挤出了历史舞台，从事青铜铸造业的人就改行从事其他职业了。

资本主义社会带来了职业的繁荣。从18世纪中期起，由于科学技术的发展和生产工具的改革，欧美一些国家发生了产业革命，完成了以机器生产代替手工劳动、以机器大工业及社会化大生产代替工场手工业的重大变革。大规模的机器生产使职业分工更细，而且带来了许多前所未有的职业。

（二）职业的发展趋势

职业是社会劳动分工发展的必然产物，社会分工是职业划分的基础和掌握。在人类社会发展的历史长河中，职业并非一成不变，而是在多种因素作用下不断变化与发展的。社会生产力的发展引起的社会分工的变化，决定和制约着职业的发展和变化，社会经济是直接制约和影响职业变化的重要因素。社会政治制度、宗教、文化、经济发展等诸多因素都会带来许多职业的兴衰。科技的发展使社会分工和职业分化的势头进一步加快，职业呈现出向专业化、知识化、智能化、服务化的发展趋势。

（1）社会职业种类增多，新职业频繁出现。经济领域是集中职业种类和职位数量最多的社会领域。改革开放以来我国经济飞速发展，在经济发展的过程中产生了对各个行业人才的需求。固以目前职业已远远超过"三百六十行"，据有关资料介绍，大约在20世纪70年代，世界职业种类就超过42 000种，目前则更多。

职业种类的增多还要归功于现代科学技术的新发展，社会经济发展，一些边缘科学的开发，社会服务的变化，社会政治体制及管理的变化。

（2）对知识技能的要求越来越高。知识是人类实践活动和思维成果的结晶，是人类文明得以发展和延续的基础，是人类改造自然和社会的强有力的工具。对求职者而言，知识的积累是成才的基础和必要条件。但知识数量的多寡并不能完全代表一个人真正的智能水平，因此求职者应把知识转化为专业技术。

随着社会主义市场经济体制的建立和不断完善，社会人才观及人才类型也发生了巨大变化，社会对未来人才知识的综合性结构提出了更高的要求，要求求职者不仅能够成为领域具有专业知识和技能的专门化职员，而且能够突破专业限制，成为掌握多种知识和技能的高素质复合型人才，具有良好修养，成为对社会和单位负责的合格公民。技能短缺确实阻碍经济增长、生产力发展和技能革新。低技能约束技术革新速度，而且约束采用更有生产力的劳动组织，因此，未来职业的专业性、技能性、功能性特点越来越强。

（3）未来职业中体力劳动类职业与各种职业中的体力成分大大降低。科技进步给职业发展带来巨大冲击，现代科技的发展带来了许多新技术、新产品和新工艺，这些新技术、新工艺的研究开发、应用，必然导致部分职业的新旧更替。例如，电子计算机技术的发展，使得电报发报、电话接线、机械打字等传统职业逐渐走入末路，但随之而来的电子通信网络服务，电脑保安、计算机制造、调试、维修、设计、培训等新职业一个个破土而出。因此，科技发展使职业发展越呈现出这样的特点，即脑力劳动职业发展速度越来越快，体力劳动职业将越来越少，信息时代社会产业结构的变化将不断加剧，这使得一部分职业兴旺，而另一部分职业被淘汰的现象大大增加，也使得人们在职业间的流动大大增加，结构性失业问题会越来越多。

信息对人们的职业发展具有不可估量的价值，它是现代社会个人或组织赖以生存的基础性资源，信息不仅是知识的传载体，也是机遇的化身。信息隐含着许多机遇信号，职业人员要想谋取理想的职业岗位，充分发挥职业才能，不仅取决于学识技术能力和社会经济需求等因素，也取决于求职者能否掌握足够的职业信息。

现代信息科学技术不仅极大地推动着社会生产力和经济的迅猛发展，也为信息传播创造了优越的条件。人们每天都在通过各种渠道接受巨大的信息流，现实存在的职业信息告诉我们社会经济生活和职业发展的真实面貌。透过职业信息，人们可以从实际出发看待个人的发展方向，调整个人的职业专业学习内容，有利于合理地调整职业方向，从而避免因信息时代职业变化过快而发生的结构性失业。

（4）服务业发展迅速。服务性行业是随着经济发展而得到发展的一个行业，经济越发达，服务性行业就越兴旺。而且世界经济在飞速向前发展，这必将带动服务性行业的发展，而服务性行业又是劳动密集型行业，它的发展必将带动我国几亿农村劳动力的就业。21世纪劳动力市场需要的不再是只懂得遵守纪律的生产线工人，而是有主见、独立的公民，能承担风险的企业家，并且在全球化和技术进步的背景下，能不断汇聚新出现的具有专业技能的技术人才，在对技能的需求方面，劳动力市场对常规及非常规动手能力、常规认知的需求降低，而对非常规分析和交往能力的需求增加，并且人才还要具备创造力和创新技能、批判性思维、信息和通信技术、交流与工作能力、伦理和社会责任感等新能力。

总之，无论哪个行业领域，技术性工作者都将成为21世纪社会的职业主体，许许多多的各类技术人员将支撑起各自所在的行业。

第二节　大学生就业与就业指导

一、就业与就业指导

（一）就业

1. 就业的概念

就业是指劳动者同生产资料相结合，从事一定的社会劳动并以此获得劳动报酬或经济收入的活动。就业应具备三个基本条件：一要从事社会劳动，二要得到社会承认，三要有一定的报酬或收入。凡是符合这三个条件，就算就业。

2. 就业的基本特征

（1）社会性。劳动者与生产资料是构成就业的基本要素。两者相结合，处于一定的生产关系之中。生产关系就是社会关系，就业总是受到社会关系的推动和制约，总是同社会的现状与发展密切相关的。

（2）经济性。对社会来讲，就业活动在宏观上要求尽可能充分合理地利用社会劳动力资源，对劳动者个人来讲，就变是获得生活资料的手段。就业活动的结果要尽可能地满足劳动者不断增长的物质和文化生活的需要，使劳动力再生产的条件不断完善。

（3）计划性和合理性。劳动者和生产资料的结合不是任意进行的，而是要按一定的计划和比例来进行。其计划的方式由生产关系决定，结合的比例取决于生产力的发展水平。

（4）变动性和相对稳定性。随着生产力水平的提高和社会分工的不断发展，劳动者就业岗位的变换越来越频繁。这种变动在现代社会是不可避免的。同时，不同劳动资料与劳动对象相结合的劳动就业岗位，对劳动者的文化技术水平有着不同的要求。要提高结合的效益，就要不断提高劳动者的素质，并使劳动者尽可能地稳定在一个就业岗位上。

（二）就业指导

1. 就业指导的概念

就业指导也可称为"求职择业指导""职业指导"或"职业辅导"，它有狭义和广义之分。狭义的就业指导是给被指导者传递就业信息，帮助其求职与择业，为其与职业的结合牵线搭桥。广义的就业指导是以被指导者的自身特点、自愿与社会职业的需要相协调为前提，帮助和指导其树立正确的就业意识，并为其选择职业、准备就业以及在职业中求发展、求进步等提供知识、经验和技能，组织劳动力市场以及推荐介绍、组织招聘等与就业有关的综合性社会咨询服务活动。

2. 就业指导的作用

就业指导的目的是使无业者有业，有业者敬业，敬业者乐业，乐业者创业。大学生的就业指导是广义上的就业指导，是为了帮助大学生根据自身特点和社会职业需要，选择并确定有利于发挥个人才能和实现个人理想的职业；帮助大学毕业生按照国家就业政策的导向，及时落实用人单位或自行创业；为其就业后发展成才、创立事业提供帮助和指导，使其正确地实现自己的人生价值和社会价值。从根本上说，就业指导就是要帮助大学生树立正确的世界观、人生观、价值观，增强毕业生适应经济建设和社会发展的能力。一方面要为全面提高学生的素质和其顺利就业提供多方面的服务；另一方面是要帮助和引导学生根据自身特点和社会职业的需要，选择最能发挥自己才能的职业，全面、迅速、有效地与工作岗位结合，实现其人生价值和社会价值。

二、就业指导历史的由来

（一）大学生就业指导的产生与发展

随着社会分工的发展，人们就有了从事不同职业的需要，但在一个多世纪以前，由于社会分工简单、职业分类过粗，职业指导的问题并非迫切。到19世纪末20世纪初，资本主义得到了迅速的发展，社会分工越来越细，新的职业不断出现，以美国为代表的移民国家由于经济发展迅速，新的工业部门不断涌现，需要对人进行合理安置，职业也对人提出了一系列的要求，因此就有了职业指导的迫切需要。

基于社会的需要，美国的铁路工程师、律师帕森斯热衷于帮助青年人选择职业的工作，他于1908年在美国的波士顿创办了世界上第一个就业指导机构——波士顿地方职业局，自任该局的第一任局长，开始系统的职业活动。他在第一次报告会上，使用了"职业指导"这一概念，其后这一名词在美国广泛使用，并很快传播到其他国家。1909年，他的著作《选择职业》出版，这标志着就业指导工作在美国的发起。

1911年，哈佛大学首开了就业指导大学生的先河，开设就业指导十讲。1917年，波士顿职业局并入哈佛大学教育研究生院，更名为哈佛大学教育研究生院职业指导局，这标志着美国大学就业指导工作正式开展。

我国也是世界上开展就业指导工作较早的国家之一。20世纪初，留美归国学生倡导和发起就业指导。1916年，中华职业教育社主办的刊物《教育与职业》第15期专门刊出《职业指导》专号，进行宣传和倡导。1923年，清华大学设立职业指导委员会。1931年9月21日，全国职业指导机关联合会成立，并以研究职业指导为宗旨。同年12月14日，联合会举行了第一次年会。著名的教育学家蔡元培、黄炎培等都为就业指导做出过重要贡献。倡导就业指导最得力的组织首推中华职业教育社。该社成立于1917年，以"使无业者有业，使有业者乐业"为社训，其主要工作内容为：一是调查本地重要职业；二是调查毕业生的基本情况；三是征求实业家对毕业生的要求；四是给毕业生讲演择业要点。1924年，该社在上海、南京、济南、武汉等地举行了为期一周的职业指导活动。1927年9月，上海职业指导所成立，宗旨为求人者得人，求事者得事，工作内容包括升学指导、职业咨询、职业测验、职业演讲、职业调查、择业指导、改业指导等。1931年，南京、无锡、常熟、嘉定等地也纷纷设立职业指导所。全国各地青年协会每年举行夏令营，邀请有关专家研究青年职业问题，出版刊物，指导青年就业。

当时中国职业指导的倡导者们花了不少力气，想了不少办法，使中国的职业指导从无到有，取得了一定成效，但由于其后外侵内乱，教育落后，社会发展缓慢，就业指导中断。中华人民共和国成立后，由于实行高度集中的计划经济，毕业生就业实行统包统配制度，人们的思想意识中没有开展就业指导的必要，所以从新中国建立到70年代末期，就业指导一直中断。

（二）我国开展大学生就业指导的历程

我国就业指导工作的恢复是在20世纪80年代中期。当时上海和北京的一些职业中学为帮助学生顺利就业开始试行职业指导，当时的劳动人事部还编写了培训教材《就业指导》。对大学来说，深圳大学首开改革开放后大学生就业指导的先河。深圳大学是我国改革开放后成立的一所新型大学，学生毕业后不包分配、自谋职业，因此，就业指导工作破土而出。深圳大学1986年成立了大学生就业指导中心，中心为学生就业开展咨询服务活动，开设就业辅导课，编辑《就业指导报》，搜集、储存就业信息，设立就业信息公布栏，组织用人单位进行招聘，使该中心成为学生就业的桥梁和纽带。

在毕业生就业改革的新形势面前，原国家教委积极推动大学生就业指导工作的开展。1983年底，原国家教委创办《毕业就业指导报》；1989年4月，筹建"全国高等学校毕业生就业指导中心"，经过两年时间的准备，1991年2月中心正式挂牌成立；1993年原国家教委创办了《中国大学生就业》刊物，并成立了毕业生就业指导专业委员会，研究毕业生就业制度改革和就业指导理论及工作的开展，并多次发出通知，要求适应毕业生就业制度改革，积极开展就业指导工作。

1991年，在《高等学校毕业生分配制度改革方案》（简称《方案》）中，把就业指导工作作为毕业生就业制度改革的配套措施，要求各地方、各部门和各高等学校建立毕业生就业指导机构。《方案》提出，就业指导机构的主要任务是：贯彻国家毕业生就业的政策、法规，发布毕业生供求信息，架起沟通毕业生、学校、用人单位之间的渠道，对毕业生进行就业指导，为毕业生创造公平竞争的客观条件，指导"双向选择"工作的正常运行，研究解决工作中出现的矛盾和问题，为学校反馈信息。1995年国家教委办公厅又发出通知，要求把就业指导列入正式的教育教学计划。

从目前来看，我国已形成了以教育部为主的领导和指导机构，形成了高等学校以及主管毕业生就业的各省和地方人事部门的毕业生就业指导或服务机构，形成了纵向贯通、横向交流的就业指导模式。社会上面对毕业生就业服务和帮助企事业单位人才录用服务的人才评价机构也已诞生。这标志着我国的大学生就业指导工作已进入了科学化和规范化的轨道。高校的就业指导工作正蓬勃开展，对问题的研究不断深入，内容不断扩展，认识不断提高。高校的就业指导工作在形式上生动活泼、灵活多样。教育部提出高等院校要把就业指导列入必修课。我国高等院校的就业指导工作再上新台阶。

三、就业指导的主要内容

（一）就业理论指导

这是就业指导的重要内容，主要是对大学生进行思想教育，引导学生树立正确的人生观、人才观和就业观，帮助大学生科学认识和正确对待就业。理论指导重点是解决好以下几个问题：①树立正确的成才观，认识如何成为适应社会发展的高素质人才；②树立正确的择业标准，指导毕业生把个人理想与国家需要结合起来，从实际出发，适应社会发展的要求；③确立职业道德。

（二）职业生涯发展规划指导

按照自身和社会的实际情况来设计、规划自身未来的职业发展方向和目标，进而为实现该目标而努力。

（三）就业政策法规指导

①通过就业政策指导，使学生了解国家制定的全国性的就业改革、有关部门和省市制定的行业性和区域性就业政策以及所在学校制定的具体实施意见，按有关规定就业；②劳动法规指导。大学生就业的实质是与用人单位建立劳动合同关系，就业法规指导大学毕业生依法办事，用劳动法维护自身的权益，履行应尽的义务；③就业工作程序指导。这有利于大学毕业生在规定的时间段内收集信息，参与双向选择、进行毕业鉴定、办理报到手续等，而不影响学校正常的教育秩序和学生的学习。

（四）就业心理指导

随着就业竞争的日趋激烈，大学生的择业心理问题近年来呈上升趋势，各种心理障碍和心理疾病影响大学生顺利走向社会。就业指导还要运用心理学的原理和方法，针对大学生心理发展特点和择业中暴露出来的心理问题，进行择业心理教育与指导。

（五）就业信息指导

学校通过多种渠道收集和掌握社会需求信息，通过整理、归纳和分析预测就业动态和人才的供需矛盾，了解和掌握用人单位对人才素质的要求，并及时将信息传递给学生，以对他们的求职择业及自我塑造和发展起到帮助和导向作用，包括国家宏观就业形势的分析指导、收集具体就业信息的指导。

（六）就业技巧指导

求职是一门艺术，有许多技术和技巧，求职的技巧有时对学生能否成功择业产生直接影响，因此求职技巧的指导具有较强的实用性，对保证求职的成功具有重要的意义，包括自荐技巧（主要是递送自荐材料）、面试技巧、礼仪的指导。

（七）走向职业成功的指导

学生从学校走向社会是人生道路上的一大转折。学生在刚刚走上工作岗位时，由于时间环境发生了变化，需要一个适应的过程，在这个过程中，要完成从学生到职业人的角色转变，需要经历社会化和再社会化的过程。如何尽快适应环境，进入新的角色状态，完成工作以后的心理调适，是就业指导需要解决的问题。要通过走向社会的指导，帮助学生及时调整自己的心理，尽早进入新的角色状态，尽快适应环境，适应社会，树立信心和责任感，用自己所学知识在实际工作中乐业、敬业，脚踏实地地干一番事业。

（八）创业教育和指导

党的十七大明确提出了"实施扩大就业的发展战略，促进以创业带动就业"的要求。党的十八大报告提出："引导劳动者转变就业观念，鼓励多渠道多形式就业，促进创业带动就业。"

面对大学生就业难的压力及社会对创业人才的迫切需求，对大学生进行创业教育，增强创业文化的熏陶，让大学生了解创业知识和国家鼓励创业的政策，使他们能够按照国家政策导向和学校的要求，增强创业意识，提高创业技能，使有创业才能的大学生通过自己的创业为社会创造更多的就业岗位。

第三节　国外高校的就业指导

一、美国高校大学生就业指导

美国实行的是大学生自由就业制度，学校对大学生就业不承担责任。但由于毕业生就业情况关系到高校的声誉和地位，特别是关系到学校的办学效益，所以各高校都十分重视大学生就业指导工作，投入了大量的财力、物力、人力，使其蓬勃发展。

（一）美国高校大学生就业指导内容

1. 学生自我评价、专业定向和择业目标指导

学生从入学起，就业中心就通过心理测试等方法帮助学生对自身的性格、兴趣、爱好、能力等做出评价，使学生在自我评价的基础上进行专业和职业定向；进入毕业前期，通过咨询方式与学生面谈，帮助学生找出适合自己兴趣、能力、价值观的专业与职业领域，指导学生确定择业目标。对学生进行求职择业训练，包括如何写个人简历、求职信，如何获取信息，怎样展示个人特长，求职面试要领等。其方式有个案咨询辅导，也有培训班、指导课形式的集体辅导，还通过模拟应聘面试、音像教学等多种形式给学生以指导。

2. 就业信息服务

通过信息网络及时把各种社会需求信息收集起来。学生可以随时通过信息网络查到自

己所需要的全国乃至世界各地的需求信息,也可以把求职信息通过网络传送给雇主。此外,就业指导机构还备有各类有关耕业指导的图书、报纸、杂志、企业介绍材料,供学生随时查阅。

3. 拓展实践途径

由于许多雇主非常看重学生的社会经历、实践经验和动手能力,学校努力为学生提供到需求单位实习、工作的机会。各校都有一批长期保持密切联系的企业和机构,通过组织学生去实习、工作,增强学生的社会实践能力,为供需双方提供互相选择的机会。

4. 服务雇主

当毕业生与雇主达成就业意向之后,雇主往往要派专人来校与毕业生面对面洽谈,学校就业机构在这方面的接待服务也是经常性的、大量的。

5. 举办校园的招聘面试活动

各大学在教学日历上都安排固定的学生就业招聘日程,在校园内定期举办招聘面试活动,届时学校的就业机构要接待来自各界的招聘代表,组织类似我国高校的"供需洽谈会"活动。

(二)美国高校大学生就业指导工作特点

1. 就业指导与学校教学工作相结合

学生从入学起,学校就为学生提供前期职业指导服务,在选择专业和课程方面给学生以帮助;进入高年级特别是毕业学年,学校又为学生提供就业信息服务和就业技巧训练等方面的帮助;毕业后,毕业生仍可回到母校接受各种就业指导和培训教育,获得学校延续不断的服务和帮助。

2. 就业指导顺应社会需要与职业要求

美国高校通过社会各界对各个高校评价情况排名公布以及产学合作教育等方式,加强与社会、与职业界的联系,了解就业市场需求,提高学生职业素养与就业竞争力。

3. 就业指导人员职业化、专业化、专家化

就业指导人员一般都具有心理学硕士或者博士学位,并具有职业咨询师资格。据统计,目前全美国共有职业咨询师16万人,其中80%在高校,为校内职业咨询师。

(三)美国高校大学生就业指导的局限性

1. 缺乏主流的价值观导向

受西方文化的影响,各高校就业指导工作中一般不对学生持有的价值观加以评价,只是帮助学生了解自己的问题,更深入地认识自己,进而协助他们调适矛盾和处理情绪,引导他们自己去解决问题。因此,容易导致学生过于关注自我的发展而忽略社会需求。

2 适用性不够广泛

美国的就业指导理论及方法具有浓重的西方色彩。东西方的地域、历史、文化、思想的差异,决定了这些就业指导理论、具体操作方法引入他国必须经历一个本土化的过程。

3.生活指导与社会教育缺乏有机结合

美国高校的学生大部分是走读的，住宿分散，教学采用学分制，这直接影响他们参与校内活动，特别是接受指导服务，造成了学生集体生活的缺乏和集体观念的淡漠，教育的效果很容易被社会不良风气冲淡，难以得到保证和巩固。

4.过分依赖测试手段

随着测试手段的广泛运用，美国高校就业指导工作有过分依赖测试工具的倾向，缺乏生动、具体、灵活的工作。由于青年时期是人的思想、心理、价值观极易变化的时期，测试结果仅是学生某一时期各方面的瞬间体现，因此测试结果的科学性、长效性不高，影响了工作效果。

二、日本高校大学生就业指导

日本的政府、高校、社会都非常重视高校毕业生的就业工作。就政府而言，逐渐形成了由文部科学省主管、厚生劳动省协管、大学生就业指导部门为中心、企业提供支持、就业考试予以保障、大学生积极参与的政府主导型就业促进类型。

（一）发挥政府职责，保障和稳定毕业生就业

1.改进教育培训体系，提升大学生的就业能力

日本节部科学省于2000年提出了"大学生生活的充实方针和政策"的报告，提出改善学校学生生活的种种方针和政策，并要求各大学积极培养学生的职业观，对学生实施一对一的细致入微的就业指导，建立和完善学校内的就业指导体制。

日本厚生劳动省于2004年7月推出"青年就业基础能力支援项目"。该项目是厚生劳动省基于对企业的调查，将企业录用时所重视的能力——"就业基础能力"，整理为五个方面，分别为职业人意识、沟通能力、商务礼仪、基础学力和资格取得能力，并且对相关的讲座（考试）进行规范认定，推出"认定讲座、考试"（1784个讲座、316项考试）制度。修完认定讲座或者认定考试合格并取得相应资格的青年可以申请并获得厚生劳动大臣署名的能力证明证书。

日本2009财年补充预算（第2号）拨款1亿日元用于在大学设立帮助大学生就业的"职业顾问"，以加强教育辅导、开设职业课程等方式促进大学生就业。2009年日本政府发布的"紧急雇佣政策"专门强调对毕业生的就业支援，通过文部省改善就业辅导、设置帮助学生制订"生活规划"的职业教育指导课程，促进高校职业指导的制度化。2010年推出"应届大学毕业生就业支援项目"，该项目强调促进大学生的就业意识，加强就业支援，鼓励大学生积极提高就业能力。文部科学省将向130所通过审查的大学提供每年约2000万日元的专项经费支持。同时，政府拿出108亿日元专项资金，给予符合条件的实习生技能学习补助，给予企业教育训练技能补助和宿舍补助。

2. 积极采取措施，鼓励大学生自主创业

日本政府采取多重措施积极鼓励大学生创业。2002年编制了一项1844亿日元的预算，政府根据新办企业的技术含量和雇佣工人的人数，提供一定数量的新办企业扶助金。如果创办企业自谋出路，只要提出申请，政府有关部门将根据具体情况，给予一定数额的事业扶助金。只要失业、无业人员或是大学生有切实可行的创业计划，政府就为他们创业提供无担保、无抵押融资。2009年，日本政府通过修改《商法》，降低了创办企业的注册资金，允许设立1日元资金的公司，公司成立后必须逐步增加注册资本，在五年之内达到法定的资本金。日本"1日元公司"创立许可的新政策，为更多立志创业的毕业生提供了各种方便和机会。

3. 为大学生提供就业信息和咨询服务

针对大学生初次就业率的持续下降，日本政府采取了专门针对毕业生的信息发布措施，根据毕业生的特定需求提供就业信息、就业咨询与配置服务。近年来日本的主要城市设有负责介绍和安排高校毕业生就业的"学生职业中心"。此外，还有日本雇用信息中心、雇用开发协会、日本人才介绍事业协会、日本人才派遣协会、日本招聘信息协会等众多的就业咨询服务机构。2010年9月，日本政府成立了由所有的都道府县劳动局、地方政府、劳工、工业、利益相关者和学校等成员组成的"毕业生就业支援总部"，负责开展大学毕业生就业情况调查，掌握对大学生就业支援的情况，构建大学毕业生就业服务体系，建立全国企业信息检索系统，强化各都道府县学生职业综合支援中心及其网站的作用，提供实时的就业信息和咨询服务，在提供信息的同时，进行针对学生的职业适应性鉴定、就业心理咨询等服务工作。

（二）积极拓展大学生就业岗位，提高就业率

日本政府于2009年10月制定了加强对大学毕业生就业支持的《紧急雇用对策》，通过政府与企业的合作，当年为大学生提供10万个工作岗位。2010年，日本内阁府通过了"新成长战略"，除了减税之外，还在产业方面提出了七大重点领域，其中第六项"就业与人才"的战略目标将就业卡持有人数增加到300万，为大学毕业生未就业者提供了更多的机会。2010年出台的《劳动者派遣法修正案》原则上禁止仅有工作、临时签订雇用合同的登记型劳动者派遣和制造业派遣，希望把生活和收入不稳定的派遣员工引导到正式员工的雇用方式上。针对2011年春季毕业的大学生和高中生不断发生"已内定录用"被取消的情况，日本政府要求企业要加强自律，尽可能避免出现这种情况。此外，日本政府和执政党出台了关于援助企业"非正式员工"新措施的方案。根据方案，按照每人最高100万日元的额度，向把派遣员工转为正式员工的派遣企业提供资金支持；向录用已被取消"内定录用"毕业生的企业发放补助金；向社会公布恶意取消"已内定录用"的企业名单等。日本政府还制定了新的"雇用对策"，扩大"雇用调整补助金"的发放范围，以确保就业形势的稳定。

（三）各高校注重大学生的就业指导和咨询服务

面对大学生严峻的就业形势，日本各高校，特别是一些私立大学，成立了就业科或就业部，专门负责学生的就业指导和咨询服务工作，加强对大学生职业意识和就业观的教育，使学校教育与社会需求相接轨。

（1）日本高校在多年的实践过程中，逐渐形成了以就业指导委员会为中心、企业和社会各界提供支持、大学生积极参与的完善的职业教育机构，为解决毕业生就业提供了强有力的保障。从宏观上看，日本大学的职业生涯教育机构不是简单意义上的行政部门，它承担着与就业有关的职业教育、咨询服务和研究功能，对学生的职业教育进行统筹规划，全盘管理，贯穿高等教育的始终。

（2）为帮助学生提高职业素质，形成符合实际的职业理念，日本各高校在专业课程设置上以社会需求为中心，既注重基础理论教学，更重视实践技能培养，各高校都设有设施齐全、技术一流的实践基地，为学生打下了扎实的实践技能基础。

（3）十分注重对学生就业技巧的培训，传授求职技巧，帮助学生养成独立思考、积极进取和勇于竞争的意识，树立良好的心态，从而提高择业能力，为将来求职做好充分的准备。为提高学生的求职实战技能，举办了如新闻传媒、广告出版、公务员、文书、教师及海外留学、到外企就业等就业技巧培训服务，以及开展应聘时的笔试指导、心理测试、模拟招聘面试等活动。

为提高学生的实践能力，学校一般每年安排两周时间，组织学生到企业研修，并计入学分；此外，还通过各种形式的实践活动，如社会调查、志愿者服务和社团活动等，搭建平台，锻炼学生的实践能力。

三、美日两国高校大学生就业指导对我国的启示

（1）"单纯的就业指导"转变为"职业生涯规划指导"。大学生就业指导是一门理论性、实践性、操作性非常强，极具研究性的学科，具有三个特点：①各个专业、各个学科有不同的就业特点，因此就业研究应根据不同的专业、不同的学科进行科学分析，应该结合社会需求、各自不同的特点进行具体分析；②不同学校的相同专业应当有不同的专业特色，专业特色要根据学校的指导思想、办学特色、教育特点等形成；③由于不同院校、不同专业的学生受个人因素（性格、气质、职业价值观、兴趣、特长等）和环境因素（就业政策、经济形势等）的影响，所以各个学生的个性和综合素质不同。

基于此，政府、高校和社会都应把高校毕业生就业指导作为一门学科加以建设，在借鉴国外先进理论的基础上，逐步探索出一套符合我国国情、适合高校学生特点的就业指导理论和实践体系。在实践探索的过程中，既注重以正确的人生观、人才观和择业观引导学生，又注重个人兴趣和创新能力的塑造，批判性思维和社会责任感的培养，真正使"单纯的就业指导"转变为"职业生涯规划指导"，进而使就业指导工作逐步向系统化、科学化、

规范化发展。

（2）"被动权利主体"转变为"主动权利主体"。大学生就业权益的保护是一个系统工程，政府应致力于就业相关法律的制定，构建有效的就业权益保护体系，促使指导政策法制化、制度化，切实维护大学生的主体利益。目前，就业指导中存在三个方面法律问题：①多数大学生法律知识欠缺、肤浅，就业、社会经验有限，难以应对"险恶"的市场；②近年大学生逐年递增，初次就业经验缺乏，合法权益屡被侵害；③大学生就业规定与劳动法、地方劳动法规相比，还存在一定的缺欠、不完整和脱节问题。

基于此，面对就业竞争激烈、就业形势严峻、就业陷阱较多、毕业生与用人单位相比处于弱势地位等情况，大学生作为就业中的权利主体，要预防和控制就业风险，在求职前应主动了解国家相关政策和法律法规，如《中华人民共和国劳动合同法》和《中华人民共和国劳动法》，以及相关部委颁布的《关于贯彻执行<中华人民共和国劳动法>若干问题的意见》和《人才市场管理规定》等，做到知法用法，提高应对能力，合理合法地维护自己的权益。

（3）就业工作由"计划与行政管理职能为主"转变为"服务与指导职能为主"。我国大学生就业市场具有特殊性，应借鉴国外将政府、用人单位和高校都作为就业指导工作主体的做法。在高校毕业生就业管理方面，由教育部负责毕业生离校前的就业指导和服务工作，人力资源和社会保障部负责毕业生离校后的就业指导和服务工作，就能形成毕业届时集中就业、毕业过后分散就业、就业后再就业调整等动态性的就业格局。

基于此，教育部门要指导高校大力加强在校生的就业指导和服务工作，并继续深化高等教育改革，充分调动专门的就业指导机构及相关人员的积极性，形成"全员参与、全过程指导、全方位帮助"的就业工作氛围。地方政府应将高校毕业生就业纳入当地就业总体规划，实行目标责任制。各级人力资源和社会保障部门要做好高校毕业生离校后的就业指导和就业服务工作。其他有关部门要引导高校毕业生树立正确的就业观和成才观，形成全社会共同促进毕业生多渠道就业的良好环境，实现以行政管理为主向以服务与指导为主转变。

（4）"帮学生找工作"向"教会学生找工作"转变。教育部［2002］18号文件对就业指导的师资队伍建设提出了明确的要求："要尽快提高就业指导教师队伍的整体素质，把就业指导教师队伍建设摆到整个高校师资队伍建设的重要位置，努力提高就业指导队伍的专业化和职业化水平。"

基于此，要解决好大学生就业难的问题，应做好三方面工作：①政府要想办法提供尽可能多的就业岗位；②建设一支高素质、专业化、职业化的就业指导队伍；③大学生要树立职业化意识、机遇意识、创业意识，主动适应市场需求。重点把好"三关"：①入口关。严格准入制度，要求就业指导人员除具有硕士及以上学位外，还应具有职业指导资格证书以及心理学、人力资源管理、社会学、高等教育学、职业指导理论专业背景；②数量关。严格按照教育部要求，组建一支由政府、社会、企业和学校的相关专业人员组成的"水平较高、数量充足、专兼结合、专职为主"的就业指导与服务工作队伍；③考核关。根据就业指导工作的特点，将其与职称和职级的评定、业务进修有机结合，努力实现"帮学生找工作"向"教会学生找工作"转变。

（5）指导内容由"单一化"向"多样化"转变。大学生就业指导内容是否适应当前社会经济发展的需要，是否贴近学生的实际，是否新颖、活泼和多样，是就业指导工作成败的关键，也是就业工作开展有效性的具体体现。

基于此，在就业指导内容上，要引导学生按社会需求来加强能力培养。应做到：①以增强学生就业能力为目标。大学生的就业能力是指大学生通过教育所获得的知识、技能以及适应劳动力市场变化的能力。高校应加强教育教学改革，注重学生知识水平、学习能力、生产能力和社会适应能力的培养。②注重社会责任感、职业精神和职业意识的培养。采取校友回校做报告、社会人士讲企业文化、开设就业指导课等灵活多样就业指导方式，注重职业道德的培养。③开展全程化、多样化的就业指导。从新生入学教育开始到整个大学期间，分阶段对学生进行适应性就业指导，加强学生世界观、人生观、价值观教育及就业观教育。

（6）指导体系由"平面化"向"立体网络化"转变。高校立体化、网络化就业指导是一项系统工程，只要政府、高校和社会之间不懈努力和有序联合，就能较好地满足学生就业指导的需要。基于此，要使就业指导体系立体化、网络化，借鉴国外经验须做到：①就业指导主体多样化。高校、企业和社会都是大学生就业指导的主体，政府只进行宏观就业政策方面的管理；②就业指导机构立体化。政府、高校、社会作为横向主体的同时，各主体内部形成四级纵向的指导机构，如政府就有部级、厅级、市级和县级，同时横向主体间相互联系、相互作用；③服务平台立体化、网络化。积极办好利用网络技术资源构建的全国大学生就业公共服务立体化平台，充分发挥就业战线和教育行业资源优势，集信息共享、远程见面、咨询指导、教育培训、经验交流、政策发布与辅助管理功能为一体，为大学生就业提供全面信息服务，真正实现指导体系由"平面化"向"立体网络化"转变。

第二章　高校就业环境与就业观念

第一节　大学生就业形势

高等教育的培养目标是为国家提供各项建设需要的高级专门人才。大学生是国家宝贵的人才资源，是建设国家、实现中华民族伟大复兴的主力军。随着我国高校招生规模的逐渐扩大，2014年全国各类高等教育毕业生规模为727万人，毕业生总量压力进一步增大；同时，用人需求结构性矛盾越来越突出，因此，毕业生就业观念需要进一步转变。

一、大学生就业观念

（一）就业观念的定义

什么是就业观念？简单地说，就是求职者对社会环境和企业文化的认识。大学生对未来职业的认知、评价和价值体验一旦为实践所证实、被他人或社会认可，就会在他的头脑中强化，成为一种较为固定的看法和态度，就形成了一种新的就业观念。

就业观念对大学生择业具有导向和动力作用。它支配着择业主体对择业目标的期望、定位和选择，支配着择业主体的择业行为。因此，正确的就业观念能够指导大学生对职业进行正确的评价，进行准确的定位，进行合理的选择。反之，错误的就业观念将使大学生对择业产生过高或过低的期望，影响准确定位和进行合理的选择。

一般来说，就业观念形成之后，就会在一个较长的时间内发挥其导向和动力作用，左右着大学生的择业思想和择业行为，具有相对稳定性，但就业观念也是社会现象的反映，必然随着社会的变化而发生变化，折射出时代的变迁。在市场经济条件下，社会的人才观正在发生深刻变化，相应的当代大学生就业观念为了适应社会需要，也正在逐渐发生着深刻的变化。由于每个人的受教育程度、兴趣爱好、性格特点、生活背景各异，因此每个人的就业观念也不尽相同，具有独特性。

（二）大学生就业观念现状分析

最新的一项针对大学生就业的调查显示，当代大学生就业观随着形势的发展正在悄然发生变化，具体表现为以下四个方面。

1. 重知识与创业,"官本位"逐渐淡化

在"选择就业单位的性质"问题的回答中,选择"自主创业"的同学已占21%,已超过选择"政府机关"的比例,与此同时,绝大多数同学仍然看重事业单位,尤其是教学、科研等知识高聚集型单位,而以往"政府机关"这一热门行业并未显示出优势。非国有企业已成为大学生的重要选择,比例高达31.9%,说明当代大学生对自主创业观念已基本接受,凸显对知识密集型单位的青睐,正逐步树立自主创业意识,不断适应社会发展需求。

2. 重经济待遇,更重发展前途

在"选择职业时考虑的因素"选题中,共设计了"行业发展前景""培训提高机会""施展个人才干""专业对口""出国机会""晋升机会""薪金报酬""福利待遇""工作时间有弹性""个人兴趣爱好""受社会重视"11个选项,对每一个选项我们又要求调查对象进行重视程度的选择。在众多的选项中,对"行业发展前景"回答中,选择了"比较重视""非常重视"的同学占76.9%;对"薪金报酬"回答中,选择了"比较重视""非常重视"的比例不到56.6%。这很明显地表现出:绝大多数同学认为,选择职业时"行业发展前景""施展个人才干""薪金报酬"的三个因素起着关键的作用。可以看出,随着时代和社会的进步,新一代大学生的个体意识逐渐加强,更加注重自我价值的实现和关注生存条件;在就业观念上既重视经济待遇,把它作为生活的基础,也重视前途发展,有较强的事业心。

3. 择业目标趋向多元化

大学生的择业与就业观制约着他们对职业的选择和对地域的选择。大学生就业观念和择业价值取向的多样性,导致了大学生选择职业的多元化倾向。折中多元化主要表现在两个方面:首先,对未来从事职业领域的选择。在"您最希望从事的职业"问题答案中,选择"公务员""教师""经营管理人员"三个选项的比例相差不大,选择其他选项的同学也较多,这说明原有选择职业集中单一行业的现在正在淡化。其次,是对工作地域的选择。"孔雀东南飞"现象在大学生就业流向上维持了很长一段时间,但在"您选择就业单位的地理位置"问题回答中,虽然选择"大都市地区经济发达城市或不限"的比例达37.2%,显得稍为偏高些,但选择"其他中等城市"的比例也接近30%,这也说明在就业单位地理位置的选择上已不仅仅是大都市经济发达地区或大城市,中等城市也逐渐成为大学生选择的重点,与当前社会上人才汇流趋势相吻合。

4. 自我评价趋于理性化

大学生就业前认识到自我评价的重要性,在择业前"正确评价自己的重要性"问题中选择"非常重要""比较重要"的比例为94.9%。在评价方式的选择上,大多数大学生在选择"自我评价"的同时,选择"社会实践"的比例达21.4%,充分反映了大学生较强的自我意识,相信自己的判断能力,同时也强调社会实践的检验,说明了当代大学生自我评价已从"以自我为中心"逐步转向理性化。

调查结果还显示:目前大学生心目中最好的行业是IT业;其次是金融保险业、日用品行业等;同时,有一半的大学生将首选企业锁定在微软、宝洁、海尔、IBM(国际商业机器公司)、华为、联想和摩托罗拉等20家著名企业上,说明大学生在选择企业时的标准相当一致,就业目标相对集中。而这些企业之所以成为大学生们争相加盟的目标,其吸引力主要来源于发展潜力、国际化趋势、知名度、薪酬与福利、激励机制和培训机会。

不过大学生对岗位的期望值依然偏高。调查显示,大部分学生期望第一份工作具有技术性强、充分发挥智力和权利的特点。在回答"刚进入企业,您最想成为哪种人员"的问题时,26%的大学生希望成为技术人员,24%的大学生希望成为管理人员,19%的大学生希望成为策划人员。而这与眼下大学生就业的现实情况显然是不相符的。

大学生对于企业所需的个性品质有较为准确的认识。大学生认为企业看中的个性品质:勇于创新(18%)、踏实(17%)、合作(16%)、乐于参与竞争(10%)、好交际(9%)等,与信息时代倡导的个性特征相吻合。同时,大学生对于"自我定位"的需求越来越突出,在自身弱点的判断上,大学生的自我评价是:没有工作经验(22%)、知识能力储备不足(15%)、英语不够好(13%)、自我定位不够准确(13%)等。

尽管发生如上可喜的变化趋势,也要看到大学生就业观念还没有发生总体上的根本变化,那就是以"天之骄子"的心理壁垒择业,一面抱怨"就业难",一面又"有业不就"。从这里可以看出,大学生群体必须有清晰的定位:大学生群体是国家宝贵的人才资源,有广大的发展潜力和光明的前途,只有积极就业,在社会实践中锤炼,敢于竞争,不断增长才干,才可能成为国家、社会的栋梁之材。

(三)树立正确的择业观念

对大学毕业生而言,就业是迈入社会的第一道门槛。由于毕业生数量连年增加,大学生就业问题成为近年来社会、国家乃至全世界关注的热点问题。为了切实解决自身的就业问题,各国的大学生都积极地响应国家、政府制定的政策,适时对自己的择业观念做出了调整。我国的大学生也应审时度势,借鉴外国大学生的做法,及时调整自己的就业观,响应国家、政府的号召,正确树立择业观念。

1. 树立正确的择业观念,就要摒弃旧观念,接受新观念

我国大学生就业难,并不意味着大学生过剩。据统计,我国大学毕业生占从业人员的比例仅有发达国家的1/8,从总体上看,我国经济快速发展,对高素质人才的需求日益增加。但是,一些大学生找工作时一门心思盯着大城市、大单位,甚至数千人竞争一个岗位,边远地区、基层单位虽急需人才,应者却寥寥无几。因此,大学生就业难,固然有高校迅猛扩招与就业岗位增长缓慢之间矛盾的原因,更重要的是一些大学生就业观念存在问题。树立正确的就业观、培养良好的心态,是解决大学生就业难题的一剂良药。

2. 树立正确的择业观念,就要树立普通劳动者的观念

转变"精英"意识,树立普通劳动者观念。目前我国高等教育已经由精英教育向大众化教育转变,但不少大学生依然抱有"天之骄子"的优越感,认为读大学就理所应当有个好工作,留在大城市、大单位才能体现自己的人生价值。一些家长希望孩子毕业后能抱上

"金饭碗",因此找工作时一味追求物质待遇,重地位、重名利,缺少吃苦精神、奉献精神。实际上,不同工作岗位只是社会分工不同,并无高低贵贱之别,大学生也是社会阶层的普通成员,要以普通劳动者的心态和定位选择工作。

3. 树立正确的择业观念,就要脚踏实地从自身出发降低期望值

降低期望值,拓宽就业领域。每一位毕业生都希望找到一份称心如意的工作,这是无可厚非的。但是,每个人能得到什么样的工作要受到自身条件和客观因素的制约。有的大学生好高骛远,对自身期望值过高,盲目追求超出本身能力的热门岗位、高薪待遇,最终落入高不成、低不就的尴尬境地。大学生择业时,要实事求是地认识自己,不仅要考虑"我想从事什么",更要考虑"我适合干什么"和"我能做什么",确定符合实际的期望值;放宽视野,把目光从竞争激烈的热门岗位移开,更多从自身实际、发展空间考虑,会发现务实往往"海阔天空"。

4. 树立正确的择业观念,就要认清个人能力,学会从工作中学习

有文凭不代表就一定有水平,有学历不能说一定有能力。大学毕业只能说明具备了一定的学习能力和专业理论知识,并不能说明一定就是人才,一定能够被社会所接受。社会是大课堂,对大学毕业生来说,要能够适应社会,把课本上所学的东西运用到实践中,还有许多事情要做,还有一个再学习的过程。即使毕业时找到了一份比较理想的工作,如果工作中好高骛远、自以为是,不注重知识的更新,吃老本,用不了多长时间,同样会被淘汰;即使所从事的不是本专业的工作,只要埋下头来,坚持向书本学、向实践学、向身边的同志学,同样可以干出一番事业,得到社会认可。因此,对大学毕业生来说,从事什么工作并不重要,重要的是要树立终生学习的理念,充分利用8小时以外的时间,坚持边工作、边学习、边提高。这才是成功择业,乃至立业、展业的关键。

5. 树立正确的择业观念,就要勇敢地迈出人生事业的第一步

计划经济体制下"一次就业定终身",造成毕业生择业时顾虑重重,生怕入错行误终生。如今竞争上岗、人才流动和再就业已成为普遍现象。职业是可以变化的,就业是一个动态过程,大学生要以平常心对待第一次就业,树立"先就业、后择业,先生存,后发展"的心态,即使初次就业不理想,以后也可以重新择业。

我国目前的国情是人才供需整体失衡,社会就业竞争加剧。在整体就业环境不容乐观的情况下,先就业、后择业应该是智者的选择。大学生在求职时,都想找一份称心如意的职业,选择一个满意的单位,但要想一步到位实现自己的职业理想,成功的概率比较小。尤其是对于应届毕业生来说,他们对社会了解甚少,受专业限制以及社会工作经验等因素的影响,很难一次性找到真正适合自己的工作。比较实际的办法还是先找份工作做,然后再寻找新的机会,分步到位,否则就容易失去许多起步的机会。毕竟要先有工作岗位才能锻炼能力,能力强了才能更好地发展事业。一个人参加工作,只是职业生涯的开始,并不表示他的一生只能在这个岗位上工作。随着人才市场的日趋完善,人才流动渠道逐步畅通无阻,就业以后如果再择业优点更多。所以,先就业、后择业是比较明智而又务实的选择。

（1）响应国家、政府制定的政策，树立正确的择业观念，如"下基层""面向西部""自主创业"。广大农村、边远地区、基层是吸纳毕业生就业的最大空间，可供大学生施展才华的空间也很广阔。一些大学生不愿下基层，一是怕吃苦，二是认为没有"前途"。近年来，国家对鼓励大学生到基层就业制定了一系列优惠政策，大学生在基层能得到多方面锻炼，积累实践经验，更有发展的潜力，对个人成长是极为有益的。北京开始招聘的"大学生村官"，就在基层取得了很大成绩。

近几年自主创业成为就业新方向。国家对大学生自主创业提供了税收、贷款等多方面优惠政策，鼓励自主创业，知识经济时代，大学生拥有较高的知识和技术，富有开阔精神，蕴涵着巨大创业潜能。自主创业不仅能缓解巨大的就业压力，更是大学生发挥自己的主观能动性、聪明才智的广阔舞台，是符合时代要求的就业趋势。

（2）中小企业是普通高校毕业生理想的择业选择。中小企业是吸纳新增就业人员的主力军。从所有制上讲，个体工商户、微型和中小私营企业的发展，成了既吸收城市新增劳动力就业，又转移农村剩余劳动力，还要吸纳国有和集体下岗职工再就业的又一领域。相对中小企业吸纳的其他就业人员，普通高校毕业生作为城市新增劳动力的一支队伍，更具有就业优势。

我国是发展中国家，就此看来我国的中小企业数量增长的空间还很大，由此产生的新的就业岗位势必更多。作为高等院校的毕业生应抓住这一契机，加速转变观念，积极投入中小企业中建功立业。

（3）树立正确的择业观念，就要明确是先就业还是先择业。就业与择业孰先孰后，关键是根据自身的实际情况和所处的环境条件，因势利导，为我所用。比如，有的大学生学的是"热门"专业，他愿意也有可能在适合自己专业的诸多单位进行选择，先择业、后就业，这当然很好。有的大学生一时找不到适合自己专业的工作，且出于苦于生计等原因，先找份工作，积累经验，然后再图发展，这种"先就业、后择业"也不能说不好。有的大学生面对严峻的就业形势，降低门槛，到民营企业工作，既人尽其才、学用结合，又能为企业贡献智力，既就业又择业，可谓两全其美。有的大学生为了学到更多更新的知识，或继续深造，或到国外留学，为将来谋得高层次、高薪酬的岗位打下坚实的基础，他们现在的"不择业、不就业"是为了将来有更多更好的择业就业机会。总之，择业、就业，可以说是大学生们一道无可回避的"课题"。但孰先孰后，还是要立足现实，准确定位、量体裁衣，适合自己的才是"最好"的。

作为普通高等院校的毕业生，找准切入点，抓住市场，力求在众多竞争者中独树一帜，直击企业需求的要害。在择业的过程中要遵循的原则只有一条：有条件择业的，抢抓机遇，乘势而上，寻找切合实际的择业之路；无择业优势的，要清醒地认识到就业正逐步从"卖方市场"向"买方市场"转变，迅速调整好心态，抢占就业先机，先生存，再发展。

先就业、后择业的几点好处：在大学期间学了一些专业知识，这只是一些基础的理性学问，不要以为自己是掌握专业技术的人才，在实践中可能还不如一名普通工人的水平，所以对自己的期望值不能过高。先干起来好处多多。一是可以先熟悉社会，早些投入社会实践中去；二是有了工作再择业比待在家里安心，不会产生精神上的负担；三是有可能喜欢上现在所干的工作，改变原来所学的专业，这也是常有的事；四是倘若本人意志薄弱，加上家教不严，时间一长，变懒学坏，后果不堪设想。

在先就业、后择业的过程中还应该强调的是，并不是先随便找个工作，然后"逮"个机会就跳槽，而是要求大学生把心放平、把眼界放低，从基层做起，在这个过程中，选择适合自己发展的、能在职业发展道路上为自己奠定基础的工作，在实践中进行磨炼，从中不断提升自己的能力，积累竞争的"资本"。根据自身发展的水平，抓住各种各样的机遇，通过一个又一个的岗位不断成长。

（4）树立正确的择业观念，自立自强不再等、靠、要。在国外，年轻人满18周岁就要在经济上独立。我们国家的一些大学生，父母供其完成学业，毕业后，一时找不到称心的工作，就"漂"在校园或待在家里，经济上完全依赖父母，与国外的同龄人比较起来，不感到很惭愧吗？在就业形势日趋严峻的今天，先降低要求，找份工作干起来，这一方面减轻了父母的经济负担，另一方面增加了社会阅历，增强了实际工作能力。工作中，大学生对自己的个性、能力、优缺点以及胜任什么工作，会逐渐有比较理智与成熟的看法。工作经历会让人发现自己的多个侧面。即使几年后从事其他职业，现在的工作经历也不是没有用处。

人类社会发展证明，先生存才能发展。大学生作为社会的一员，首先考虑的应该是生存。其次先考虑就业，然后再在条件成熟时选择自己喜欢的职业。例如，北京大学毕业生陆步轩选择了在街头卖肉的职业；四川有位叫罗福欢的大学生选择了擦皮鞋的工作。从这两位大学生的就业观就可以看出，解决生存问题是人类最基本的也是最大的需求。积累经验、积累资金，寻找合适的职业，是大学生最好的出路。

大学生就业，认定目标才能少走弯路，有所不为方可有所作为。虽然当前就业竞争激烈、形势严峻，但也应该看到，从中央到地方各级政府一直高度重视人才工作，我国经济的持续增长又创造了大量就业机会，所有这些都为大学生就业、择业提供了宽广的舞台。

这个时候，正视就业竞争是必要的，切合实际先择业也是必要的。因此，大学生在毕业以后，应该找准自己的定位，发挥优势，树立勇于竞争的信心，积极争取适合的岗位。

"海阔凭鱼跃，天高任鸟飞。"社会为大学毕业生提供了施展才能的广阔空间。转变观念，开阔视野，以理性、务实的心态迎接就业挑战，会发现工作并没那么难找，生活中机会其实无处不在。

二、大学生就业形势

就业形势是有关就业的环境状况和发展趋势。社会在不断发展变化，就业形势也随之发生了巨大的变化。大学生就业虽然是个体社会变化的过程，但一个人的发展绝不会游离于大环境之外，是与国家、社会的大环境息息相关的。对即将毕业的大学生来说，就业是人生道路上的一次重要选择。如果对就业形势一无所知或知之甚少，对当前的就业形势缺乏全面、理性的分析，仍然坚持传统的就业观，很可能会错失就业良机。"知己知彼，百战不殆。"大学生面临就业时，应该对当前的就业形势及其未来发展方向有一个全面、客观、清醒的认识，主动适应就业形势，转变就业观念，准确为自己定位，在择业时做出理智选择。

（一）大学生就业情况分析

就业问题是世界性问题，它直接关系到经济的发展和社会的稳定。当前，我国面临的就业压力与挑战比世界上任何国家都严峻。

1. 普遍性就业问题

随着中国高等教育在探索中的不断发展，高校扩招导致高等教育进入大众化时代。社会和经济的发展需要更多的人才接受高等教育，但一些问题也随之而来，扩招的直接结果之一就是毕业生的快速增长。教师资源不足，导致扩招后的毕业生素质参差不齐，这就间接导致企业对新聘人员的毕业学历要求越来越高，直接导致了人力资源的巨大浪费。某些领域及职位对于学历的要求其实并没有那么高，但是由于大量毕业生的出现，供大于求，精英化走向了大众化，因而在浪费人力资源的同时，造成了大量毕业生难就业的问题。企业需要的综合素质人才供小于需，而高校每年输出的素质不均衡人员供大于需，这样的供需不平衡导致了企业找不到人才、大学生难就业这样的矛盾又尴尬的局面。

2. 结构性就业问题

大学生"就业难"不是绝对的，是相对的，这里面的主要矛盾是结构性的矛盾。由于经济结构和劳动力结构不匹配而形成的就业岗位与劳动力素质水平不匹配也会引发就业问题。中国处于就业人口高峰期，出现了某些领域毕业生数量急剧增长，但是相应的就业岗位增长缓慢，经济高增长与就业增长脱节的困难局面。具体来说，结构性矛盾主要表现为如下几个方面：一是不同学校和专业之间的需求差异明显；二是用人单位对毕业生学历的要求越来越高；三是社会发展的区域存在不平衡。

3. 个人选择性就业问题

个人出于对自身及职业未来发展的选择未能就业引发就业问题。它与结构性就业问题的区别在于：结构性就业问题的供需不平衡表现在宏观区域及岗位上，个人选择性就业问题则表现在微观个人的职业选择上，宁肯待业也不愿去填补缺额。调查显示，大学毕业生找到工作并不难，难的是找到一个称心如意的工作。首先是大学生的职业价值取向和就业观念不符合实际而导致的失业问题。大学生目前的择业观念多是选择公务员、事业单位及科研机构等传统概念上的"铁饭碗"的职业，而在地区上则是选择京、津、沪、广州等发达城市；其次，大学毕业生自身综合素质不高，无法适应社会的实际需求，难以符合用人单位的要求。目前高校里所学课程与用人单位的职位需求存在着差异，而大量毕业生只满足于考试的追求，往往忽略了自身能力的培养，缺乏知识积累和解决实际问题的能力，在应聘场合紧张、胆怯，表达能力差，而错过了许多就业机会；再次，对自身的错误定位，直接导致了大学生择业缺乏目的性，成功率不高。个人选择性就业问题成为目前大学生就业问题中最明显、最突出的一个问题。

4. 期望过高问题

一些大学生对用人单位开出超出本人实际情况的薪金要求，也会造成就业困难。道理很简单：工作经验是在工作中磨炼出来的，刚毕业的大学生从各方面来看都不可能创造出太大的价值，因此在期望方面也应该恢复理性。对这点，诺贝尔经济学奖得主赫克曼认为，学校教育最多只能占一个人一生的三分之一，而其他的三分之二教育还来自早期的家庭教育和工作中的教育。因此，优秀的完美的人才不是从校门出来就立刻诞生的。如果大学生不能认识到这一点，非常容易造成期望值过高而落空，以致最后对就业充满牢骚。

5. 其他问题

近年来，毕业生自主择业成为主流，然而某些地区政府及企业对于户籍、档案等的管理与限制仍然存在，这也是导致大学生未就业先失业的一个因素。许多大学生都遭受过"非本市户口免谈"的痛苦经历，由于没有用人单位所在地户口或者非本地区高校毕业生，使得一些大学生与许多好的工作机会失之交臂。

大学生就业难的现状是由多方面因素共同作用而造成的，要解决这一目前普遍且严重的社会问题，必须从多方面入手，调动国家、企业、高校及毕业生的力量，做出多方面的努力。

（二）高校毕业生就业难的解决方案

1. 在大学期间提高自身的就业能力是解决大学生就业难的有效途径

提高社会适应能力，提高自身素质，掌握就业主动权。面对严峻的就业形势，毕业生个人的素质、能力、专长和团队精神将是主导毕业生择业的重要因素。优胜劣汰是市场竞争体制下的规律，大学生只有不断提高自身素质，掌握过硬的本领，才能在就业竞争中占据主动地位，谋取自己理想的职位。虽说大学是个"小社会"，学校和社会的运行规则却有很大不同。许多大学生对社会的看法趋于简单化、片面化和理想化，缺乏工作经历与生活经验，因而需要大学生在就业前注重社会及生存能力的培养，以及心理素质的培养，要沉着、冷静地应对所遇到的所有挑战，用积极乐观的心态克服一切困难，在毕业后更快更好地融入社会。增加社会实践，从实质上提高大学生心理承受能力、人际交往能力和应变能力等。通过实践，他们可以真正地面对自身的优点和不足，真实地感受到就业环境及形势的转变，有利于他们重新定位与调整，找到适合自己的职业，缩短真正走入社会后的适应期。

2. 转变不正确及好高骛远的就业观念，树立正确的价值观和就业观，认真做好自身的职业生涯规划，提高就业能力

要依据职业生涯目标规划自己的知识积累和社会实践，循序渐进，为实现理想做积极

的准备。同时，要阶段性地进行自我分析和未来职业分析。科学地分析自己的兴趣、气质、性格和能力，从而正确地认识自身的优势与特长、劣势与不足，寻找适合自己的职业。在进行职业生涯规划时，要充分考虑自身职业发展的区域，从属行业的特性，职业所在行业的现状和发展前景，同时也要充分地了解职业对于求职者的自身素质和能力的要求。大学生只有将合理的知识结构和适用社会需要的各种能力统一起来，才能立于不败之地。

3. 自主创业，依靠自身实力解决就业问题

大学生在一定的条件下，找准商机，发挥自身的聪明才智及一技之长，走自主创业、自谋职业的道路，在解决自身就业问题的同时，也为社会提供了新的就业渠道，缓解就业压力。大学生应该逐步树立起"先就业、后择业、再创业"的职业选择策略，从现实出发选择适合自己的职业生涯规划道路。

4. 高校的改革势在必行

其一，目前高校学科知识结构陈旧，不符合当前市场的需求，所以应当合理的调整学科结构和专业设置，根据社会及市场的改变调整办学方式方法，增加毕业生就业的筹码。合理调整各专业的招生数量，顺应市场变化及经济发展的需求，避免"热门变冷门"的尴尬局面。其二，从入学开始就循序渐进地展开就业指导工作，不要把就业指导变成仅仅针对毕业生的招聘指导，要逐步引导大学生正确地制订自己的职业生涯目标及规划，将就业指导工作贯穿于大学生的整个学习生涯。其三，进行以就业为导向的高校教育与教学改革。调整学校内部自身教学内容和教学方法，与时俱进，形成一套新的符合当代时代发展和经济结构调整的教育培养模式，开设具有专业特点、实践性强的课程，在教授学生专业知识的同时关注市场发展对复合型人才的需求，加强对学生综合素质的培养。

5. 加强及完善政府部门在毕业生就业工作中的职责

首先，进行宏观调控，制定相关的政策法规，辅助完善就业市场体系的形成及健康发展。其次，合理地加大宏观调控力度，发布一系列的优惠政策，促进人才的合理流动，优化人才的配置。再次，各级地方政府还可以建立针对应届毕业生及失业人员的失业保障系统和培训机制。

大学生是中国巨大的人力资源财富，毕业生失业是对于人力资源的浪费。通过建立健全毕业生的失业保障系统，社会稳定能够得以维护，人力资源能够得以充分的重新配置和优化，体现了国家"和谐社会"的政策宗旨；同时，对人才市场上的失业人员进行有针对性的组织培训，加强就业与再就业指导，能最大可能地提高失业人员的再就业竞争力。

第二节 大学生就业环境

大学生就业环境是根据一定时期社会经济发展需要，由国家职能部门、高校、用人单位以及大学毕业生诸要素以一定的组织方式构成的有机的联系网络。它不是一种知识体

系,而是我们把握大学生就业这一社会问题的共同理论框架。它为我们考察大学生就业问题提供基本的观念、原则和方法。因此,我们必须从就业环境共同体的组织结构和运行机制中对问题进行整体性把握,而不是单从毕业生或用人单位某个环节或某个局部去考察,这正是环境模式分析的方法论意义所在。

一、正确认识大学生就业环境

(一)大学生就业环境特点

(1)大学生就业环境是由大学生、用人单位、高校和国家职能部门为要素构成的有机整体。各组成要素具有共同的组织结构、组织方式和运行机制。在共同体中,诸要素各有其作用和功能,并互相关联、互相补充、互相促进,按照共同原则运动,从而构成就业网络体系。

(2)大学生就业环境不是一个孤立、静止的模型,而是由社会经济发展因素决定的,受社会政治、经济、教育、科技诸方面因素影响的开放性体系。我国大学生就业环境模式发展的历史、现状及未来走向正反映了这样一个过程。当前,我国的大学生就业体制正处于转轨的改革阶段,具体表现为一方面是大学生就业困难、人才闲置,另一方面却是"热点地区""热点单位"人才过剩,这种现状显然只是表面现象,实际上社会对高校毕业生的总体需求仍相当大。当前,由美国次贷危机引发的国际金融危机导致我国经济增速趋缓、出口下滑,对就业造成了很大影响,表现为企业现有岗位流失,企业用工需求下滑,城镇新增就业人数增速下降等。

(二)我国大学生就业环境的演变

中华人民共和国成立后到20世纪80年代中期,我国大学毕业生实行由国家负责、统一计划的"统包统分"就业模式。就业模式的特点是国家职能部门根据用人单位总体需求情况统一制定毕业生分配计划,毕业生由学校根据国家分配计划统一落实到具体的用人单位。因此,当时的毕业生思想教育的指导思想就是要求大学生完全服从国家安排,号召学生到祖国最需要的地方去。这种教育思想适应了当时国家计划经济下高度集中的资源配置方式,保证了国家重点建设项目和边远落后地区的人才需求。但是在这一就业环境中毕业生与用人单位作为供需双方是相互脱节的,片面要求学生无条件服从计划分配,极易造成人才资源配置上的积压浪费和人才使用上的学非所用、用非所长。随着社会主义市场经济体制的建立与发展,原有常态环境越来越不适应社会发展的需要。

近年来,与社会主义市场经济体制相适应,大学生就业模式逐步转向市场运行机制。"自主择业"的模式目标成为新的就业环境。市场调节就业模式以"自主择业"为核心,通过加强就业环境中各要素,即毕业生、用人单位和高校之间的双向沟通与联系,实现就业环境的常态平衡。就业环境的结构特点是从平面单向转向立体多维。在新的常态环境下,毕业生主要依靠个人条件参与市场竞争,不再依赖国家行政手段保证就业;用人单位依靠工作条件和工作待遇吸引人才、选择人才，不再依靠国家行政命令被动接受。新的常态环境与原常态环境最根本的区别在于计划转向市场，被动变为主动，充分地调动了毕业生和用人单位的积极性。模式运行机制以"优胜劣汰"双向选择的市场竞争为主导，以人才市场和就业市场为中介，实现人才供需关系的动态平衡和人力资源配置的效益最优化。"自主择业"市场调节型大学生就业模式目标，为我们从根本上解决大学生就业难的问题明确了方向。

二、大学生就业环境分析

（一）宏观环境

1. 社会环境

社会环境指人类生存及活动范围内的社会物质、精神条件的总和。对社会环境的分析主要包括以下几个方面：

（1）社会政策。人生发展与社会政策密切相关。社会政策分析主要关注哪些事情可以做，哪些事情不能干；分析时不仅要分析现在，还要预测未来。

（2）社会的变迁与价值观念。社会变迁与价值观念分析要重点考查信息社会对职业生涯发展的影响，分析信息社会对人才成长的要求与挑战；另外，还要关注人的价值观念的变化。因为随着社会的发展，人的价值观念都在不同程度地发生变化，人的需要层次也在不断提高，这些变化都将对人的职业生涯发展产生直接影响。

（3）科学技术的发展。科学技术日新月异，知识更新的周期也日趋缩短。因此，在职业生涯规划中要充分考虑到知识的补充、理论的更新、观念的转变、思维的变革等。

（4）社会文化环境。社会文化环境包括教育条件和水平、社会文化设施等。在良好的社会文化环境中，个人就会受到良好的教育和熏陶，从而可能为职业发展打下良好的基础。

2. 经济环境

经济环境对人的职业生涯发展有着一定的影响，如经济增长率、经济景气度、经济建设的重点转移等，都可能影响人的职业变化。

当经济振兴时，百业待举，新的行业就会不断出现，新的组织也会不断产生，机构增加，编制扩容，从而就会为就业及晋升创造有利条件。反之，经济衰退，就会带来不利影响。另外，在经济发展水平高的地区，企业相对集中，优秀企业也比较多，个人职业选择的机会会比较多，因而有利于个人职业发展；反之，在经济落后地区，个人职业发展也会受到限制。经济模式的变化也对人有着广泛的影响。比如，由计划经济转为市场经济，又加上知识经济社会的到来，给人的生活方式必然带来巨大的变化，对人的就业、人的发展、人的素质也必然会提出更高的要求。经济主观化的发展，也会对人的素质提出更高的要求。例如，要求经营人才不但要精通专业技术与经营知识，还要精通外语、熟悉国际贸易法以及异国他乡的风俗习惯等。

大学生的就业受一定时期经济的规模、经济结构及劳动力供给等多方面因素的制约，也就是说，经济因素是影响毕业生就业最直接、最重要的因素。随着国家经济的快速发展，国企改革的逐渐完成，西部大开发、振兴东北老工业基地以及中部的崛起等发展战略的逐步推进，近几年，国有企业将继续需要大批人才，并将继续成为毕业生就业的主渠道。同时，随着市场经济体制的推进和完善，非国有制经济，如民营企业、私营企业在国民经济中的作用也日益凸显，在解决劳动就业方面也发挥着积极作用，非国有制经济单位也是目前毕业生就业的重要渠道。

3. 政治环境

政治制度、政治氛围和经济发展是相互联系的，政治制度不仅影响到一国的经济体制，而且影响着企业的组织机制，从而直接影响到个人的职业发展。政治制度和氛围则潜移默化地影响个人的追求，从而对个人的职业生涯起着间接的影响作用。

近年来面对大学生就业难的问题，我国在毕业生就业制度改革上已经取得了一些突破性进展：一是确立了与社会主义市场经济体制相适应的高校毕业生就业制度，即"市场导向、政府调控、学校推荐、学生与用人单位双向选择"的就业制度；二是建立了中央和地方两级管理、以地方管理为主的管理体制，形成上下联动、齐抓共管的良好局面和工作机制；三是初步形成了促进毕业生就业的政策框架体系，创造了良好的政策环境；四是初步建立了毕业生就业指导服务工作体系，高校就业指导基本做到了机构、人员、经费"三到位"。同时国家积极提倡大学生到基层、到西部就业，每年都有大量的高校毕业生响应国家的号召，加入志愿服务西部基层的行列。据初步调查，在服务期满的西部计划大学生志愿者中，累计已有超过 200 人选择或意向选择留在服务地长期工作。

（二）微观环境

1. 家庭环境

家庭作为一种微观环境，是客观因素的重要组成部分，在职业生涯规划中发挥着重要的作用。罗安的需要理论曾指出，父母的管教方式会影响子女的职业选择，童年的家庭经验影响子女处理人际关系的方式、情绪反应以及活动的态度与兴趣。另外，家庭的社会经济地位、父母对儿女未来职业的期待以及期待程度、父母的职业身份和父母的榜样作用等都会对个体的职业生涯产生不同程度的影响。除了这些间接影响之外，有时候父母还会对子女的选择进行直接的干预。所以，在一定意义上讲，大学生的职业选择不同程度地融合并反映了家长的意志。

职业选择的前奏是专业选择。家庭对子女专业选择影响的一个主要途径是家庭环境的熏陶。例如，出身农民家庭的大学生，如果对父母脸朝黄土背朝天的农作生活有着强烈的感受，同时在父母的言谈和谆谆教诲下，可能就会拒绝选择农民这一父母从事的职业；艺术家庭出身的大学生，在长期受家庭成员的影响下，就很有可能继承父母的职业价值观，从而走上艺术的职业道路。

家庭作为大学生的后盾力量，对大学生的职业选择的影响不能忽视，尤其当大学生在职业选择道路上犹豫不决、徘徊不定时，听一听父母的建议可能是一种好的选择。

2. 学校环境

对学校环境进行分析，主要是分析学校的特色以及校园文化。每个学校由于历史的、文化的因素不同，都会具有各自不同的特色传统，了解和把握这些特色，对于大学生自身更好地成长和有针对性地择业具有积极意义。

不同的校园文化对大学生有着重要的影响。"校园文化"是一种在大学特定区域中生活的所有成员共同拥有的校园价值以及这些价值在物质意识形态上具体化的文化形态。通俗地说，校园文化是在学校工作、学习和生活的全体人员所创造的，具有新内容和独特形式的、以不同形态存在而由最小单位所构成的整体。

总之，每一个人都处在一定的环境之中，离开了这个环境，便无法生存和发展。所谓"时势造英雄"，说的便是环境对人的作用。政治风云、经济兴衰、社会潮流，都在深刻地影响人的一生。人只有充分适应与满足社会需要，认清形势，才能站在时代的浪尖上，从而最大限度地实现个人的职业理想。

（三）组织（企业）环境

在选择职业时，只有充分评估职业环境、职业要求以及自身状况对职业生涯的影响，才能找准职业方位。

根据国家人事部发布的预测，未来几年我国急需的人才主要有八大类：以电子技术、生物工程、航天技术、海洋利用、新能源新材料为代表的高新技术人才，信息技术人才，机电一体化人才，农业技术人才，环境保护技术人才，生物工程研究与开发人才，国家贸易人才和律师。在这八类当中，更热门的有如下几个专业的人才。

1. 网络人才继续走俏

随着互联网行业的回暖，网络公司的任期也大幅上升，网络人才将会更加走俏，而其中风头最劲、薪资最好的当属软件工程师、游戏工程师和网络安全师等。最新数据显示，从 2010 年到 2020 年，中国需要 200 万软件人才，目前尚有 10～40 万个电脑软件职位的空缺。其中，电脑动画和特别效果也求才若渴，年营业额超过了 150 亿美元；在互联网收费盈利中最成功的网络游戏业，对电子游戏人才需求更大；此外，由于我国电子信息网络安全系统较为薄弱，网络安全正在成为一门新兴的产业，网络安全工程师也将成为热门职业；而根据调研机构和招聘网站的调研，每年相关各类企业对网络工程师的人才需求缺口有 60 万之多，其年薪可达 20 万元左右。

2. 土木工程受到追捧

在 2006 年以前，土木工程一直处于不温不火的状态。这一现象其实并不难理解，随着国家基础设施建设的加强和西部大开发战略的推进与实施，建筑业也随之水涨船高，成为国民经济的支柱产业之一，其中房地产业的蓬勃发展必然导致相关行业对人才的需求大增。

3. 汽车制造业提供大量岗位

经过几年快速地成长，中国目前已成为世界汽车制造大国之一，政府也正在积极地扶持汽车产业。汽车产业的发展将会带动零售部件制造、售后服务、汽车美容等相关产业的发展从而可以为社会提供大量的工作岗位。

4. 中医药行业渐渐升温

中医药是中国传统的优势行业，现代医药技术的发展以及中医在世界范围内被广泛地认可，也促使了中医药行业的快速发展和大量的人才需求。

5. 市场营销、国际贸易专业需求旺盛

市场营销、国际贸易近年来高校招生情况比较理想，毕业生的就业形势也比较良好，随着国外企业本土化和国内企业国际化步伐的加快，高素质的营销人才与国际贸易人才也会越来越走俏。

6. 广告新行业朝阳无限好

广告业目前已发展成为蕴藏巨大商机的新兴产业，甚至已成为经济生活中不可缺少的一部分。近几年来，广告人才的需求一直在稳步地上升。预计今后几年，虽不会出现激增的局面，但是其用人潜力还是会很大，尤其是对高素质的创意人员等专业人才的需求将会加大，高校广告专业毕业生的身价也将会水涨船高，供不应求。

7. 外语、电子类专业前景依然乐观

从近几年高考招生的情况可以看出，外语专业或外语院校的报考热度依然不减。随着中国融入全球经济一体化步伐的加快，国家对外语类人才的需求也将逐年攀升，外语专业毕业生就业前景依然乐观。

近几年，国家对通信基础设施的投资每年都达到近2000亿元，计算机、通信工程、微电子等电子信息专业人才也需求旺盛，毕业生就业形势良好。

8. 新职业前景可待

除了上述热门职业外，一些新职业的就业前景也比较乐观，如健康管理师、公共营养师、芳香保健师、宠物医师、医疗救护员、计算机软件产品检验员、水产品质量检验员、农业技术指导员、信用管理师、黄金投资分析师、企业文化师、智能楼宇管理师、商务策划师、会展策划师、景观设计师、磨具设计师、户服务管理师、动画绘制员、房地产策划师等。

（四）行业环境

所谓行业环境分析包括对目前所从事行业和将来想从事的目标行业的分析。分析的主要内容包括行业的发展状况、国际国内重大事件对该行业的影响，目前行业优势与存在问题、行业发展趋势等。

行业与职业不同，行业是企业的集合。在同一行业内，人可以从事不同的职业。比如同样是从事教育业，有人憧憬大学教师职业，也有人想从事办公室主任这样的行政管理职业；同在保险行业，可以做一名奔波于一线的业务员，也可以做人力资源部经理。

分析行业环境的时候，一定要结合社会大环境的发展趋势，因为社会大环境会对行业的发展产生重要影响。例如，科学技术的飞速发展会使某些行业如同夕阳坠落，逐渐萎缩、消亡，也会使许多极具发展前途的朝阳行业不断出现、发展起来。分析行业环境的时候，还要注意国家政策的影响，看一看国家对某一行业是扶持鼓励还是限制制约，职业选择时尽量选择有前景、发展空间较大的行业。

大学生进行职业生涯规划时，需密切关注国家政策和经济大势。以环保行业为例，未来极有可能进入发展"牛市"。

中国每年因环境污染损失达2800多亿元。环保问题几乎涉及各个行业和领域。专家预测，国家宏观政策的高度重视和改革，将为该行业的职业人士提供大好的机遇和发展平台。

行业前景不同于职业前景，所以求职时，就不难理解，"趋热避冷"依然是很多求职者的思维定式，银行业、IT业等热门行业往往意味着高收入、高福利和长远的发展，而农林牧渔业、传统制造业等行业总给人收入低、工作枯燥的印象。因此在人才市场中，热门行业依然人满为患，冷门行业也依然乏人问津。

择业时不宜只盯着热门行业。首先，行业的冷与热是相对的，例如，前几年互联网业红极一时，但当其经济泡沫破灭时，下岗失业的人也不在少数。其次，热门行业中也有冷门职位，而冷门行业中也有热门职位，行业前景不等于职业前景。例如，在IT行业，也有和计算机几乎没有必然联系的岗位，如行政管理、人力资源等；同样，在非IT行业，也需要大量IT人才进行系统的开发、建设和维护。懂得避开热门行业中的冷门职位，或善于发现冷门行业中有潜力的、成长性的职位，才是职场中的聪明人。

此外，还要记住两个原则：一是无论从事什么职业，都要将兴趣爱好及个性特点相结合。热门专业、职业、行业都可预测，但切不可因为追求热门而强迫自己从事不喜欢或不擅长的职业。二是无论从事什么职业，都要努力把它做好。一份职业的前景如何，最大的决定因素并非行业前景，而是自己有没有用心去做，能不能成为某一领域的专家。现代社会专业分工越来越精细，个人只要做好自己的工作，真正做到"人无我有、人有我精"，就一定会有所建树。

（五）企业环境

企业是从业者直接生存和发展的土壤。一方面，每个企业都有自己的发展目标、运作模式，了解企业的基本情况是成为"圈里人"的基础，便于自己以后迅速适应新的环境。另一方面，为了生存和发展，企业本身也要随时关注、适应社会大环境的变化，并采取相应的变革措施，这也必将影响到成员的个人生涯。科学的职业生涯规划只有把个人的发展与组织的发展结合起来考虑，才能顺风顺水。

企业环境分析包括企业在本行业中的地位、状况和发展前景，所面对的市场状况，产品在市场上的发展前景，能够提供的岗位等，具体包括以下三个内容。

1. 企业实力

企业在本行业中具备很强的竞争力，还是处于一个很快就被吞并的地位？发展前景如何？企业是力图"做大""做强"，还是空有其壳？有没有长久的生命力？企业的发展领域在哪些方面？企业在本行业中的地位和发展前景如何？战略目标是什么？企业在社会中的地位和声望如何？企业的产品在市场上的表现和发展前景如何？

2. 企业领导人

企业主要领导人的抱负及能力是企业发展的决定性因素。企业主要领导人是真想干一番事业，还是只想捞钱获利？他的能力是否足以带领员工开创新天地？企业领导人有没有战略的眼光和措施？是否尊重员工等。很多成功的大企业都有一位出色的企业家掌舵领航，如海尔的张瑞敏、联想的柳传志等。

3. 企业文化和企业制度

企业文化是全体员工在长期的生产经营活动中形成并共同遵循的最高目标、价值标准、基本信念和行为规范。企业文化是影响企业经营效益的重要因素。如果个人的价值观与企业文化有冲突，人就难以适应企业文化，那么在组织中就难以发展。

企业文化不是空洞的标语口号，真正的企业文化存在于每个人心底，从日常行为中自然流露出来。没有优秀的企业文化便不会有卓越的企业。从某种角度来说，企业文化折射了企业领导人的抱负。

企业制度设计的范围比较广，包括管理制度、用人制度、培训制度等。大学生要尽可能了解以上这些信息，了解企业在组织结构上的特征与发展变化趋势，分析这种安排对自己的未来可能带来什么样的影响。特别要注意企业用人制度如何，能提供教育培训机会吗？提供的条件是什么？自己将来有没有可能在此企业担任更高级的职务或担负更大的责任？个人待遇提升的空间有多大？

总之，通过以上分析，大学生要理出一条清晰的线索，确定自己的职业生涯在这个行业、企业中是否有足够的发展空间，衡量自己的目标是否能够在此企业得以顺利实现。

（六）地域（城市）环境

选择工作地点也是大学生职业规划中最重要的一个部分，甚至可以说，选择在哪里工作的重要性一点也不比选择从事什么工作低。

一方面，城市环境方面主要表现为东热西冷，供需失衡的情况进一步恶化。某招聘网站发布的覆盖全国40所全国重点大学，涉及33个大行业5800家企业的《2012全国毕业生就业调查报告》显示，上海、北京和广州是2012年应届毕业生最愿意去的工作地，其次为浙江和江苏，占调查总人数26.1%，愿意去这两个地区之外工作的人仅15%。另一方面，中西部地区，以及工作条件稍差一点的东部市郊对毕业生的需求也远远没有达到饱和程度。毕业生增量的矛盾集中到了大都市大中城市、省会城市和城市的中心地带。可见工作区域选择在当今毕业生心目中的重要性。

毕业生过分集中于少部分大城市就业加剧了就业的竞争，已经成为当今大学生就业困难最重要的原因之一。而对于整个国家而言，广大农村甚至中小城市长期得不到高等人才，这就使区域经济发展不平衡进一步加剧，经济发展差距的拉大反过来又使大学生更不愿意到相对落后地区工作，由此形成个可怕的恶性循环。

对于大学生而言，就业不仅仅是一份工作和职业的选择，很多时候更是一个生活环境甚至一种生活方式的选择。就业区域正是对生活环境和生活方式影响非常巨大的选择。

事实上，根据商业上"人弃我取"的原则，大学生在规划自己职业的时候大可不必集中于珠江三角洲或者长江三角洲等大城市，因为这些区域的就业竞争相当残酷，一般的毕业生想找到一份非常称心的工作实属不易，而内陆的不少区域就业竞争相对较小，大学生在那里也更为吃香。选择中小城市并不是逃避竞争，而是因应形势发展而做出的合理的选择；选择到西部边远山区就业更是实现自我社会价值的有效途径，当然非常值得提倡。

不少毕业生选择到北京、上海、广州等经济发达的地方找工作。对此选择，都可以而且应该理解。毕竟，大城市的机会相对较多。但这也不能一概而论，比如学动物医学的毕业生，内蒙古的需求机会就远远大于上海；学水产专业的学生就更容易在拥有水域的城市找到工作；搞文化艺术当然北京好；从事金融贸易则应该选择上海……从手边的东西拿起，核心竞争力是关键。有了核心竞争力，地域优势反而更明显。

无论是大都市还是小城镇。人才结构均呈金字塔形，高端人才少。人才分布呈山地型，有的地方人才多，是高地，有的地方人才少，是平地。东北振兴、西部开发和中部崛起，这些地区的发展对中高级人才的需求都非常大，在进行职业规划的时候，毕业生可以客观地分析自己，不必过于拘泥传统的地域限制，选择一个适合自己发展的平台，寻找更广阔的发展空间，这才是最重要的。

（七）职场环境

世界万物都有其运行的内在规律，看似风起云涌、暗礁浮动的职场同样如是。作为即将奔赴职场竞技的大学毕业生和准大学毕业生们，只有看清职场的运行规律，尊重它的潜规则，并在实际工作中努力储备和提高自身的职业竞争力，完善个人的综合职业素质，才能避免被市场吞没的危机，进而达到个人职业生涯的一个个高峰。

许多毕业后的大学生都有过这样的困惑：实际就业与自己职业理想相差甚远，收入也与期望值有较大差距。为什么会有这样的情况出现？有关专家认为，缺少必要的就业前的职业规划，缺少对职场的前瞻，造成了很多职场新人刚踏上工作岗位就有了职业失落感。职场上有句名言："你今天站在哪里并不重要，但是你下一步迈向哪里却很重要。"成功的人生需要正确的规划。

第三节　大学生就业政策

一、就业政策的含义

大学生就业政策是指大学生毕业后在求职过程中国家和各级地方政府及高等院校，为促进大学毕业生就业工作而制定的基本原则、具体的实施程序、实施办法、权益和义务等方面的规定等。这些政策的适用时间段主要是指从求职开始到试用期结束，体现了国家行为和公共权力导向。

二、大学毕业生就业的总体政策

为了使大学毕业生顺利地找到工作岗位，国务院办公厅颁发了一系列关于做好普通高等学校毕业生就业工作的文件。透过这些文件精神，可以把现行的大学生就业政策具体归纳为：国家计划统招毕业生在国家政策规定的时间和范围内原则上通过供需见面、双向选择、自主择业的方式落实就业单位，逐步实现"建立市场导向、政府调控、学校推荐、学生与用人单位双向选择"的就业机制；定向和委托培养的毕业生按合同就业。

三、具体的毕业生就业政策

（一）师范类毕业生就业政策

师范类大学毕业生一般面向教育系统就业，重点充实基层中小学，教育系统确实无法安排的，允许其面向非教育系统自主择业，免收师范教育培养费。除此之外，国家已逐步放开师范类毕业生择业的范围，允许毕业生跨省、跨地区就业，鼓励毕业生到西部地区工作。

（二）委托培养与定向就业政策

高等学校委托培养招生一律实行合同制。委托单位与培养单位之间、委托单位与委托生之间应分别签订委托培养合同。委托生的培养费用由委托单位提供，毕业后按合同规定到定向地区或单位工作。委托生在校期间和毕业后与国家计划内招生的学生享受相同待遇。

（三）结业生就业政策

结业生由学校向用人单位推荐或自荐就业，找到工作单位的，可以办理就业手续，但必须在报到证上注明"结业生"字样；在规定时间内无单位接收的，由学校将其档案、户口关系转至家庭所在地（家居农村的保留非农业户口）自谋职业。已被录用的结业生，在国家财政拨款单位就业的，其工资待遇按照国务院有关文件规定，比国家规定的普通高校毕业生工资标准低一级。

结业生在一年内补考及格换发毕业证书者，国家承认其毕业资格，工资待遇从补发证书之日起按毕业生对待。

（四）肄业生的就业政策

大学肄业的学生由学校发放肄业证书，国家不负责其就业和办理就业手续，并将其档案和户口转回其生源所在地自谋职业。

（五）来源于边远省区的毕业生政策

毕业生就业工作中的边远省区是指以下十个省区：内蒙古自治区、黑龙江省、广西壮族自治区、贵州省、云南省、西藏自治区、甘肃省、宁夏回族自治区、青海省、新疆维吾尔自治区。由于历史原因，这些省区的经济、科技和教育相对落后。要改变这种落后面貌，一靠投入，二靠政策，三靠科技，但最关键的是科技人员的数量和质量。国家对边远省区科技队伍建设非常重视，制定了很多政策，其中包括这样一条：为满足边远地区经济、科技和教育发展对人才的需求，对来自边远省区的毕业生，若所学专业为本省区（含国务院各部委在这些地区的直属单位）所需要的，原则上安排回去就业。对有特殊困难需要照顾的支边职工子女，在征得边远省区主管调配部门的同意后并有单位接收的，可以在内地安排就业。

（六）对自愿支边的内地毕业生的就业政策

国家和边远省区对自愿支边的内地毕业生，除了授予荣誉称号等精神鼓励外，在工作方面，凡是自愿要求支边的，可以不受计划限制，在适合需要的前提下，可以优先挑选工作地区或工作单位。在待遇方面，除了要给毕业生一定的物质奖励外，国家规定至少浮动一级工资，有的边远省区规定浮动两级或两级以上。还有的单位在解决住房、子女就业、夫妻分居等方面优先予以照顾。在工作流动方面，对去西藏和青海高原地区的毕业生，在该地区连续工作满8年以上的，如本人申请回内地时，与这两个省（区）人事部门联系原籍或其爱人所在地区安排工作，有关省（市）应予接收并将其工作安排好。其他省区，如果毕业生工作一定时间后，要回内地工作，边远省区也会予以放行。但现在我国还不提倡以边支边，具体指：一是毕业生来源于内地省（市）的边远贫困地区；二是一个边远省区的毕业生到另一个边远省区。

（七）到西部等基层单位服务的就业政策

中央做出了西部大开发的战略决策，号召大学毕业生积极投身于西部的开发与建设之中。为了吸引应届大学生到西部地区、到基层和艰苦地区建功立业，国家决定实施大学生志愿服务西部计划。计划从开始按照公开招募、自愿报名、组织选拔、集中派遣的方式，每年招募一定数量的普通高等学校应届毕业生，到西部贫困县的乡镇从事为期1~2年的教育、卫生、农技、扶贫以及青年中心建设和管理等方面的志愿服务工作。志愿者服务期满后，鼓励其扎根基层，或者自主择业和流动就业。

参加大学生志愿服务西部计划的志愿者除享受国家规定的高校毕业生就业优惠政策外，给予以下政策支持。

（1）服务期间，享受一定的生活补贴（含交通补贴和人身意外伤害、住院医疗保险）。

（2）服务期间，计算工龄，党团关系转至服务单位。本人要求户口和档案保留在学校的，按规定保留两年，在此期间，档案管理机构对保管其档案免收服务费用；本人要求将户口转回入学前户籍所在地的，公安机关按照规定为其办理落户手续，人事、教育部门所属人才交流机构负责办理相关手续，人事部门所属人才交流服务机构免费提供人事代理服务。服务期满落实工作单位后，公安机关按有关规定办理户口迁移手续，到企业就业的，按照规定转接社会保险关系。

（3）服务期间，可兼职或专职担任所在乡镇团委副书记、学校及其他服务单位的管理职务。

（4）服务期满考核合格的，报考研究生给予加分，在同等条件下优先录取，具体规定在当年的研究生招生政策中予以明确。

（5）服务期满考核合格报考党政机关公务员的，可适当加分，同等条件下应优先录用，具体规定由省级公务员考试录用主管机关在当年招考中予以明确。

（6）服务期满，对志愿者做出鉴定，存入本人档案；考核合格的，颁发证书，作为志愿者服务经历和就业、创业的证明。

（7）服务期满自主创业的，可享受税收优惠、行政事业性收费减免、小额贷款担保和贴息等有关政策。

（8）服务期满后3年内报考硕士研究生初试总分加10分；同等条件下优先录取；高职（高专）学生可免试入读成人本科。

（9）服务单位应向志愿者提供住宿等必要的生活条件；在录用党政机关公务员和新增国有企事业单位专业技术人员、管理人员时，优先录用、招聘志愿者。

（10）服务期为1年、服务期满考核合格的，授予中国青年志愿服务铜奖奖章。服务期满2年、服务期满考核合格的，授予中国青年志愿服务银奖奖章，表现优秀的授予中国青年志愿服务金奖奖章，表现特别优秀的推荐参加中国青年五四奖章、中国十大杰出青年、中国十大杰出青年志愿者、国际青少年消除贫困奖等评选。

（11）服务期满1年，考核合格，可以应届毕业生身份报考国家机关公务员，报考中央国家机关和中、东部地区公务员的，同等条件下优先录取，报考西部地区公务员的，笔试总分加5分，服务期间，享受往返于入学前户籍所在地与服务地之间，每年4次火车硬座票半价优惠等。

（八）鼓励毕业生到基层就业、创业的政策

（1）鼓励高校毕业生到基层和艰苦地区工作。对到农村基层和城市社区从事社会管理和公共服务工作的高校毕业生，符合公益性岗位就业条件并在公益性岗位就业的，按照国家现行促进就业政策的规定，给予社会保险补贴和公益性岗位补贴。在艰苦地区工作2年或2年以上者，报考研究生的，应优先予以推荐、录取；报考党政机关和应聘国有企事业单位，在同等条件下应优先录用。

（2）鼓励各类企事业单位，特别是中小企业和民营企事业单位聘用高校毕业生，政府有关部门要为其提供便利条件和相应服务。对企业跨地区聘用的高校毕业生，省会及省会以下城市要认真落实有关政策，取消户籍限制。

（3）鼓励高校毕业生自主创业和灵活就业。凡高校毕业生从事个体经营的，除国家限制的行业（包括建筑业、娱乐业以及广告业、桑拿、按摩、网吧、氧吧等）外，自工商部门批准其经营之日起，1年内免交登记类和管理类的各项行政事业性收费。有条件的地区由地方政府确定，在现有渠道中为高校毕业生提供创业小额贷款和担保。

同时，自谋职业、自主创业的高校毕业生可将人事关系存放在政府人事部门所属人才服务机构、劳动或人事部门人才服务机构，这些服务机构将为其办理人事关系接转、人事档案管理、转正定级、党团关系、专业技术职务任职资格申报评审、社会保险金缴纳等服务，实行全方位的人事代理服务，以解除自主创业、灵活就业的高校毕业生的后顾之忧。

（九）患病毕业生的就业政策

毕业生毕业前进行健康检查，不能正常工作者暂不办理就业手续，让其回家休养。1年内治愈的（须经学校指定县级以上医院证明）可以随下一届毕业生就业；1年后仍未治愈或无用人单位接收的，户口关系和档案材料转至家庭所在地，按社会待业人员处理。毕业生报到后发生疾病不能坚持工作的，应按在职人员有关规定办理。

（十）残疾毕业生的就业政策

国家政策规定对残疾毕业生，学校应帮助其就业，确有困难，按有关规定由生源所在地民政部门安置。必要时，学校可与民政部门联系安排残疾毕业生的工作单位。

（十一）对违约毕业生的就业政策

用人单位不准拒收毕业生；同样，也要求毕业生不能违约，或随意更换单位。如毕业生单方面违约，则应由毕业生向学校和用人单位交纳一定数量的违约金。如果在学校上报计划后毕业生再提出更换单位，则不是违约问题，而以不服从就业派遣论处。

（十二）毕业生到军队工作的就业政策

1. 军队接收大学毕业生参军的条件

按照解放军原总政治部的有关规定，接收对象应当是参加全国普通高校统一考试录取的应届毕业生，大学毕业生参军的基本条件有：拥护党的基本路线，忠于祖国，热爱军队，

志愿献身国防事业，符合公民服现役的政治条件；学习成绩平均在良好以上；本科毕业生年龄不超过25周岁。

2. 大学毕业生参军后的职级待遇

军队接收的地方大学毕业生在首次评授军衔、评任专业技术职务、确定专业技术等级以及住房分配等方面，与同期入伍的军队院校学习毕业生学员同等对待。本科毕业生获得学士学位，授予中尉军衔，定为副连职（技术13级）；研究生获得硕士学位，授予上尉军衔，定为正连职（技术12级）；获得博士学位，授予少校军衔，定为正营级（技术10级）。

3. 地方大学生入伍后在部队的服役期限

地方大学生在部队服役期的长短主要取决于本人。如果安心在部队服役，而且各方面表现良好，一般都有较好的发展前途。由于种种原因要求退役的，服役一般不少于5年。

4. 大学毕业生入伍的优惠政策

（1）优先优待：①大学生参军入伍除享受义务兵正常优待外，还享受优先报名应征、优先体检政审、优先审批定兵、优先安排使用政策以及体检绿色通道。②入伍大学生按规定享受优待政策，优待金由批准入伍地发放，其家庭享受军属待遇，由户籍所在地负责落实相关优待。③国家资助学费。国家对应征入伍服义务兵役的高校学生，在入伍时对其在校期间缴纳的学费实行一次性补偿或获得的国家助学贷款实行代偿；应征入伍服义务兵役前正在高等学校就读的学生（含高校新生），服役期间按国家有关规定保留学籍或入学资格、退役后自愿复学或入学的，国家实行学费减免、学费补偿、国家助学贷款代偿和学费减免标准，本专科学生每人每年最高不超过8000元，研究生每人每年最高不超过12000元。由中央财政提前下拨预算，保证国家资助金及时发放到位。

（2）选用培养：①选取士官。具有全日制大专以上学历的大学毕业生士兵，首次选取为士官的，参照直接从非军事部门招收士官的有关规定授予士官军衔和确定工资起点标准，在地方高校学习时间视同服役时间。②士兵提干。本科以上学历，入伍1年半以上，可以列为提干对象；根据规定符合一定条件的，优先列为提干对象。③报考军校。普通高等学校在校生应征入伍士兵参加全军统一组织的军队院校招生考试，年龄放宽1岁；大专毕业生士兵参加全军统一组织的本科层次招生考试，录取的到有关军队院校学习，学制2年，毕业合格的列入年度生长干部学员毕业分配计划。④保送入学。参加优秀士兵保送入学对象选拔，年龄放宽1岁，同等条件下优先列为推荐对象，按照有关规定保送入军队院校培训，本科以上学历的，安排6个月任职培训，专科学历的，安排2年本科层次学历培训。

（3）复学升学：①复学（入学）。应征入伍服义务兵役前正在高等学校就读的学生（含高校新生），服役期间按国家有关规定保留学籍或入学资格，退役后2年内允许复学或入学。②考试升学加分。普通高校应届毕业生应征入伍服义务兵役退役后3年内参加全国硕士研究生招生考试，初试总分加10分，同等条件下优先录取；在部队荣立二等功及以上的，符合研究生报名条件的可免试（指初试）攻读硕士研究生。③高职（专科）升学。高职（专科）在校生（含高校新生）入伍经历可作为毕业实习经历；具有高职（专科）学历的毕业生，退役后免试入读成人本科；荣立三等功以上奖励的高职（专科）在校生（含高校新生），在完成高职（专科）学业后，免试入读普通本科。④政法干警招录。各地拿出政法干警招录培养体制改革试点招录培养计划的20%左右，用于招录大学生退役士兵，不再实行加分政策。对在服役期间荣立个人三等功以上奖励的退役士兵，报名和录用时在同等条件下优先考虑。鼓励高学历退役士兵报考试点班，并适当增加招录大学生退役士兵的比例。⑤免修军事技能。高校在校生（含高校新生）参军入伍退役后复学或入学，免修军事技能训练，直接获得学分。⑥设立"退役大学生士兵"专项硕士研究生招生计划。根据实际需求，每年安排一定数量专项计划，专门面向退役大学生士兵招生。专项计划规模控制在5000人以内，在全国研究生招生总规模内单列下达，不得挪用。⑦将高校在校生（含高校新生）服兵役情况纳入推免生遴选指标体系。鼓励开展推荐优秀应届本科毕业生免试攻读研究生工作的高校在制定本校推免生遴选办法时，结合本校具体情况，将在校期间服兵役情况纳入推免生遴选指标体系。在部队荣立二等功及以上的退役人员，符合研究生报名条件的可免试（指初试）攻读硕士研究生。⑧将考研加分范围扩大至高校在校生（含高校新生）。退役人员在继续实行普通高校应届毕业生退役后按规定享受加分政策的基础上，允许普通高校在校生（含高校新生）应征入伍服义务兵役退役，在完成本科学业后3年内参加全国硕士研究生招生考试，初试总分加10分，同等条件下优先录取。⑨退役大学生士兵专升本实行招生计划单列。高职（专科）学生应征入伍服义务兵役退役，在完成高职学业后参加普通本科专升本考试，实行计划单列，录取比例在现行30%的基础上适度扩大，具体比例由各省份根据本地实际和报名情况确定。⑩放宽退役大学生士兵复学转专业限制。大学生士兵退役后复学，经学校同意并履行相关程序后，可转入本校其他专业学习。

（4）就业服务：①高校毕业生士兵退役后1年内，可视同当年的应届毕业生，凭用人单位录（聘）用手续，向原就读高校再次申请办理就业报到手续，户档随迁（直辖市按照有关规定执行）。②退役高校毕业生士兵可参加户籍所在地省级毕业生就业指导机构、原毕业高校就业招聘会，享受就业信息、重点推荐、就业指导等就业服务。③在招录公务员、参照公务员法管理机关（单位）工作人员、招聘事业单位工作人员时，同等条件下优先录用（聘用）符合政府安排工作条件的退役大学生士兵；退役士兵报考公务员、应聘事业单位职位的，在军队服现役经历视为基层工作经历，服现役年限计算为工龄。④国有、国有控股和国有资本占主导地位企业在拿出一定比例的工作岗位定向招收符合政府安排工作条件的退役士兵时，同等条件下优先招收退役大学生士兵。⑤乡镇补充干部、基层专职武装干部配备时，注重从退役大学生士兵中招录；对返乡务农的退役大学生士兵，鼓励通过法定程序积极参与村居"两委"班子的选举。⑥按照国家规定发给退役金，由安置地的县级以上地方人民政府接收，根据当地实际情况发给经济补助，安置地的县级以上地方人民政府组织其免费参加职业教育、技能培训，经考试考核合格的，发给相应的学历证书、职业资格证书并推荐就业。

(十三)应届毕业生申请自费出国留学的政策

申请自费出国不参加分配的毕业生,在国家规定的期限内提出申请,经学校审核同意,持有关证明材料直接到户籍所在地公安机关办理自费出国留学手续,学校不再负责其就业。毕业前或毕业时未获出境的,学校照常为其办理派遣和离校手续,并将其户口及档案转至家庭所在地;能够出境的,档案由学校转回生源所在地。

(十四)学校的就业政策和规定

1. 关于就业协议书、报到证、户口迁移证、档案的政策和规定

(1)就业协议书。就业协议书是为了明确毕业生、用人单位、学校三方在毕业生就业工作中的权利和义务,经毕业生与用人单位协商签订的协议,也是毕业生报到前,表明毕业生和用人单位双方之间存在着就业和录用意向的唯一凭证。就业协议书在整个毕业生就业过程中发挥着重要作用,学校凭就业协议书编制就业计划并派遣毕业生。

有效的就业协议具有的特点:第一,必须在双方自愿、平等协商、诚实信任的基础上订立,是双方各自真实意愿的表达,双方应诚信地告知自己的真实情况;第二,主体合格,主要是指协议双方,一方必须是在经教育部批准的高等院校正式录取的应届毕业生,另一方则是依法登记注册或者经上级主管机关批准并且正常营业、当年度有用人计划的用人单位;第三,内容合法,主要是指协议中相关条款的规定必须符合法律、法规的规定;第四、程序规范。

签订就业协议的程序:第一,毕业生和用人单位在供需见面、双向选择的基础上确定用人意向;第二,毕业生填写本人基本情况并签名,在双方在场情况下填写协议内容,用人单位填写基本情况和协议的相关条款并盖章;第三,毕业生拿就业协议回学校鉴定、盖章,并将其中一份留给学校的就业部门;第四,毕业生及时将一份协议返回单位。

另外还应注意,毕业生在同一时间只能持有一份就业协议书,毕业生如果想领取第二份协议,则必须先解除第一份协议或者承担违约责任。这是从程序上保障毕业生和用人单位的合法权益。为有效地维护毕业生的合法利益,防止出现意外情况,在签约前最好向单位了解工资待遇、福利、保险、服务期等情况。

(2)报到证。"报到证"全称为"全国普通高等学校本专科毕业生就业报到证"或"全国高校毕业研究生报到证",由教育部印制,省级高校毕业生就业管理部门签发,只能一人一份,由其他部门印制或签发的报到证无效。报到证的作用体现在以下几个方面:到接收单位报到的凭证;证明持证的毕业生是国家统一招生计划的学生;凭报到证办理落户手续、档案托管和人事代理。不论什么原因,自行涂改、撕毁的报到证一律作废。

如果毕业生不慎将报到证遗失,可由毕业生本人写明具体情况,毕业生所在学校毕业生就业部门证明属实后,在当地主要报纸登出遗失声明,再为其补办报到证,且需注明"原证丢失,系补办"字样。

如果在择业期内办理改派手续,在两年择业期内允许改派一次。改派毕业生持与新的

就业单位签订的《高校毕业生就业协议书》或就业合同到学校就业部门填写《个人办理就业报到证申请表》，持《个人办理就业报到证申请表》、原报到证和与新的用人单位签订的《高校毕业生就业协议书》到省高校毕业生就业指导中心办理改派手续。

如果超过择业期办理改派手续，按照国家规定毕业生择业期为2年，2年内没有办理报到手续的则视为自动放弃，档案转到生源所在地人才交流中心人事代理部门，毕业生2年后找到工作单位（或办人事代理）的，持毕业证、报到证到市人才交流中心，按"五大"毕业生手续办理。

（3）户口迁移证。大学生在学校读书，户口迁到学校是临时性的，毕业后迁出。户口迁移证是大学生毕业时其户口从学校所在地派出所迁出的证明，不能丢失，不管到哪里，都要在规定时间把户口"落"下来。毕业生户口关系的转移，由学校户口管理部门到辖区公安机关按规定办理，公安机关按《报到证》上标明的就业单位地址迁移户口，毕业生不得自行指定迁移地址。领到户口迁移证后，毕业生应仔细核对并妥善保管，不要折皱污损，更不能丢失，有错漏不能自行涂改，否则作废。到工作单位报到后，持户口迁移证和报到证及工作单位证明到辖区公安部门办理户口迁移手续。

（4）档案及组织关系。档案证明大学生的学习经历，档案内有入学通知书、各学期的学籍卡、学籍表、操行考核手册、成绩单、评语、获奖证明及党、团组织材料等。这些都是原始材料，不可复制，大学生一定要重视自己的档案。如果大学生就业后所在的单位没有档案管理权，毕业生最好将档案托管到各级人才交流机构，人才交流机构是管理档案的专门机构。

对毕业离校时未落实工作单位的高校毕业生，本人要求户口和人事档案保留在学校的，按规定可保留两年。在此期间，档案管理机构对保管其档案免收服务费用；本人要求将户口转回入学前户籍所在地的，公安机关应当按照户籍管理规定为其办理落户手续。档案可转入户口所在地人事档案管理服务机构。

对于大学生党员，毕业报到后，学生党员的组织关系在毕业时原则上一律从就读院校转出，继续留在院校工作的除外。

1）就业单位已经确定，其组织关系转往其就业单位党组织；就业单位未建立党组织的，应当将其组织关系转移到单位所在地或其居住地党组织，也可以转移到行业主管部门党组织，或县以上政府人事（劳动）部门所属的人才服务机构党组织；就业单位尚未落实的，可将组织关系转移到本人或父母所在县（市、区）委组织部，由组织部签章接收后转往居住地的街道、乡镇党组织，也可随同档案转移到县级以上政府劳动人事部门所属的人才服务机构党组织。

2）办理暂缓就业的毕业生党员，其组织关系可暂时放在院校党委组织部，一旦找到工作或者暂缓就业2年时限届满，必须及时办理组织关系迁移，其程序按上述毕业生党员转出组织关系程序办理。

3）学生党员毕业时因改派等原因需改变组织关系转移去向的，应在原组织关系介绍信有效期内由本人提出申请，说明改变组织关系去向的原因，经原所在的党组织审核同意后，到院校党委组织部退回原介绍信，重新办理转移手续。

2. 毕业生就业的程序

毕业生就业工作一般从毕业生在校的最后一学年开始，一般有以下程序：

（1）由学校提供就业信息，并负责推荐。

（2）毕业生与用人单位供需见面、双向选择。

（3）用人单位向学校反馈接收意见。

（4）毕业生与用人单位、学校签订《高校毕业生就业协议书》，内容如实填写，接收单位和主管部门（无主管部门的可省略）盖章，把其中一联交学校留存。

（5）由学校根据毕业生落实工作单位情况编制就业计划，上报上级主管部门或教育部。

（6）经上级主管部门或教育部审核批准后下发，由省、市地方调配部门按计划派遣。

第三章 高校大学生就业的流程

第一节 大学生就业的准备与调整

随着改革的深化和市场经济的大发展，社会为大学生提供了广阔的就业天地，因此，大学生只有做好充分的就业准备工作，才能适应社会的发展和现代化建设的需要。怎样做好就业的准备工作，是今天每个大学生必须认真思考的问题。

社会中各种各样的职业，都要人去从事。然而任何一个人并非天生就能从事某种职业或承担某种职务的，每个人都需要或长或短的就业准备期。所谓就业准备，有广义和狭义之分。广义的就业准备既包括未就业者为了能从事某种职业或获得某种职位，在一个相当长的时期内所做的就业准备工作，又包括已就业者为了进一步做好本职工作，或改换职业所进行的准备工作。狭义的就业准备是指未就业者为了能从事某种职业或获得某种职位，在一定阶段内所做的准备工作。

大学生的就业准备属于狭义的，主要指大学生进入毕业学年，为就业而做的各种准备，它是大学生就业的基础和前提，因而是非常重要的。一方面，就业准备是大学生求职择业的基础。大学生只有进行了必要的就业准备，才有可能产生相应的求职择业行为；做好了充分的就业准备还有助于大学生选择一个理想的、合适的职业，实现就业目标。另一方面，就业准备是社会发展的客观需要。随着社会经济的繁荣、科技的进步，社会职业对从业者的身体素质、心理素质、思想素质、科学文化素质等提出了新的要求。这就决定了大学生只有做好充分的就业准备，才能适应社会发展对人才的需要，更好地为社会做贡献。

人在就业准备期需要准备的内容很多，但对大学生这样一个特殊层次的人来说，主要的是知识准备、能力准备和心理准备。

一、知识准备

一切职业都要求从业者具有相应的知识、能力和技能。知识可分为专业知识和一般常识。前者指从事某种专门职业或进行某种特殊活动所必备的知识，后者指人的日常生活或一般活动所需要的普通常识。

知识是大学生就业的基础条件。用人单位招收毕业生的根本目的也是获得知识、获得资源。因此，许多用人单位，尤其是跨国公司、三资企业都比较重视对应聘者综合能力及所学专业知识的考察。其中，所考察的专业知识往往是最基本的，甚至都是些常识性的东西，但是许多学生的考察结果令人十分担忧。理光（深圳）工业有限公司曾进行过一次测试，参加测试的近400人，其中还有不少研究生，但及格的只有7个人，而那几道试题都是些应试者学过的最基本的知识点。很多同学都后悔没有及时复习以前学过的知识，有的同学甚至说，事先哪怕是看一眼也不会错了。然而，残酷的事实是没有及格的同学失去了进一步面试的机会，也就无缘加入该公司。那么毕业生该如何做好知识的准备呢？

从长远来看，大学生必须积累系统精深的专业知识，形成全面广博的知识结构，这些都是在日常学习生活中积累起来的。

（一）系统精深的专业知识

随着时代的发展，良好的高等教育背景在择业和创业中的重要性日益上升。据统计资料显示，在所有大企业家中，接受高等教育的占绝大部分，而且，随着时间的推移，教育程度较低者的比例将逐步下降。专业知识是大学生整个知识结构的核心部分，是每一类人才知识结构的特色所在。原新浪网总裁王志东曾说过："大学生创业的前提是要打好基础，不管学什么专业，都要吃透专业的精髓，同时全面提高综合素质。"面对社会对各类人才的专业知识的考察，大学生必须从以下几个方面做好充分的准备：

第一，从所学专业体系的学科内容上，要对专业知识的概念体系、理论体系、学科历史、研究方法、学科前沿知识以及相邻专业领域知识、本专业国内外的最新动态等7个方面的内容有比较清楚的了解和认识。

第二，从所学专业体系的结构内容上，应建立合理的专业知识结构。所谓合理的专业知识结构，是指从事某类具体的职业岗位所需专业知识体系的构成情况与结合方式，即专业知识体系的具体组合。由此可直接将专业知识转化为相应职业岗位的工作能力，这种能力就胜任本类岗位而言有着较长的持续性，从而表现出创业者适应某类工作岗位所具备的基础和潜力。比如一部收音机，它所需要的零部件数远不及一座电子元件库的配件数量，但它具有接收播放功能，而电子元件库却没有。这是因为收音机是按照人的需要和科学规律组装而成，已形成一个可完成接收播放功能的系统，而电子元件库只是将电子元件分门别类存放而已，这些元件是单独的、零散的，故它不具有系统的功能。因此，大学生所学的专业知识必须是系统的、合理的组合，才能接受职业岗位的检验，在实际工作中发挥作用。

（二）全面广博的知识结构

大学生除了具备系统精深的专业知识之外，还必须要有全面、合理的知识结构，注重知识结构的整体性。一个人要成才，仅有单门学科的知识或虽有多门学科知识，但其组成并不协调，结果是不能如愿的。大学生在学好专业知识的同时，还要确立"通才"意识，更好地适应市场经济发展对人才的要求。美国的有关机构曾历时5年对1311位科学家进行跟踪调查,结果发现,绝大多数是通才取胜,仅有个别是只精通一门的专才。在诺贝尔奖获得者中,多数是进行综合性研究的通才。

当代大学生应充分认识广博的知识结构对自己今后的就业以及成就事业的重要意义,变被动学习为主动学习,力争在校期间能学到更多的知识,并不断完善自己的知识结构,为今后的工作奠定扎实的基础。关于这一点,大学生除了在哲学、政治、经济、军事和艺术等方面具备必要的知识之外,尤其应注意掌握以下三个方面的知识:

1. 法律知识

市场经济是法制经济,在市场竞争中,健全的法律、法规是不可逾越的游戏规则,尤其是在知识、经济全球化的背景下,这种"游戏规则"更加复杂、更加严格。强化法制意识,做到依法办事,是每个公民所需要具备的基本素质。因此,大学生更应注重法律知识的学习,培养法律观念,掌握基本的法律知识,自觉遵守法律,同时学会运用法律武器来维护自己的正当权益。

2. 管理知识

在人类漫长的历史长河中,所有重大的事件、卓越的发明、宏伟的工程,都必须经过精心的策划和有效的管理。在现代社会中,不管人们从事何种职业,事实上人人都在参与管理,管理国家、管理政府、管理某种组织、管理某个部门、管理某项业务、管理家庭、管理子女,以及管理自己的行为、时间、精力、财富、事业。管理无处不在、无处不有,它既是成功的要素,也是失败的根源。一个人只有懂得管理,才能更好地服从管理;只有学会管理,才能在实践中有效地运用管理。特别是对那些有志于成大器者,丰富的管理知识显得尤为必要。

3. 商业知识

商业知识有助于培养人们的洞察力和决断力。人具备一定商业知识,在面对纷繁复杂的商业信息时,能进行清醒的加工、提炼,准确地把握商机,赢得发展的机遇。市场经济中,商品交换是经济生活中一种极为常见的现象。但对于一个大学生来讲,不能把经济生活仅仅看作商品交换,而应从理性的高度去认识经济生活,尤其是那些有志于自主创业的大学生,积累一定的商业知识非常必要。只有懂管理、会经营,具备把握市场的能力,及时调整商业经营战略,才能把技术思想和经营理念有效结合,生产符合社会发展的、人们喜欢的适时产品,并取得创业的成功。

因此,大学生必须有效地利用在大学里的宝贵时间,广猎群书,以开拓自己的思维、丰富自己的思想、积累自己的知识。多读书包括多读专业课方面的课外读物,它可以帮助大学生加深对专业知识的理解和领悟,并有所创新和突破;还包括社会科学和自然科学各领域的书籍,如科技、文学、自然、哲学、法律、管理等各个门类,这方面的书籍可以根据兴趣和爱好来选择。但是要记住,要尽可能地多读书,因为倘若不在这一阶段储备足够的知识,那么大学生对未来的人生期望将难以如愿。在人年纪渐长以后,知识不仅会给选择职业带来信心、在职场获得成功,而且在读书上的认真与刻苦还将会成为大学生疲倦时休憩的港湾，遭遇挫折时避难的场所，受益终生。大学生利用好眼前的时光，把读书当作一种习惯，尽情地享受读书的乐趣，这是一条非走不可的路，现在多用功一小时，就可以早一小时到达目的地，早日获得成功。

通过对一些用人单位招聘时所涉及问题的分析，提供以下几点建议供大家参考：

（1）复习所学专业课的基本知识点。这些都是学习过程中老师反复强调要掌握的，而且当时也已经掌握了，只是时间久了记忆变得模糊了。同学们只要稍微看一下就可以记起，但在面试过程中却会起到预想不到的效果。

（2）分析和总结各门专业课之间的联系。这往往对回答一些专业方面综合性的问题有所帮助。对一些题目，主考官不一定非要你做出完全正确的回答，他们往往更看中你的思维方式和解决问题的方法。如果大学生事先对专业知识的结构有一定的了解，那么就能够用一种比较清晰的思路来回答这类问题，也就更容易打动考官，增加成功的可能性。

（3）了解专业领域的最新动态和技术。现在的企业，尤其是外资企业，他们的生产线已经代表当今社会比较先进的水平，我们在课本上所学的知识很难做到与生产实际完全衔接。而企业在面试过程中往往，会或多或少的涉及一些比较前沿的东西，应聘者如果能很好地回答此类问题，会更容易得到考官的欣赏。做好此项准备工作可能要花费很大的精力，需要翻阅很多相关报刊书籍，但只要注意和收集课堂上老师所介绍的一些新知识，平时注意信息的积累，就可以做到事半功倍。

二、能力准备

知识与能力并重已经成为社会的共识。只有文凭而无实践能力的人，社会对他的认可度非常低。大学生在学习和掌握知识的时候，应该想到如何运用这些知识，提高自己的实践能力。大学学习期间，大学生要坚持理论与实践的统一，除了重视"第一课堂"的学习外，还要积极参加"第二课堂"的实践活动，只有这样，构建的知识结构才是扎实的、平衡的。

通过前面的介绍，我们知道需从哪些方面进行就业知识的准备，那就业的能力又必须从何处着手呢？答案是应该从用人单位对录用毕业生的基本标准入手，总结用人单位的标准，劳动人事局对劳动者素质的一份调查得出的结论是：创新、复合、外向型人才是新时期的宠儿。一般认为，大学生就业前应当具备的基本能力应包括以下几种能力。

（一）掌握现代信息知识的能力

良好信息能力的培养至少包括这样几个方面：一是个体在心理结构上建立一个开放的、全方位的信息接收机制，对过去、现在、未来的信息，纵向与横向信息加以接纳和捕捉；二是个体从新的需求的角度对原有的信息、知识进行叠加、重组，或进一步系统化；三是通过传译和交流来保持信息的新陈代谢，信息不能一成不变；四是熟练运用和掌握计算机技术。我国的政治、经济、文化各方面的发展和人的发展都离不开信息化，整个社会更加信息化将是必然之势。但我国目前的信息基础薄弱，这就给我国的信息化道路带来挑战和机遇。挑战是不言而喻的，机遇则在于可以避免少走弯路而"后来居上"，与之相应，年轻人的成功也面临着巨大的机遇和挑战。机遇在于信息化的社会将提供更多的成功机会，在于社会对他们的成功提出了更高的要求，能够培养信息能力是时代为他们提供的最大恩赐，也是时代对他们最严峻的考验。只有那些掌握了丰富的信息知识，在信息观念的支配下、在信息道德允许的范围内自由发挥信息素质（能力）的人，才有可能成为未来社会的栋梁之材。

（二）学习能力

我们处在一个信息化的学习社会中，现代教育学理论认为，信息时代下学习的特点为：学习是个体建构的过程，个体在社会文化背景下，在与他人的互动中，主动建构自己的认识与知识。社会学大师马克斯·韦伯所说的"人类是生活在自己编织的意义网中的动物"，是对这一理论最好的解释。所以，信息社会的学习是一个充分发挥个人主动性和弥补个人思维缺陷的过程。人人都拥有难以预测的多种潜能，人的求知方法也拥有多种多样的风格，表现为不同的广度和深度，我们必须珍视所有求知的方法，并尽可能地借助他人的力量。同时，现代的信息技术为信息化的学习型社会的形成创造了条件，我们要变单一的、被动的学习方法为自主的探索和合作型的学习方法；要培养密切关注社会、关注人生、关注科学的人生态度；要增强心理上对正在变化的环境的适应能力；我们在认识事物的时候，要注重通过对前后流程和背景的解读、直觉性理解、创造活动及操作活动来加以掌握，同时要注意克服学习中的机械主义、绝对科学主义和任何的功利主义倾向。

科技发展越来越快，知识经济一方面使知识价值倍增，另一方面也使知识贬值加快。企业的生存与发展，在相当大的程度上取决于能否对知识进行快速更新。这就需要企业和人才有很强的学习意识，随时接受新的信息，跟上科技更新和市场变化，决不能因循守旧，要适时而变。这样的人才会给企业带来持久的生命力和旺盛的活力，从而在激烈的竞争中取胜。

（三）创新能力

创新是指思想的产生、演化、交流并应用于产品或服务中，以促使企业获得成功，其核心是科学技术的创新。创新是知识经济发展的基础。广义来说，创新还是一种对新思想、变化、风险乃至失败都抱积极态度的企业行为方式。正是由于这种创新，美国企业才能多年来在高科技领域保持领先。具有创新意识、思维开阔的人才将在企业的知识创新机制中大展才能，为企业带来难以预料的生机和活力，因此最受青睐。创新能力是在多种能力发展的基础上，利用已知信息，创造新颖独特具有社会价值的新理论、新思维、新产品的能力。它是一种综合性的、高层次的思维能力和行动能力。从社会来讲，经济的发展、科技的进步离不开发明创造。对个人来说，成功、成才依赖发明创造。用人单位更需要具有发明创造能力的大学生。创新能力包含多方面的内容，如强烈的好奇心、细微的观察力、大胆设想、勇于探索的精神，以及提出问题、研究问题、解决问题的能力等。大学生要自觉培养这些能力，为走上工作岗位后创造性地工作打下扎实的基础。创新在21世纪知识经济时代中具有举足轻重的地位，它不仅是知识经济时代经济发展、财富增长的源泉，也是知识经济社会全面发展、文明进步的重要推进器。创新不仅具有重要的经济价值和功能，而且对社会发展与进步具有重大的意义。这就决定了21世纪的求职者必须是具有创新精神和创新能力的高素质人才。而健康的人生价值取向与崇高的献身精神是21世纪成功青年的基础，是培养盛世青年非常重要的一种思想品质。

尽管创新是一种经济行为，但是创新并非一定会有经济收益，因此，如果青年人没有敢于牺牲个人利益、敢于放弃舒适安逸生活的人生价值观，就不可能进行创新。敢于创新、善于创新、自觉提高创新能力并规范创新行为，不仅是一种高度社会责任感的体现，而且也是一种崇高的献身精神，也就是把自己所有的聪明才智、无限的创造潜能奉献于社会的全面发展，奉献于民族的振兴，奉献于人类的文明进步。

（四）团队协作能力

沟通协调能力与团队协作能力越来越为用人单位看重，大学毕业生在求职的过程当中应该做到有的放矢，针对用人单位的需求，展现自己在这些方面的经历特长。从调查反馈的信息来看，平时在学校参加社团、组织策划过某些项目的大学生最受用人单位的欢迎。进入单位后，一个与领导、同事们配合工作，容易与人沟通协调的大学毕业生比较容易获得更多的机会。"团队合作是非常重要的。"北京拜耳（bayer）光塑板材公司人力资源部经理吴白莉举的一个招聘过程中的事例就很能说明这一点。她说："有一年，我们公司的上海办事处要招聘一名销售助理（相当于秘书），在前来竞聘的200多人中，挑来挑去，好中选优，最后剩下了5个女孩参加面试。5个女孩在面试开始前，相互致意表示准备友善地公平竞争，这个场面让我很感动，因为我们都知道，每个人只有20%的希望。为了缓解紧张的气氛，我说，你们想喝点什么，请随便来。有3个女孩说要咖啡。当一位销售代表拿来了第一杯咖啡时，有一个女孩说：哎呀！这个放糖放奶，我喝咖啡不加糖不加奶。第二个女孩说：我喝加奶但是不加糖的咖啡。第三个女孩说：那给我吧，我无所谓，怎么样都行。这时候正式的面试还没有开始，但是我们已经在面试评价表上划去了前两个女孩的名字了。在我们这样的公司里，团队合作是非常重要的。秘书实际上是一个很基层的位置。这个职位决定了必须有很强的忍耐能力和协调能力。这几个女孩的专业能力都不错，她们不仅电脑、英文很好，而且熟知国家相关政策，她们的知识面是令人满意的。但是，拒绝第一杯咖啡的那两个女孩，让我们无法相信对这样的小事都这么挑剔的她们又怎么能够与办事处的其他员工和谐相处、共同工作呢！"

（五）表达能力

表达能力是指运用语言阐明自己的观点、意见，或抒发思想的能力。它包括口头表达能力、文字表达能力、数字表达能力、图示表达能力等几种形式。对大学毕业生来说，表达能力的重要性是不言而喻的，不仅在参加工作走向社会后，会强烈地意识到这一点，在求职择业的时候也会有深切的感受。比如求职自荐信的撰写、个人材料的准备、回答招聘人员的问题、接受用人单位的面试等，哪一个环节都需要较强的表达能力。而培养表达能力，关键在于提高表达的准确性、鲜明性和生动性。准确是对人们表达能力最基本、最首要的要求。同时，表达又需要有人来接受。只有鲜明的、生动的表达，才能更好地排除人们接受信息时的各种障碍。因此，大学生在培养表达能力时要尽可能地向准确、鲜明、生动的方向努力。

（六）适应能力

适应社会和改造社会是对立统一的两个方面。五彩缤纷的现实生活使刚刚步入社会的大学毕业生眼花缭乱，很不适应。人类文明总是在继承与创新的矛盾运动中发展起来的。适应社会，正是为了担当社会赋予我们的职责和使命。适者生存，生存就是为了发展。大学毕业生只有注意培养自己适应社会的能力，走向社会才能尽可能缩短自己的适应期，充分发挥自己的聪明才智。一个人适应社会的能力是其素质、能力的综合反映，适应社会能力的强弱与他的思想品德、知识技能、活动能力、创新能力、处理人际关系的能力以及健康等密切相关。当然，对社会、环境的适应，是主动、积极的适应，不是消极的等待和对困难的屈服，更不是对落后、消极现象的认同，甚至同流合污。适应要同发展结合起来，要同改造联系起来。

（七）动手能力

动手能力其实也就是实际操作的能力，它是人的智力转化为物资力量的凭借，是专业工作者必须具备的一种实践能力。在现实生活中，尤其是在数学、科研等方面的生产第一线，大学毕业生实际操作能力的强弱，将直接影响到其作用的发挥。比如，作为一名科技人员，只懂得技术原理而没有操作能力，在很多情况下是不能完成技术任务的；作为一名教师，只有丰富的知识也是不够的，还要有把自己的知识传授给学生的能力，如此等等。所以大学生必须重视动手能力的培养，注意克服只注重理论学习、轻视实践操作的倾向。

（八）交际能力

交际能力是人际交往的能力，实际上就是与他人相处的能力。社会上的人际关系远不如学校中的同学、师生关系那么简单。大学毕业生步入社会后，要与各种各样的人发生着这样和那样的关系。能否正确、有效的处理、协调好职业生活中人与人的各种关系，不仅影响一个人对环境的适应情况，而且影响他的工作效能、心理健康、生活的愉快和事业的成败。大学毕业生在刚走上工作岗位时，由于初谙世事，阅历较浅，缺少经验，往往感叹"工作好搞，关系难处"。因此，大学生自觉地培养良好的人际交往能力非常重要。

（九）管理能力

尽管不是每个大学生毕业后都会从事管理工作，但每个人在将来的工作中都需要具备不同程度的组织管理才能。现代社会表明，组织管理能力不仅是领导干部、管理人员应当具备的，其他专业人员也都应具备。随着时代的发展，纯"书生型"的人才将无法适应社会的需要。不论哪个专业的毕业生，都既要有精深的专业知识，又要有一定的组织管理能力，这不仅是顺利就业的需要，也是时代的客观需要。

（十）决策能力

决策能力就是对未来行为目标的判断和选择能力。良好的决策能力是实现目标并保证其通过科学手段实现的最佳选择，因此能少走弯路、少犯错误，以较小的代价取得进步与成功。人的一生往往会碰到各种需要自己当机立断、痛下决心的事情。对于即将毕业的大学生来说，走向社会是人生的一大转折。面临求职的何去何从，别人各种各样的意见和忠告，最终还是要靠自己拿主意。显然，这是对自己决策能力的一次检验。在未来的工作中，各种问题以及它们的变化进展都需要自己迅速做出反应，及时予以处理。因此训练和培养自己的决策能力十分重要，培养决策能力要从日常的小事做起，不要事事请别人为自己拿主意，要养成多谋善断的习惯。只有这样日积月累，以后遇到重大事情时，才不至于无所适从。

（十一）综合运用知识的能力

随着对外经济技术交流与合作的加强，国际的商务谈判和交往日趋频繁。这就需要大批的复合型和外向型人才。首先，需具备外语能力，使我们在语言沟通方面无障碍，能够与国外经济组织或机构进行交流，需要掌握一门甚至几门外国语。其次，通晓国际经济事务运行的一般规则，并在处理国际事务中积累丰富的经验。在参与国际竞争的商务谈判和交往中，熟知国际惯例和国际的文化背景，理解不同国家之间差异，促进交流。合同文本的基本格式、言语规范等都要符合国际规范。专业能力因专业的不同而有不同的内容和要求。但无论是什么专业的大学生，在就业准备期应该做到：学好专业知识，参加有关的科技活动和科研活动，结合专业参加社会实践活动，认真进行专业实习，认真做好毕业设计和论文等。能力准备是大学生就业的关键。

三、心理准备

（一）大学生择业中的心理障碍

当前，由于受多种因素的影响，大学生在就业中存在某些不健康心理，特别是当就业的现实与理想存在一定距离时就会感到自卑或恐惧。择业是大学生人生中的一次重大选择和转折，因此，择业给大学生带来很大的心理压力，使他们背上沉重精神负担，成为困扰莘莘学子的一大难题，也使部分学生产生这样或那样的心理障碍，这既不利于就业，也不利于大学生的工作和学习。心理障碍是心理压力与心理承受力的相互作用使人失去应有的心理平衡的结果。大学生在择业中常见的心理障碍主要有以下几种。

1. 焦虑

焦虑是一种常见的以发作性或持续性情绪紧张、恐惧为基本特征的一种病态心理。适度的焦虑可以使人产生一种压力，增强积极向上、主动参与竞争的能力；过度的焦虑，则会干扰人的正常活动，产生较严重的心理障碍或疾病。

毕业前夕，绝大多数大学生都会产生各种焦虑心理，担心自己的理想能否实现，能否找到适合发挥特长、利于自己成长的单位和工作环境；害怕被用人单位拒之门外，十年寒窗付诸东流，无颜回江东见父老乡亲；担心自己的选择是否正确等。特别是一些长线专业、性格内向、有生理缺陷或成绩不佳、能力一般而又不善"包装"自己的毕业生，则表现得更为焦虑。这种焦虑使大学生背上沉重的精神枷锁，常双眉紧锁、心情沉重、意志消沉，对任何事情都失去兴趣，注意力极度涣散，食不甘味，卧不安席，惶惶不可终日，特别在遭受挫折后，对因自己"无能"而招致的"失败"怀有深深的自卑或自咎。据《中国青年报》进行一项调查表明：有7成以上的大学毕业生对自己的前途感到担忧。

大学生择业中焦虑心理的一种特殊表现就是急躁。尤其在职业未最终确定之前，这种心理表现得尤为明显，他们有时恨时间过得太慢，简直是度日如年；有时又嫌时间过得太快，最后期限将至，单位仍无着落。他们埋怨用人单位优柔寡断，怨父母亲朋办事不力，希望能一帆风顺，一蹴而就。一旦遇到挫折便暴跳如雷、怨声载道，特别是那些在规定期限内未落实单位的学生更为急躁。这种急躁心理，往往使他们缺乏自我控制，心理紧张、烦躁不安、无所适从，有时会导致事倍功半，甚至事与愿违等结果。

2. 幻想

幻想是由心理冲突或害怕挫折所引起的。在择业中，有些大学生渴望竞争，希望能找到理想的单位、职业，但由于害怕面对严酷的竞争结果或屡受挫折后，便采取一种逃避态度，幻想不要参与竞争，"天上就能掉下馅饼"，如愿以偿地找到理想的工作。更有甚者陷入自我欣赏、自我陶醉的深渊，幻想用人单位能主动找上门来，哪个单位录用自己是其荣幸、"慧眼识金"等。有这种心理的大学生，很容易脱离现实，不思进取，整日处于幻想的状态中。事实上，自己的择业目标与现实有很大的反差，很难能找到理想职业。

3. 自卑

自卑是由于受到暂时性挫折而产生的一种心理障碍。大学生在择业前，往往踌躇满志，跃跃欲试，很想一显身手，大展宏图，而一旦受到挫折后，有时容易产生自卑心理，自信心大大减弱，自尊心受到伤害，对自己全盘否定，感到一种空前的失败和愧疚，从此看不起自己，自惭形秽，总是过低估价自己，在择业中往往缺乏自信心和勇气，不敢面对竞争。这在性格内向或有生理缺陷的学生身上表现较为明显。自卑不仅使一些学生悲观失望、不思进取、错失良机，而且也有碍自身才能的正常发挥。过度自卑还使人会产生精神麻木不振，心灵扭曲、孤独、丧失生活信心等心理现象。

4. 怯懦

怯懦在毕业生面试中表现尤为明显。面试前，毕业生如临大敌、紧张不安、手忙脚乱；

面试中,面红耳赤、语无伦次、支支吾吾、答非所问、手足无措,辛辛苦苦准备的"台词""腹稿"一急之下,都抛到九霄云外,忘得一干二净;有的谨小慎微,生怕说错一句话,就怕一个问题答不好,影响自己的"第一印象",以致缩手缩脚,影响水平的正常发挥。这种怯懦心理多见于一些女生和性格内向或抑郁气质类型的大学生。为克服上述弱点,毕业生平时要加强面试技巧的训练,培养自己的应变能力和语言表达能力,以便给用人单位留下良好的"第一印象",从而帮助自己顺利就业。

5. 其他心理障碍

其他心理障碍主要包括问题行为和躯体化症状。问题行为是违背社会行为规范的不良行为。毕业前,一些大学生因某些个人需求没得到满足或受到强度较大的挫折,加之平日缺乏应有的品德与个性修养,可能发生各种各样的问题行为。常见的有逃课、损坏东西、对抗、报复、迁怒于人、拒绝交往、进行不良交往、过度消费、嗜烟、嗜酒等。躯体化症状是由于心理压力和生活方式而导致得异常的生理反应。毕业前的大学生,由于心理应激水平高、心理冲突强度大、挫折体验多,加之一部分大学生性格上本来并不十分健全,因此容易导致某些躯体化症状,如头痛、头昏、血压不正常、消化紊乱、背痛、肌肉酸痛、口干、心慌、尿频、饮食障碍或睡眠障碍等。这些症状若不及时排除,则会危及学生的身心健康。

(二)大学生择业中心理障碍的调整

大学生在就业准备的过程中,要注意调整自己的心理障碍,保持健康的心理。那么怎样才能使自己有一个健康的心理呢?首先,要进行自我调节,充分相信自己,看到自己的优势、前景,减轻心理负荷,保持良好的精神状态。其次,做好充分的心理准备,树立正确的择业观,看问题不要极端化,处理好自我价值实现与社会的关系。具体而言,应当做到以下几点:

1. 努力转变求职择业观念

大学毕业生应该主动适应社会主义市场经济的要求,努力克服自身的心理障碍,进一步解放思想,转变观念,勇敢地面对社会的选择。

(1)改变国家统包统分的观念。长期以来,我国大学生分配都是国家统包统分。如今,大学生就业由计划走向市场,有一个渐进性、阶段性的演变过程。就业制度的变化需要大学生主动适应,放开眼界,转变观念。大学生要善于推销自己,勇于参与社会就业的竞争,要不断提高自身素质,打好牢固的知识基础,全面发展,力争在社会上凭实力谋取一席之地。要丢掉依赖思想,树立自主择业和多渠道就业的观念,到祖国最需要的地方奉献自己的青春、发挥自己的聪明才智。

(2)改变一次就业的观念。一次就业定终身的事,不仅在社会主义市场经济条件下难以做到,就是在计划经济体制下也不可能完全做到。随着社会对人才要求的更新和提高,人才资源总是在不断的交换和流动中得到优化配置、有效利用。科学技术的突飞猛进和知识的快速更替，用人制度的改革和人才市场的建立，必将使失业和就业成为今后大学毕业生经常遇到的事情。因此，每个大学生都要有多次就业的思想准备。

大学生们不要因为第一次择业不够理想就丧失信心，要抱定豁达乐观的择业态度，坚信"天生我材必有用""西方不亮东方亮"，逐步树立多次择业的观念。通过反复比较，经过自身的不断努力，在实践中寻找适合自己的工作岗位，改变一步到位的观念。大学毕业生择业一般很难一下子就能找到理想的工作，因此在就业问题上要树立逐步到位的观念，勤奋务实、努力上进、专心致志、勇于创新，正确处理人际关系，正确对待事业挫折，在曲折的工作经历和多次的工作更替中，实现自己的人生抱负。

2. 转换角色

所谓角色转换，是指个体的人在社会关系中的动态描述。人的职业生涯不断变化，人的主要角色也随之变化，从一个角色进入另一个角色。对于绝大多数学生来说，大学阶段过的是一种单纯而有保障的生活，学习、生活、交际、娱乐都较有规律，在这样的环境里，容易萌发浪漫的情调和美好的理想，但这样的生活与现实社会自然存在一定的距离。几年大学生活即将结束，大学生在离别母校、踏上社会之前，最重要的就业心理准备，就是要转变角色。大学生要想正确地选择职业，就必须转变角色，不能把学校、家庭、亲友及同学所给予的关心、呵护、尊重当成是社会的最终认可。大学生要摆正自己的位置，客观、冷静地进入求职状态，认识社会，了解社会，以自身的实力，积极主动地去适应社会的需要，在选择社会职业的同时，也接受社会的选择，正确地迈出人生这关键的一步。即将走出"象牙塔"、走上工作岗位的大学生，要实现由一名学生到一名"单位人"或"企业人"的转变，就必须调整心态，树立积极正确的观念，才能尽快适应社会，有所作为。

大学毕业生要成功做到角色转换，首先，要客观全面评价自己。大学毕业生大都自视清高，在走出校门之前会有创造一番业绩的宏大抱负，但他们对社会生活的估计往往过于简单或片面，他们的理想目标不是建基于客观条件之上。一旦遭遇挫折，他们很容易产生不安或不满的情绪，失去竞争的勇气。其实，社会是一个万花筒，其中既有好的、有利于人发展的一面，又有不好的、不利于人发展的一面。大学生只有正视现实、接纳现实，正确地了解、认识自己，恰当地评价自己，将主观愿望与客观实际结合起来，才能站稳脚跟，找到真正改造世界、创造业绩的切入点。

其次，主动调整生活节奏。大学生结束了宿舍—教室—图书馆三点一线的学校生活，进入一个生活节奏全然不同的新环境，只有主动调整自己的生活节奏，才能尽快适应新环境。大学生还要学会支配、安排自己的业余时间的学习和文化生活，不善于支配自己业余生活的人是很难适应新环境的。

再次，了解环境进入角色。社会好比是一个大舞台，每个人都有自己的角色位置。毕业生应该认清自己在工作环境中所承担的工作角色以及这个角色性质、职责范围，弄清楚工作关系中上级赋予自己的职权和自己应承担的义务，只有这样才能尽心尽力地去扮演好自己的角色。大学生如果角色意识淡漠，一意孤行，我行我素，该请示的擅作主张，该自己处理的事务又不敢做主或推给上司、同事，势必会与新环境格格不入。

3. 确定合理的就业目标和就业标准

一个人的就业目标应和本人具备的实力相当或接近，所谓合理的就业目标，就是指选择的职业既符合个人的特点，也符合社会的需要，体现入职合理的匹配，能充分运用自己所学的知识，发挥个人优势，多为社会做贡献的就业目标。今天大学生合理的就业目标主要包括两个方面，一是就业的主要目标。一个特定专业的大学生在目前的就业形式下，最大的可能是从事与所学专业相关的职业。因此大学生应把能充分运用自己所学专业知识的职业作为自己就业的主要目标，这既符合学校教育、培养的目的，又能充分运用自己的专业知识，发挥专业特长；二是就业的次要目标。这是由社会职业结构的不断变化，相应地对人才的需求随之变化所决定的。这就要求大学生在学好专业知识的同时，根据自己的兴趣、爱好，利用课余时间，通过自学等途径学习有关知识，培养能力，决定与自己的兴趣、爱好相一致的就业目标。要确定合理的就业目标，就要求大学生合理调整就业期望值，优化自己就业的心理坐标。

（1）避免理想主义，及时调整就业期望值。近几年，毕业生择业期望值居高不下，已经影响到毕业生顺利就业。有些毕业生由于刻意追求最满意的结果，而错过了其他好的机会，有的甚至造成就业困难。尤其是有些条件好的毕业生，在择业过程中脚踩几只船，这山望着那山高，不能及时调整就业期望值，以致后来就业困难，后悔莫及。

（2）避免从众心理，一切从自身的特点、能力和社会需要出发，不与同学攀比。毕业生处在择业洪流中，期望水平会受到其他择业者期望水平的影响。虚荣心、侥幸心理会使他们改变原有的自我期望而采取不切合实际的从众行为。这样做，他们只能得到一时的心理平衡，却不利于自身价值的实现和长远发展。

4. 敢于竞争，善于竞争

竞争冲击着人们的事业和生活，冲击着人们的意识和思想，在求职择业上亦是如此。毕业生应当克服自卑胆怯的心理，树立自信心和敢于竞争的勇气。有些毕业生在择业过程中缺乏自信，过低估价自己，总是自惭形秽，自己看不起自己，就业中往往缺乏自信心，缺乏勇气，不敢竞争。有的则把希望寄托在拉关系、走后门之上，更有甚者让家长出面与用人单位洽谈。殊不知，这样做的结果只会让毕业生给用人单位留下缺乏开拓能力、独立生活和工作能力差的印象。当今社会，挑战与机遇并存，大学生只有在择业之初，就树立自信心，敢于竞争，才能在众多的求职者中脱颖而出。

（1）敢于竞争。当今的时代，竞争机制已经渗入社会的各个领域和人生的整个过程。深化改革的今天对大学生强化竞争意识提出了迫切要求，也提供了客观环境。迎接新的挑战、强化竞争意识是大学生在择业前最基本的心理准备。

大学生强化就业的竞争意识，一是要在正确自我评价的基础上，充分相信自己的实力，敢于通过竞争去达到理想的目标。二是必须在心理上准备同"铁饭碗、大锅饭"的传统告别，必须从社会进步和深化改革的角度来加深对竞争机制的认识，强化自身的竞争意识，自觉地正视社会现实,转变观念,做好参加竞争的心理准备。

（2）善于竞争。大学生要想在求职与择业中取得成功,仅仅敢于竞争是远远不够的,还必须善于竞争。善于竞争体现在具备良好的心理素质、实力和良好的竞技状态。

在求职与择业竞争中,大学生应注意期望值是否恰当。期望过高会使心理压力加大,注意力难以集中,造成焦虑,影响正常水平的发挥。在求职时情绪一定要轻松自如。在面试时,大学生要克服情绪上的焦虑和波动。如果一个人自始至终都以良好的情绪对待学习、工作和生活,那他就有可能在竞争中获胜。大学生要做到善于竞争,还要做到在面试时仪表端庄,举止得体,给人留下良好的第一印象;锻炼出较好的口才,交流时口齿伶俐、表述清晰;合理利用有关规则等。

5.学习运用心理调节的方法进行自我调适

自我心理调适,就是自己根据自身发展及环境的需要对自己的心理进行控制调节,从而最大限度地发挥人的潜力,维护心理平衡,消除心理障碍。心理学家通过理论探讨和实践检验创立了许多行之有效的自我心理调适的方法。大学生在择业就业过程中,可根据自己的心态有选择地加以使用。以下简要介绍几种常见的方法。

（1）自我静思法。冷静与理智是一个人成熟的重要标志之一。自我静思法也叫自我反省法。遇到困难和挫折时,要冷静对待,控制心境,切莫冲动和急躁;摆脱干扰,仔细分析遇到挫折是自身原因,还是其他原因,是自己主观不够努力,还是用人单位条件太苛刻。冷静思考,有利于稳定情绪;找出原因,有利于有针对性地解决问题。

（2）自我转化法。有些时候,不良情绪是不易控制的。这时,可以采取迂回的办法,把自己的情感和精力转移到其他活动中去。如一门心思学习,参加有兴趣的体育活动,利用假日郊游,接受大自然的熏陶等,使自己没有时间沉浸在不良情绪中,以求得心理平衡,保护自己。

（3）自我适度宣泄法。情绪的宣泄,尤其是不良情绪的宣泄相当重要。从心理卫生的角度讲,过分压抑自己的情绪只会使情绪困扰加重,不利于心身健康,适度的宣泄可以把不快的情绪释放出来,从而使紧张情绪得到放松、缓和。切忌把不良心情埋藏于心底。忧虑隐藏得越久,受到的伤害就越大。情绪宣泄的方法有很多种,如倾诉、哭泣、剧烈的活动等。但是,情绪的宣泄要有节制,要注意方式方法和时间、场合、身份、气氛,不能影响别人,不能伤害自己,宣泄应是无破坏性的。

（4）自我安慰法。择业中,在遇到挫折时,适当地进行自我安慰,可以缓解内心的矛盾冲突,消除焦虑、抑郁、烦恼和失望情绪,有助于保持心理的安宁和稳定。如一次面试失败后,用"胜败乃兵家常事""失败乃成功之母"来安慰自己,从而从懊丧、焦虑中解脱出来;在因挫折而陷入情绪困扰时,可用"亡羊补牢,犹未为晚""塞翁失马,焉知非福"来做自我安慰,以解脱烦恼、自我激励、总结经验、吸取教训。

（5）理性情绪法。理性情绪法也称正确归因法,人有理性与非理性两种信念,这些信念指引下的认知方式会左右人的情绪。人的不良情绪的产生根源来自人的非理性观念,反之亦然。要消除人的不良情绪，就要设法将人的非理性观念转化为理性观念。例如，有的学生在择业时受了挫折便消沉苦闷或怨天尤人，其原因在于他原本认为"大学生就业应当是顺利的"，"我的择业应该很理想"，"我过去事事顺利，这次也不应例外"，等等。正是这些观念作怪，才导致或加剧了他的不良情绪。如果大学生将这些想法加以纠正，不良情绪一定能得到克服。大学生在运用理性情绪法时，应首先分析自己有哪些消极情绪，从中分析、综合、抽象、概括出相应的非理性观念，并对其进行挑战、质疑和论辩，同时对比两种观念状态下个人的内心感受，鼓励自己向理性观念方面转化，从而排除不良情绪。

自我调适的方法还有很多，如自我重塑法、环境调节法、自我暗示法、幽默疗法等。这些都是应变的一些方法，但最主要的还是树立远大的理想，树立正确的人生观、价值观，大学生平时就应注意培养良好的品质，磨炼坚强的意志，开放各种感官接触社会，多方面体验生活，培养乐观豁达的生活态度。只有这样，大学生才能在择业的重要关头，始终保持积极向上的精神状态和健康的心理，不至于在困难面前退缩。在维护和促进心理健康中，大学生除了增强"自身免疫力"，提高自我调适、解决心理障碍的能力外，还要积极向社会寻求帮助和参加心理咨询活动，尤其是接受心理咨询人员的帮助。人的心理出现矛盾，特别是出现较大的心理负担和压力之后，内心冲突激烈，自我调节难以奏效，很难转变心理认知时，外来力量的帮助就显得非常重要。这时，涉世未深的大学生就应该及时主动地寻求外来的帮助，从近几年兴起的心理咨询热潮看，专门针对大学生集体和个体进行的心理咨询不失为一种最佳途径。

第二节　大学生就业信息的收集及使用

人类社会正在进入信息社会。信息一词对于我们来说并不陌生，我们几乎每天都能听到、看到、接触到各种各样的信息。在哲学、自然科学和社会科学等各个领域，信息都是最基本的概念之一。信息作为当今世界推动社会生产力发展的新的动力，正日益受到人们的重视，信息同能源、材料一起被看作是人类生产与生活必不可少的三大资源。人们的衣食住行离不开信息，社会交流沟通离不开信息，国家民族的强大更离不开信息。就大学生就业来讲，不仅是学生与学生间实力的竞争，而且在相当程度上就业的成败是信息的竞争，谁先掌握了信息，谁掌握的信息较多，谁能合理使用信息，谁就能立于不败之地。

对高校毕业生就业来讲，自身实力是基础，国家政策是规范，占有信息是成功就业的载体，这个载体是连接毕业生（供方）与用人单位（需方）的中介。随着社会市场化程度的提高，专业分工的精细，信息在就业中的价值将越来越显现出来。

一、就业信息的基本范畴

所谓就业信息就是指择业者事先不知道，经过加工整理，能被择业者所接收并对其选择所从事的职业或职位有价值的消息、资料和情报。尽管人们对信息的定义还在进行不懈的探索，但人们对信息本质特性的认识却逐渐在趋于一致。就业信息基本特性的揭示，使我们能够对就业信息概念做出全面的了解。

（一）就业信息的基本特性

就业信息具有以下一些基本特性。

1. 社会性

就业信息的社会性表现在就业信息联系着的是人们的活动，并且它与很多部门及个人相关联。就业信息的社会性似乎很抽象，其实非常具体，因为与个人就业相关的信息必然存在于个人所能认知的社会关系中，要求我们利用一切可以利用的社会关系来获取就业信息，这是就业信息社会性特征决定的。

2. 时效性

就业信息的效用是有一定期限的，过了期限效用就会减少，甚至丧失。比如某企业近日欲招聘两名技术员，当日有人去应聘并被录用，那么"某企业需两名技术员"的信息在次日就失去了使用价值。可见信息具有鲜明的时间效应。信息只能在得到并及时利用的情况下，才会有理想的使用价值。

3. 变动性

就业信息受国家政治、宏观经济形势的影响很大，一些符合国家产业政策的行业将得到大力发展，不在国家产业政策支持范围内的行业发展相对缓慢，与国家产业政策相背离，存在环境、生态危害性的行业将逐步淘汰出局。国家产业政策的支持，意味着巨额资金的投入与生产规模的扩大，新厂不断建立，对劳动力的需求也会增加。所以就业信息总是随国家政策支持的力度而变化。同时，高等教育人才培养是周期性的，一般本科教育的周期为4年，当你入学时选择的是热门专业，就业需求量很大，并不意味着毕业时同样能有当初的就业需求量。反之，也是这样。例如，前些年金融、会计、财贸人才紧缺，就业需求很大，而这几年人才相对饱和，用人需求量下降，获得职位的机会相对较少。反之，如食品、纺织人才，人才供给量较少，而需求量增加，就业机会相对会增加。就业信息总是随着人才的供需矛盾而波动。

4. 传递性

没有传递就没有信息，更没有信息的效用。这说明，就业信息总处在一定的流动过程中，必须善于在流动过程中获取有关信息。一般来说，学校、学院（系）就业指导机构获得用人信息后，应及时公布给学生，使学生从中获得最新资料。

5. 寄载性

就业信息总是通过一定的载体（媒介）来进行传递的。诸如网络、报纸、电话、传真等硬件。还有反映用人单位的资料介绍、招聘要求等。

6. 共享性

就业信息可同时为众多的使用者所共用。目前，大多数著名的或有一定规模的企业单位，在互联网上通过电话、传真向全社会及具有某一专业的各高校同时发布就业信息。这就要求就业信息享用者一旦获得了某种信息后必须快速做出决断，向招聘单位表明自己的观点。因为就业信息的共享性意味着你择业的竞争对手并不局限于你周围同学，还有全国其他高校同一专业的许多学生，在择业中捷足者往往可先得到更多的机会。

7. 效用性

就业信息的效用性就是它的价值性。如果高校毕业生根据就业信息找到了自己合适的工作岗位，既满足了个人生存发展的需要，也使企业用到了合适的人才，取得了社会效益，这是就业信息的正效应。当然，如果就业信息不准确或对就业信息认识不深，也会给个人和社会带来负效应。

8. 可积累性

就业信息具有可积累性，因而它更有收集和整理的价值。就业信息虽然有老化、过时的过程。但就业信息积累越多，对就业的形势、特点认识就越清楚。这对大学毕业生在择业理想与现实的冲突中适时调整自己的期望值，做出明智的就业抉择极为重要。

9. 相对价值性

就业信息的价值不是绝对的，从严格意义上讲任何就业信息的价值都是相对的。关键在于需要就业的个体对信息的理解、认识和利用。同样一个信息，对一部分人来讲非常有价值，对另一部分人来讲就会变得毫无价值。

10. 可伪性

就业中发布的信息并不是每一条都是百分之百的正确，有的是由于过程中的失误，产生"传递伪信息"。也有的是某些公司出于某种目的，故意采用捏造、欺骗、夸大、假冒等手段制造"人为伪信息"，伪信息带来信息污染，具有极大的危害性。例如，有的公司无意招人，仅仅是为了宣传企业而发布招聘信息，给人以误导；有的公司打着招人的幌子，召集学生一个个谈话，实际上是刺探技术情报。

（二）就业信息的发展

就业信息是人类社会信息的一个组成部分，随着社会信息的发展而发展，不过直接决定就业信息发展的还是经济形势和人才市场的需求。随着市场经济的不断深入，人才市场的不断扩大，就业情况越来越复杂，就业信息内容也越来越丰富，就业信息的收集、整理与传递也越来越发达。

中华人民共和国成立后我国很长一段时间内实行的是"统包统分"的高校毕业生就业

分配制度。在这种由国家统一下达就业指标，学校、个人无条件地服从国家安排的情形下，人才的供应与需求关系比较简单，人才市场尚未形成，就业信息的内容仅限于企业的名称和所需人才的数量，传递就业信息的工具多半是文字、语言。随着经济和社会的发展，这种大学生毕业后由国家以指令性计划分配到全民所有制单位当干部的分配制度已失去了存在的价值。随着人事制度、劳动制度改革和人才市场的建立，就业信息内容日益丰富、多样，传递的工具和渠道除了语言和文字，图表、广播、计算机、网络等都成了信息传递工具。从就业信息内容来看，除了一般用人单位的需求信息外，与就业市场相关的政治、经济、政策、法规等都可以成为就业信息内容，在这种情形下，离开了就业信息，学生择业几乎是寸步难行。

（三）就业信息的内容

就业信息的内容非常广泛，在此简单归纳为以下几种。

1. 政府就业决策信息

如果大学毕业生能了解、遵循、利用政府的政策所提供的条件，那么就能使自己顺利就业。反之，政策不明或与之违背，将妨碍个人的顺利就业，因此大学生必须收集和研究国家和各级地方政府的政策与规定。

2. 有关就业的法律法规信息

法律法规既赋予组织和个人进行各项活动的权利，又赋予了组织和个人同一切侵犯自己合法权益做斗争的有效手段。如果依法办事，大学生不仅可以取得合法效益，而且可以捍卫自己的正当权利，减少不必要的损失。由于我国人才市场机制尚不完善，因此出现了不少违纪犯规现象，大学毕业生必须清楚地了解有关就业法规、法令，学会用法律来保护自己。目前已出台和执行的有《中华人民共和国劳动法》《中华人民共和国反不正当竞争法》《中华人民共和国劳动合同法》等。

3. 有关社会职业方面的信息

现代社会存在许多行业职业的划分，理论界也没有统一的认识，其中具有代表性的观点是：第一，从行业上划分，可分为第一、第二和第三产业职业类别。从目前我国产业分布状况来看，第一产业（农、林、渔、畜牧业）人数比重明显偏高；而第三产业（商业、服务业、旅游业、信息业等）人数比重明显偏低，比例失调；第二，从所有制上划分，可分为全民所有制、集体所有制、劳动者个体所有制、私营所有制以及中外合资、合作经营和外资独营的所有制职业类别；第三，从各级各类学校的专业来分，可分为高等学校专业、中等学校专业和职业技术学校专业；第四，从工作特点上划分，可分为实务、社会服务、文教、科研、艺术及创造、计算及数学、自然界、户外、管理等十种类型职业；第五，按职业横向分类，可分为各类专业技术职业、国家机关、党群组织、企事业单位、商业工作、服务性工作、农林牧渔劳动、工业生产和运输等，以及不便分类的其他劳动。

4. 有关用人单位信息

高校毕业生选择单位时，往往会出现这样一些错误：对用人单位情况不甚了解，又没有一定的对比，于是在择业时带有很大的随意性和盲目性，如只挑选大城市而不问用人单位的性质、业务范围；盯着有"关系"的单位，企图靠"关系"得到提拔和重用；还有的只图单位名称好听就盲目拍板等。那么如何才能避免一些假象，做到对用人单位有个客观的评价呢？关键取决于是否掌握用人单位的信息。

掌握用人单位的信息，不仅指在招聘广告和职业信息中选择最适合自己的求职机会，而且还包括在初步确定了自己想应聘的职业或岗位后，对该招聘单位及应聘岗位工作要求有所了解。对招聘信息多掌握一点，求职的选择机会就多一点，对招聘单位多了解一点，求职的成功希望会多一点，掌握和了解用人单位的信息量越大，判断准确率越高，反之，则越低。

对于用人单位的信息，可以从该单位的介绍资料中获得，也可以到当地的工商管理部门或企业的主管单位那里了解到。当然，如果能认识一些已在该单位就职的人员，从他们那里能获得更多更有价值的信息；亲自到企业去社会实践、生产实习与参观考察，将会对企业有更多的感性认识，以便做出适合自己的职业抉择。

有关用人单位资料的调查提纲：
（1）企业必须得到工商部门认可；
（2）企业没有濒临倒闭的风险；
（3）企业的规模、占地面积、固定资产总额、职工人数、人均收入等；
（4）主导产品、产品的市场占有率、生产总量与销售总额；
（5）企业领导人的学历与人品；
（6）企业内是否有适合自己兴趣的工作岗位；
（7）晋升的机会；
（8）现企业职工对企业的评价；
（9）企业效益是呈增长趋势，还是下降趋势；
（10）企业的社会知名度；
（11）企业的福利、工资、津贴、住房、医疗保险、养老保险、生活设施等；
（12）工作的劳动强度；
（13）工作环境：包括设备条件、安全保护、污染等。

二、就业信息的获取

收集就业信息是高校毕业生求职择业前的一项重要任务，就业信息越广泛，择业的视野就越宽阔，就业信息质量越高，择业的把握性就越大。而高质量的就业信息存在于广泛的信息之中，因此，必须利用各种渠道、各种手段，广泛地、全面地收集与择业有关的各种信息，为就业做好充分的准备。

（一）就业信息收集的原则

1. 准确性、真实性原则

准确性要求信息所反映的情况必须真实、可信。就业信息准确与否直接影响到择业人员择业的成功与否。信息不准，会给择业工作带来决策上的失误。例如，某著名食品跨国公司给学校传真来一份招聘信息，招食品科学与工程专业本科生10人，学校这一专业中共有10人应聘，其中有几名同学自认为较为优秀，无竞争压力，大事已定，只等签约，所以给公司提供个人资料时草率应付。其实该公司同时向国内10所高校发布了招聘信息，结果自认为较为优秀的同学连复试的机会都未获得，第一轮就惨遭淘汰。

2. 适用性、针对性原则

随着人才市场的发展，就业信息铺天盖地，如果在信息收集中不注重适用性，那么就可能在众多的就业信息中把握不住方向，这就要求毕业生在收集就业信息时，必须对自己有一个客观评估，然后根据自己的专业、特长、能力、性格、健康状况等各方面因素去收集适用自己的信息，避免浪费不必要的人力、物力与时间，贻误就业时机。例如，某非上海籍生源的同学，毕业前应聘了上海市许多企业，其中有多家企业愿与他签约，他选择了一家签约。在报批上海市教委时，因他不符合进沪条件，未获批准。他不得不与签约企业解除了合约，另找工作。但之前他对上海以外各省的就业信息几乎未收集，一时难以找到合适工作，后悔莫及。

3. 系统性、连续性原则

就业信息的收集要求具有系统性、连续性。因为许多就业信息是零碎的，这就要求大学生善于将各种相关的信息积累起来，然后经过加工提炼形成一种能客观、系统地反映当前产业政策、人才需求动向的就业信息，从而为自己今后事业发展奠定良好的基础。例如，某同学是应届食品专业的本科毕业生，他放弃了在市区某国有银行工作的机会，而选择了某粮油工业公司工作，许多人不理解，而他自有他的思考。他分析道，目前从各种形势来看，金融行业人才趋于饱和，自己又不是科班出身，也许目前收入较高，但长远发展并不有利。中国加入WTO后，农副产品深加工是国家重点支持的产业，同时利用国外廉价的资源——大豆进行深加工，发展空间巨大，投身于这一事业，必将大有作为。

4. 计划性、条理性原则

作为信息收集者来说，首先必须制订信息收集计划，明确信息收集目的，只有明确了目的，就业信息收集才有方向，才能发挥信息收集的主动性。其次明确自己所需的就业信息的内容范畴，是有关就业政策的、就业动向的，还是用人单位需求信息的，要做到有的放矢，才能事半功倍。

（二）就业信息收集的方法

1. 广泛与重点相结合

当今社会科学技术迅猛发展，边缘学科、交叉学科不断出现，知识的渗透性更加明显。

社会行业也由过去的专项性向综合性发展。所以在收集信息时不要仅仅局限于专业对口单位，对非对口单位的需求信息也要注意收集。但是在广泛收集的基础上，要确保重点，要全面了解专业对口单位的需求，因为这样的单位对相应人才的需求量大。

2. 纵向与横向相结合

市场经济的发展，要求地域之间加快人、财、物的流动和流通，取长补短、相互促进，形成合理完善的人才机制。所以在收集人才信息时，一方面，要把本省、地（市）的人才需求收集起来；另一方面，也要注意收集不同省份的人才需求信息。

3. 动态与静态相结合

一方面，社会各行业对人才的需求具有相对的连续性和稳定性，需要我们及时准确地获取当年的需求信息（静态）；另一方面，各行业又是在竞争中求生存，随着经济的发展、市场的调节而变化。因此，必须同时了解、掌握、预测社会各行业在一个时期内对各类人才需求的动态信息，增强就业指导的预见性和主动性。

4. 注重用人单位对毕业生招聘条件的信息收集

社会上对人才的需求，既有数量的限制，又有质量的要求。在收集就业信息时，尤其要注意各单位对毕业生的具体要求是什么。总的来看，社会上急需德才兼备的人才。大学生从政治素质、知识、实际工作能力，乃至身体状况，都要适应时代的发展，这需要毕业生不仅要有远大的理想，还要有丰富的专业知识，较强的竞争意识，勇于开拓和脚踏实地的苦干精神。

（三）就业信息收集的渠道

收集就业信息的方法是丰富多样的，社会活动、暑期实践、毕业实习、师兄师姐、就业指导课程、校园招聘会，甚至在紧张的面试时刻，都是收集信息的好机会。收集就业信息，关键信息渠道要畅通，并结合自己所学的专业和特长，有所侧重。目前毕业生收集信息一般通过以下几个渠道。

1. 学校的主管部门

高校的毕业生就业指导部门，包括学校就业指导中心和各院、系是负责学生工作的有关部门。学校的毕业生就业指导部门专门从事毕业生就业工作，与用人单位建立了长期友好的合作关系，在长期的工作交往中与各部委和省市的毕业生就业主管部门及用人单位有着广泛而密切的联系，是用人单位向学校寄送需求情况的信息集中地。学校毕业生就业指导部门是获取用人单位信息的主渠道，他们提供的信息数量大，针对性、准确性、可靠性都较强，是毕业生获取求职信息的主要渠道。

2. 各级政府主管部门和就业指导机构

为了适应毕业生就业制度改革的需要，县级以上各级政府多数都成立了毕业生就业指导机构，这些机构的主要职责就是制订所辖区的毕业生就业政策，交流毕业生和用人单位的供求信息，为毕业生提供各种咨询和服务。他们每年都要通过各种形式为毕业生提供各种可靠的就业信息。

3. 毕业生供需见面会和人才招聘会

毕业生供需见面会和人才招聘会是由高校和当地毕业生就业主管部门组织的，是让毕业生与用人单位直接见面、洽谈的一种择业活动方式，毕业生将直接面对招聘单位，通过彼此的交流可以获得更为丰富和全面的信息，而且当场签订协议，比较简捷有效，可以大大提高毕业生应聘的成功率，用人单位也可以挑选到自己满意的毕业生，因而受到毕业生和用人单位双方的欢迎。人才招聘会主要是社会各级人才市场举办的与大学毕业生有关的招聘会，人才市场在一定的时间向用人单位提供场地，让他们进场招聘所需要的毕业生，组织者向用人单位收取摊位费，向毕业生收取门票费。这类招聘会往往以赢利为目的，注重广告宣传，规模较大，但参加单位成分较复杂，有时难免鱼目混珠。此外，还有一些实力雄厚的用人单位自己组织的人才招聘会。这类招聘会一般对应聘者要求严格，多重筛选，因此，竞争激烈，淘汰率高。不过，它也是毕业生向用人单位展现自己风采、实现自己人生抱负的好机会。

4. 社会关系

通过社会关系网获得信息，也是一个重要的渠道。当毕业生在寻找就业信息的时候，千万不要忘记了周围的亲戚、老师、朋友以及朋友的朋友，也许他们会给你提供一些信息。每个人都生活在特定的社会关系网中，都不可避免地与人进行接触，双方在相互作用的过程中不断交换着各种信息，就业信息反映的是人与人之间的供求关系，无论通过什么渠道或载体，它归根到底是通过人来交换的。但是由于人与人之间的关系不同，所以彼此之间信息传递的内容、方式、频率等也不一样。一般而言，信息总是在关系较密切的人际圈子里流动、传递。大学生因为长期生活在校园环境中，接触面较窄，人际关系不广，就业信息的来源渠道也就比较有限。所以，毕业生要善于利用各种社会关系拓宽信息的来源，让更多的人帮助自己收集就业信息。

（1）主要的社会关系

1）家长和亲友。对于尚未步入社会的大学生而言，家长和亲友是他们社会关系网的主要构成。而他们也都非常关心自己家庭亲友的就业问题，且来自社会的各个行业、各个阶层，与社会有多种联系，可以从不同渠道带来各种用人单位的需求信息。家长亲友一般比较了解毕业生本人的求职意向，提供的信息也就比较直接、有效、可靠。毕业生一旦接受家长亲友提供的信息，由此进入就业岗位的可能性也比较大。有的大学生把利用亲友关系看作是"走后门"，是一种不正之风，这种认识是片面的。因为，家长亲友提供的只是就业信息，能否将这些就业机会变为就业现实，还是取决于毕业生自己的能力和素质。在激烈的市场竞争中，相信绝大多数用人单位是遵循"唯才录用"的用人准则的，以不正当的"后门"关系"唯亲是用"，最终害的是录用单位和毕业生个人。所以，利用正当途径充分挖掘亲友这层社会关系，获得更多的就业信息和应聘机会，以提高求职成功率，是我们所提倡的。

2）学校的老师。尤其是专业教师比一般人更了解本专业毕业生适合就业的方向和范围。在与校外用人单位合作开发科研项目或从事兼职教学、培训的活动中，老师自然能够了解到这些用人单位的经营状况、工作环境和人力需求等，同时，他们一般对本专业的发展状况以及近几年毕业生就业的流向比较清楚。因此，学校教师、导师提供的信息针对性强，更能满足学生对专业发展的要求，乐于被学生所接受。因此，毕业生不仅要从老师那里多获取有关信息，而且可以直接找他们作为自己的推荐人或引荐人，有老师的推荐往往会大幅度增加求职的成功率。

3）校友。那些已经毕业参加工作的"师兄""师姐"大都在对口的单位工作，对所在单位、行业情况比较了解。通过他们，毕业生可以探听到一些具体、准确的就业信息。校友提供的就业信息的最大特点是比较接近本校，尤其是本专业的毕业生在人才市场上的供求状况及其在具体行业中的实际工作、发展状况。近几年毕业的校友更有着对职业信息的获取、比较、选择、处理的经验和竞争择业的亲身体会，这比一般纯粹的职业信息更有参考、利用价值。

此外，以前的中学同学、大学同学以及其他求职者，也往往能带来很有价值的就业信息。

（2）利用社会关系获取就业信息的方法

为了尽可能多地从自己的社会关系处获取有用的就业信息，毕业生不妨采取如下做法：首先，找一张白纸，在上面列出自己所认识的人的名单，包括亲戚、老师、校友、同学、邻居、朋友等方方面面的人物，从中挑选出可能为自己现阶段求职提供帮助的人。然后设法找到这些人的通信地址以及电话、E-mail等各种联系方式，通过打电话、写信、拜访等形式进行联系，告诉你的近况和求助的信息。这里也要注意一些方法。

1）"套近"关系。提一提你们最近在一起的美好回忆，或者提到某个你们都认识、最近都谈过话的人。

2）针对你的求职方向、你考虑的公司，征求对方意见，询问对方能否看你的个人简历是否写得合适。不要特地去问"我到你们那做事好吗"等之类的话，要把自己的情况如实告诉对方。

3）要重视对方给你提供的信息。如果对方带着信息找你，你应说："真是太好了，真是难得的机会！"即使你已经知道这个信息，因为对方看到自己的意见受到重视和赞赏，有可能会向你带来更多的信息。

4）每当你得到对方推荐，一定要问清楚你去该被推荐单位联系时，是否可以提到推荐人的名字作为引见。回答大多是肯定的，但是问一问显示你有行家气质，并会激励对方带来更多的信息。

5）如果你确实得到帮助，就要道谢。如果得到口头帮助，要书面道谢。感谢信中也可以附一份个人简历（如果以前没有给过的话）。不管你联系的人是否帮助过你，你得到工作以后一定要让他们知道。

5. 社会实践

走出校门,融入社会,锻炼与体验人生是大学生自我教育的有效形式之一,同时也是大学生收集就业信息、推销自我的机会。目前,按照学校的要求,几乎每一个在校学生都有利用寒暑假期进行社会实践的任务。大学生应充分利用业余时间在校外兼职、到各单位挂职锻炼、为公司宣传推销产品的机会,了解单位对大学毕业生的需求情况,同时了解其现有的职位、职业竞争机会和其内部管理情况,以便于日后的择业竞争。在社会实践的过程中,通过自己的努力赢得用人单位的好感、信任,取得职业信息甚至直接谋得职业的大学生不乏其人。因此,大学生在各种社会实践活动中,在了解社会、提高思想觉悟、培养社会能力的同时,也要做一个收集就业信息的有心人。比如,在社会考察活动中,应有意识地注意一些关于行业发展趋势、人才需求状况、具体单位、岗位用人的要求等与大学生就业有关的问题;在社会服务活动中,应注意观察、思考,努力去发现自己原来没有想到的、潜在的职业或岗位,一旦有所发现,应及时追踪求索,捷足方能先登;在勤工助学、挂职锻炼等直接在用人单位进行的社会实践中,更应多看、多问,要"淡化"自己的学生身份、"打工"角色,以主人翁的姿态了解和关心该单位的事业发展,了解和关心自身和周围岗位上在职人员的工作状况,尤其在与自己的职业意向相合的单位或岗位实践时,要充分展现自己的才华和能力。

6. 毕业实习

毕业实习是大学生踏入社会的前奏曲,是参加工作的预演,所以每个人必须充分重视这一难得的经历。通过实习,一方面使用人单位对你有所认识、了解,另一方面使学生对社会工作有更感性的认识。如果你向单位证明你是一个有价值的职员,在实习过程中体现出你的才华、能力与敬业精神,就会为你加盟该公司奠定良好的基础。通过实习你也许会获得通向永久性职业大门的钥匙,所以要充分重视"毕业实习"这一教学环节,尽力建立最好、最有意义的实习关系。

7. 有关新闻媒体

当前,毕业生就业已成为社会热点问题,受到各新闻媒介的普遍关注。每年在大学生毕业择业之际,广播、电视、报纸、杂志上都会有大量关于大学生就业的信息,包括就业政策、行业现状、职业前景、人才需求等方面的报道和分析。目前,许多用人单位通过新闻媒体发布招聘信息,这类信息经常公布在报纸杂志上,注意定期收集,并查询有关资料。这些信息从不同侧面和角度反映了当年大学生就业的整体情况,受到招聘机构和求职者们的共同青睐。

近年来,随着国家和社会对大学毕业生就业工作的重视,有关大学生就业的专业媒体不断增加。比如,由教育部主管,全国高校学生信息咨询与就业指导中心、高等教育出版社主办的《中国大学生就业》,各地的《就业指导报》《人才市场报》《劳动信息报》等;电台、电视台也都辟有专门的栏目,成为毕业生收集就业信息的可靠途径。新闻媒介不仅传播速度快,而且涉及面广,信息传播也很及时,是毕业生不可忽视的一条重要的就业信息搜集渠道。

8. 其他途径

一般来说，电话簿的分类目录包含了一个地区的几乎所有企业的名单，特别可以从"黄页"电话簿中找到有关企业的名字和地址。通过参加各级各类"博览会""产品展销会"等了解企业情况，收集就业信息，如广交会、中国春季服装发布会、国际食品添加剂展销会、中国高新技术成果展、中国机械产品博览会等。通过某一新产品形态来收集相关专业的企业及联络方式，如到超市通过陈列的产品，了解各行各业的企业名称和联系方式等。利用电脑网络收集毕业生就业信息，越来越得到社会各界的重视，也是收集就业信息的最有效途径之一，以下将单独做介绍。

（四）利用互联网收集就业信息

网络作为开放式的信息平台，正以日新月异的速度发展，并使人们生活的各领域发生了突飞猛进的变化。而网上求职正以其开放、全面、快捷的特点逐步形成规模。用人单位和毕业生将招聘信息与求职信息在网上公开，用人单位和毕业生可以通过网络互相选择、直接交流。网上求职的最大优势在于即使毕业生在异地也能获得大量招聘信息及就业机会，它跨越时空界限，突破了人才信息与招聘信息难以沟通的种种限制，打破了单向选择的人才交流传统格局。我国各地纷纷建立人才市场信息网，实现网上就业信息查询，网上招聘。如何能更全面、更快捷地获取求职信息，在严峻的就业形势中抢占先机，如愿以偿，大学生就需要学会利用网络进行就业信息的搜索。

1. 互联网收集信息易犯的错误

大学毕业生在网上收集信息时，通常容易犯以下几个错误。

（1）漫无边际地四处收集。许多毕业生事先不知道哪些求职网站比较权威，也不清楚知道自己到底要找什么，便漫无边际地在网站上四处收集就业信息。只要看见与自己专业有点关系的或自己感兴趣的信息就下载，不管信息渠道是否可靠，信息是否真实有效，结果把自己搞得毫无头绪，摸不着方向。浪费了时间和精力不说，最令人担忧的是被一些颇具诱惑力的虚假信息所蒙骗。近年来，毕业生由于轻信网上信息，导致钱财被骗，求职落空的事例不少。

（2）把所有的希望都寄托在网络上。网络能为毕业生提供大量的求职信息，其"无所不包，无所不有"的内容令广大毕业生着迷，导致了部分毕业生对网络的过分崇拜和依赖，而忽视了其他更权威、更有效的信息渠道。利用网络求职，本为了提高获取信息的效率，但一头扎进网上信息的"汪洋大海"出不来，实际上恰恰降低了自己的求职效率。

2. 互联网收集信息的注意事项

（1）选择适合自己情况的、正规的、权威的网站。目前，人才招聘类专业网站不下数百个，但相当一部分的招聘网站是"滥竽充数"，有效信息量少得可怜，所谓的"最新招聘"常常是一个月前的信息。所以，首先要找到那些信息量大、更新速度快的权威性人才招聘网站。现在，教育、人事部门所属的人才机构和高校就业指导机构纷纷建立了自己的网站，为毕业生提供了大量的就业信息，这些正规网站发布的信息比较可靠，值得毕业生留意。

（2）及时下载重要信息。在求职招聘的高峰期，招聘网站上的内容特别多，岗位、条件罗列一大堆。为了防止遗漏，又节省时间，最好把网页上的内容先分门别类地下载之后，及时整理、处理信息，把网上有用的求职信息及其来源网站记录在笔记本上，方便自己查阅。

（3）仔细分辨，谨防受骗。参加网上招聘活动，一定要提高警惕，认真辨析。与其他信息载体比较而言，网络招聘信息的可信度存在很大局限。一是"偷工减料"。一些人才网站，特别是小型网站，招聘信息是从大网站上转载过来的。虽然信息内容是真实的，但这些网站在下载、处理、制作等过程中，却充当了"筛子"的作用：或只有用人单位提供的招聘职位中的一部分，或删掉了用人单位的情况介绍，或将招聘单位的地址、电话、E-mail 等漏掉……二是信息滞后。网络信息本来是以速度见长的，但是一些网站只有二手信息，为了充数便不顾信息的时效，把过时的信息也拿来"更新"。三是毕业生特别要提防虚假信息。有的是网站被不良之徒利用，有的是网站本身别有所图，故意制造信息"陷阱"，骗人骗财。而这类信息往往又在单位类型、名称、用人条件、待遇等方面特别具有诱惑力。为此，大学毕业生求职时一定要认识到虚拟世界与现实世界的差异。首先，要把握就业信息的特征，学会分析辨别信息的可信度和有效度。其次，要对网上信息进行网下求证。一般应先致电招聘单位确认其真实性，再发送求职简历。再次，要树立网上安全意识。把张贴个人简历的范围限制在那些应征职位有密码保护、限制公开私人资料的网站。同时，毕业生应多参加由政府有关部门和学校组织、推荐的正规网上招聘活动。

3. 求职网站的种类

（1）专业求职网站。这类网站上可查询到成百上千的招聘信息，一般来说网站可根据求职者对地域、信息发布时间、行业、职位、薪金等的具体要求提供查询服务。同时，这类网站往往以专业的人才服务为背景。求职者可以在线填写简历，这些简历将存入网站的数据库中，需要招聘的公司可以查询到符合要求的求职者信息。

（2）公司自己的网站。目前，许多公司越来越重视建设企业自己的网站主页。大多数公司的网站除了介绍企业文化与产品外，还随时发布公司的招聘信息。

（3）门户网站的求职频道。如搜狐求职频道，它最大的好处是容纳了好几家一流的专业招聘网站的信息，比如招聘网、中华英才网、无忧工作网。同时，频道内还提供了很多人才政策、新闻以及就业辅导等大量信息。

三、就业信息的处理

善于利用各种渠道获取用人单位信息、善于归纳整理，是求职活动的基本功。由于信息的来源和获取的方式不同，内容必然虚实兼有、互有矛盾，在广泛收集信息的基础上，结合自己的实际情况，国家有关的政策、法规对信息进行一番去伪存真、去粗取精，有目的、有针对性地进行排列、整理和分析，这是非常必要的。只有当信息具有准确性、全面性和有效性后，才能更好地为自己的就业决策服务。

（一）就业信息处理的过程

1. 鉴别获取的信息

信息既蕴藏着机会，也可能潜伏着陷阱；有时无比珍贵，有时却是一堆"垃圾"。鉴别获取的信息是信息处理的第一步，也是一个重要的前提。由于所获取信息不一定都全面、准确，因此要对信息进行严格的鉴别和判断，并加以澄清和剔除，使之更好地为自己的求职择业服务。鉴别信息，首先要确定信息的可靠程度，对不可靠和心里不踏实的信息，要通过各种信息渠道和知情人士去打听；其次要鉴别信息的内容是否齐全，特别是发现自己所想知道的细节没有或者不清楚时，要抓紧时间进行一番实际考察或通过其他渠道了解，还可以在应聘时向招聘人提出。总之，要等信息基本准确之后再作决定，这步工作做好了，才能保证随后的工作按照正确的方向进行下去。相反，这步工作判断错误，则会让毕业生的求职过程一开始就处于被动，很可能对自己心理和行为带来负面影响。

2. 按照自我标准将信息排序，重点把握

在信息加工之前，先给自己草拟一个职业选择提纲，确定择业标准，再按照标准对信息进行分析和处理。因为即使真实的信息，也不是每条都适合毕业生自己的实际情况，毕业生要对所掌握的信息进行比较和选择，看看自己的性格、兴趣、特长与哪个单位更匹配，哪个单位更符合自己的职业生涯规划目标，从中选出重点。对重点单位的内部信息要进行深入细致的分析，分析它需要的人才的特点，它对人才使用的方向，以及该单位未来发展的前景等。在掌握这些情况以后，毕业生再根据自己的实际情况和用人单位的要求，有针对性地设计自己的应聘材料，从而提高应聘的成功率。

3. 善于挖掘潜在信息

许多信息的价值往往不是浮在表面上的，必须经过深入挖掘才能发现。比如，根据有些单位的现状，可能还难以判断、预测单位和自己今后的发展；有些单位虽然目前条件差一些，但从长远看或许是有前途的，能够给人才较大的发展空间。这就要求毕业生既要站在高处，从长远的、大局的方向看职业、单位的趋势，又要留意信息的细枝末节，由表及里地挖掘信息的内涵价值。有时，还需要有一些专业知识和经验。例如，从单位的组织结构发现其管理模式和运作机制，从单位的人事、财务报表分析它的人力资源状况和经济状况，从单位历年的招聘岗位和人数的变化了解它的经营方向变化，甚至从单位招聘的过程和方式，如笔试的内容、面试的问题、联系的方式等方面都可看出其是否与自己的预期判断相一致。

4. 及时反馈信息

在当今变化万千、节奏加快的时代，就业信息由于其传播速度快、共享程度高，毕业生得到的信息仅仅代表着一种可能的机会，而且充满着竞争。因此，毕业生获取信息后，一定要尽快分析处理并向信息发布者反馈信息，早动手未必一定能得到这个岗位，但反应迟钝者就会失去这个岗位。信息有很强的时效性，及时用之是财富，过期不用是垃圾，因为条件较好的职业人都会被吸引，而录用指标是有限的，所以犹豫不决会使你痛失良机。

（二）就业信息处理的技巧

毕业生在了解就业信息的处理原则和处理过程之后，还应掌握一些处理就业信息的技巧，从纷繁复杂的信息中找到适合自己的有效信息，掌握一些信息处理方面的技巧，可以少走一些弯路，为顺利就业打下良好的基础。

1. 就业信息处理的参考模式

整个求职过程实际上就是一个不断地分析和处理信息的过程，经过不断处理，收集的信息由多到少，最后往往只能选择一个。选择同时也意味着放弃，何去何从就在一念之间，或考虑现实，或坚持自己的价值取舍，对许多毕业生来说，这是一个艰难的过程。择业是迈向社会的第一步，虽不能说决定终身，但毕竟良好的开端是成功的一半。

2. 就业信息处理的技巧

（1）建立个人就业信息管理库。因为毕业生就业信息多处于随机状态，时断时续、时多时少，收集到的信息也是五花八门、各式各样，毕业生如不进行有效的信息管理，收集到的信息就会如一团乱麻，让人晕头转向，给自己造成许多的麻烦，以致顾此失彼，错过许多机会。一些毕业生不想做信息处理的工作，总认为时间太紧张，就业信息抄下来及时行动就行了，还有一些毕业生则是不会做信息处理，平时懒散惯了，做事情本来就缺少条理性，在处理就业信息时更杂乱无章。

整理就业信息要准备一本专用笔记本，根据自己实际情况与择业理想有针对性地分类整理。具体整理的分类可以包括就业政策信息、单位分布区域、企业品牌知名度等。就业政策信息整理可以分为国家就业政策信息与各地方政府就业政策信息两类。国家就业政策信息较为稳定，对其主要内容要记录下来，如有调整应及时添加。各地方政府就业政策是各不相同的，每年都有适度的"从宽"或"从紧"的调整，在初步确定求职地域后，应关心一下当地的人事政策，对户口迁移、养老保险、应届大中专毕业生准入条件等相关内容对比整理，以便于记忆。单位分布区域整理一般可以分为沿海单位与内地单位。可以把沿海地区的单位细分为中心城市、中小城市等。同时，目标单位分布在市区、郊区、开发区的，又可以分类整理。企业品牌知名度分类整理在调查研究的基础上，对企业的知名度、资产规模、产品的市场占有率、发展潜力等进行综合排序，适度归类整理。

其实，建立一个简单的个人就业信息管理库非常必要，也很容易。当然，如果毕业生个人计算机能力和数理统计分析能力比较强，可以对若干重要指标设立权重系数。比如，单位地理位置的权重，经济状况、福利待遇、单位发展前景的分别权重，等等，再利用数理统计公式得出一个用人单位的综合评价。这样就能较客观地对信息进行量化处理，从而避免在比较条件相似的用人单位时，出现左右摇摆、拿不定主意的情况。

（2）寻求个人的就业信息咨询"智囊团"。大学毕业生由于缺乏社会经验，在对就业信息进行分析和处理时难免主观幼稚，有失偏颇。因此，大学毕业生在处理信息时也要"民主决策"，最好是有一个自己的就业信息咨询"智囊团"。当然，这并不是要毕业生正儿八经地去请一些人来担任自己的就业参谋，而是要求毕业生在处理收集到的就业信息，特别是对一些自己没有把握、不能下定判断的信息进行抉择时，要有意识地主动去请教一些能提供帮助的人，如就业指导老师、辅导员、家长、已参加工作的师兄、老乡等。"兼听则明，偏信则暗"，心高气傲、涉世未深的大学生在就业时应多方听取有工作经验的过来人的意见，特别是在辨别信息的真假、鉴别单位的优劣、选择适合自己将来发展的单位等问题上，他们将会提供非常有益的指导。

（3）对虚假信息进行"反侦察"。虚假信息令人深恶痛绝，但又防不胜防。如何有效地识别和预防这些虚假信息呢？除前面已经讲到的方法外，还有一招就是"以其人之道，还治其人之身"。也就是毕业生在面对一条自己很感兴趣，但又无法确定、害怕上当的信息时，不妨给对方发一条关于自己的虚假信息，故意贬低自己，把自己塑造成一个毫无长处的平庸之辈。这样的信息发出去之后，用人单位如果还对你热情有加，那十有八九属于"别有用心"之类，应当坚决地将它排除在外。

第三节 大学生就业自荐材料的编写

"人要衣装，佛要金装"，自荐材料对一个大学毕业生来说其重要性是不言而喻的。确切地说，只要获得了面试的机会，那么你的自荐材料就算是成功的。

一、自荐材料的概述

自荐材料是大学毕业生用来和单位取得联系、介绍自己基本情况、全方位展现自己风采的各种说明性和证明性的材料，它的形式可以是书面文字。随着网络技术的发展及招聘的高效快捷，现在很多应聘者将自荐材料制作成电子版与招聘公司通过网络联系。自荐材料在择业过程中，有着举足轻重的作用，笔试、面试、录用都离不开它，其质量的好坏直接影响着就业。自荐材料一般包括履历表、求职信、学校推荐材料、在校学习成绩、获奖证书及外语、计算机等级证书和其他材料。

（一）个人履历

要获得求职成功，首先应认真、正确、完整地写好自己的履历表。一份合格的履历表应内容完整、条理清晰，不拖泥带水，尽可能突出个人优势强项，在有限的空间里，传达给招聘单位最需求的人才能力信息，满足其对人才的需求，为自己打下初步的认识与评估基础。

1. 个人履历的主要内容

（1）个人基本情况。个人基本情况是指姓名、年龄、性别、出生地（籍贯）、最高学历、政治面貌等。当然，并非任何情况都需要在简历中描述，比如没有必要将你的婚姻状况、孩子、宗教信仰、种族、身高、体重、健康状况等写进简历。如果与工作没有直接关系的话，也无须将政治或职业上的关系写进简历。如果你在简历中写上了爱好或其他一些业余活动，建议删去那些可能被认为有危险性的活动。

（2）教育程度。按照履历表的次序，写清所读学校名称、专业、学习年限及相关证明等，让招聘单位迅速了解个人学历背景，以判断与应征工作的关联性。

（3）工作或社团经验。大学生一般都没有正式的工作经验，但常利用假期等空闲时间勤工俭学、兼职或积极参加各类性质的社团活动。在简历中可充分提供在校期间的打工经验、社团经验，说明自己担任的职务、组织的活动以及特长等经验，供招聘单位参考。这些经验可能是短期的，但或多或少突出了个人的一些志趣、合群性、组织能力、协调能力、领导能力、成熟度等特性，所以备受招聘单位的重视。但是很多学生在个人履历中列举自己在学校期间所有的校园实践内容，完全不顾是否与招聘岗位中的职位需求一致，这样反而会画蛇添足，失去工作机会。

（4）个人特长。无论是与你所学专业有关的特长还是单纯从个人兴趣发展出来的特长，只要是与工作性质有关的才艺，都应在履历表上列出。这将有助于招聘单位评估应聘者的特长与应聘工作的要求是否相符，是否能给工作的顺利开展带来推动作用。对于个人特长，应清楚地列出，注意实事求是，不要夸大其词，但也不要过于谦虚。

（5）语言能力。在现代经济发展中，招聘单位向国际化迈进已成为不可阻挡的世界性发展趋势。作为一种必不可少的工作手段，外语能力也因此显得日益重要。尤其在某些大规模跨国公司，具备良好外语才能的人员很受欢迎。然而，如果你单纯认为凭借个人过硬的外语才能就可以力挫对手、平步青云，那就大错特错了。相比之下，招聘单位高层更看重工作人员的敬业精神与严谨踏实的工作态度。毕竟，外语能力只是一种必要技能，而你对工作的热忱与诚心才是最吸引招聘单位的部分。

（6）求职意向。求职履历上一定要注明求职的职位，以便招聘单位了解你的志向追求，从而做出正确的选择。每份履历都要根据你所申请的职位来设计，突出你在这方面的优点，不能把自己说成是一个全才，任何职位都适合。要根据工作性质侧重地表现自己，如果你认为一家单位有两个职位都适合你，可以向该单位同时投两份履历。

（7）联系方式与备注。同上面所要突出的内容一样，一定要清楚地写明怎样才能找到你，电话长途区号、电话号码、手机号码、E-mail地址、邮政编码、传真号码等。固定电话可以将宿舍、家庭、学校老师办公室等一并列出。提供给招聘单位的联系电话、E-mail等不要频繁地变换，在招聘单位需要和你取得联系的关键时候如果无法迅速找到你，用人单位也许会感到遗憾，但最遗憾的恐怕是你自己。

2. 个人履历的写作标准

一份好的履历应该遵循以下写作标准。

（1）突出重点。写履历一定要采用倒叙的方法，从最近的时间写起。把与申请职位有关的工作经历进行主要描述，适当时可以采用加重的方式凸显重要信息。如果履历的陈述没有工作和职位重点，或把自己描写成一个适合于所有职位的求职者，你将无法在求职竞争中胜出。在履历中，应重点陈述你性格上的最大优势，然后再将这些优势结合你的工作经历和业绩加以叙述，以争取更大的成功机会。从实际情况来看，招聘者对理想的应聘者也有要求：比如相应的教育背景、工作经历，以及技术水平，这些硬件都是应聘者取得新职位的关键。

（2）简洁明了。一份好的履历不仅要有主题突出的经历，而且有特色的包装和格式是吸引用人单位的主要方面之一。可以使用各种字体格式，如斜体、加粗、下划线、首字突出、首行缩进等方式，有重点、有节奏地表达思想。有些求职者以为另类的履历会让人耳目一新，所以往往追求新奇的特色。除非你寻求的职位有些别样，否则履历最好还是简洁为主，不要过于花哨。个人履历通常很简短，一般情况下不要超过一页纸，写得越多，并不代表你越优秀。招聘单位会收到很多份材料，工作人员不可能仔细研读每份简历，所以履历用词要简练。履历内容不可能描述你的全部，内容过多反而会淹没一些有价值的闪光点。履历过长的一个重要原因是有的学生把中学经历都写了上去，这完全没有必要，除非你中学时代有特殊成就。

（3）真实客观。求职履历一定要按照实际情况填写，任何虚假的内容都不要写。即使有的人通过虚假的履历得到了面试的机会，但面试时也会露出马脚。尤其是那些竞争非常激烈的招聘单位都会有好多轮面试，弄虚作假是过不了一轮轮的面试关的。履历不要做假并不等于把自己的一切，包括弱项都要写进去，不写自己的弱项并不代表说假话。有的学生在求职履历上写道："我刚刚走入社会，没有工作经验，愿意从事贵公司任何基层工作。"这也是过分谦虚的表现，会让招聘单位认为你什么职位都适合，其实也就是什么职位都不适合。

（4）整洁清晰。个人履历的段落与段落、语句与语句之间如果写得太密，会影响美观，不易阅读。要将该空格的地方留出空隙，不要硬把两页纸的内容压缩到一页纸上。外地户口的大学毕业生可以不在简历上注明户口所在地。这并不是要欺骗用人单位，只是没有必要将你的劣势毫无保留地表现出来。

（5）准确无误。如果一份履历数据错误或错字连篇，可以想象会带来什么样的后果。在履历中，不要过多地罗列数据，连篇的数据往往让招聘单位忽略你的存在。另外，履历一定要认真写，招聘单位的人一看见履历上有错别字都会认为应聘者素质不够高。因此，语言（比如英语）文字表达不规范、语句过长、格式不标准是写履历的大忌。撰写时要打草稿、反复修改、斟酌，在没有任何错误后，再打印出来。如果你的简历写不好，会让用人单位认为一个连自己的求职简历都不用心的人，工作也不会用心。

（6）求真务实。很多求职者在履历中表现个人能力时，爱用团结同事、能给公司带来如何如何的效益等空话、虚话。因为你在用这些语句的时候，其他的求职者也在用这些语句，丝毫显示不出这是你特有的能力。刚毕业的学生在履历中罗列所学课程时，只把主要的功课列出来即可，不要无主次地将几十门功课全部写出来。用人单位看重的是你的专业性，而不会关心你的基础课得了多少分。

（二）求职信

求职信是一种自我推荐的信件，它通过表述求职意向和对自身能力的概述，引起对方的重视和兴趣，是求职者向招聘单位提交的一种信函。它不同于履历，因为履历强调一种客观的格式化和程序化的事实陈列，而求职信则可以是个性化和略带感性化的个人陈述。求职信能不能给用人单位留下深刻印象，引起他们的注意甚至重视，在一定程度上决定了毕业生的前途和命运。总的来说，通过求职信谋职的成功率是很低的。国外有人统计，成功率大概不到5%，就我国目前的情况来看，成功率也不会高于这个数值。但是，有的人却"百发百中"，他们的奥妙就在于做到了使自己的求职信让对方"一见钟情"，甚至由此达到"非他不取"的效果。

1. 分析招聘单位的择人准则

对招聘单位来说一般喜欢下列类型的求职者：思想政治素质高、有事业心和责任感、具有艰苦奋斗精神、基础扎实、知识面宽，以及有团队精神、奉献精神和创新精神。

而如下类型的求职者不受招聘单位的欢迎：成绩"优"而无其他专长的求职者、以自我为中心的求职者、大学时代学无所成的求职者、缺乏魅力的求职者、头脑简单的求职者、不善交际的求职者、身体状况欠佳的求职者、自我主张太强的求职者、志愿动机模棱两可的求职者。

2. 求职信的格式和内容

求职信的格式与一般书信大致相同，即由称呼、引言、正文、结尾、附件、结束语等组成。

开头要写明招聘单位人事主管部门领导，如"某单位负责同志：你好！"，求职信的称呼往往比一般书信的称呼正规一些，在实际书写时要区别对待。如果明确了用人单位的负责人，可以写出负责人的职务职称，如"尊敬的李教授""尊敬的赵处长""尊敬的刘总经理"等。

引言的作用一是吸引对方的注意力，二是便于自然而然地进入正题而不感到突兀。这部分的内容包括说明写信的原因和目的等。引言的形式有以下几种。①自我描述式开头：用一句话概括你最重要的求职资格和工作能力，并简要说明这些资格和能力能够最好地满足求职岗位的需要。②提名式开头：提及一个推荐你前去且为用人单位所熟知和尊敬的人的名字，但千万不要给人盛气凌人的感觉。③应征式开头：说明你在什么地方看到了目标单位的招聘广告，并肯定自己能够满足招聘广告中提出的各项要求。比如"据悉贵公司正开始拓展海外业务，招聘新人，且昨日又在（××晚报）上读到贵公司的招聘广告，故冒昧写信，前来应聘高级会计师一职"。很多用人单位对你通过什么途径了解到他们的招聘信息很感兴趣，这有利于他们掌握今后如何发布企业信息。④有针对性的开头：针对求职单位目前的需要提出你的设想，然后表明你真诚地希望成为他们当中的一员，同舟共济、荣辱与共。⑤赞扬式开头：赞扬目标单位近期取得的显著成就和发生的重要变化，表明你渴望成为中间的一分子。比如，"久闻贵公司声誉卓著，发展迅速，且产品深受欢迎，据悉贵公司正积极开拓新的业务领域，故冒昧写信，热切期望早日加盟贵公司，我的基本情况是……"⑥个性化的开头：从你的兴趣、爱好和已有的实际工作经验谈起（这些兴趣爱好必须是与今后岗位密切相关的），谈今后如有可能将在该用人单位如何努力工作。自我介绍一定要突出适合做这项工作的特长和个性，不落俗套，千万不能写"风马牛不相及"的东西，比如你本想应聘公关工作，却描述自己"文静秀气、喜欢阅读"等与公关工作无关的内容。⑦独创性开头：如果你有足够的想象力和独创性，并且保证这种独创不至于引起用人单位的误解和反感，那么你完全可以用一个新奇的，能够表现你这些方面的才华的句子来做开头，打破常规、展现自我。

正文是求职信的主体部分，是求职信的重点。正文部分要简洁而有针对性地概述自己简历的内容，突出自己的特点，要从自己的专业知识、社会经验、专业技术、性格、特长、能力等方面向用人单位表明，他们需求的正是你这样的人，你有能力胜任这个岗位。正文一般要求说明求职信息的来源、应聘岗位、本人基本情况、工作成绩等内容。

以上五个方面的描述要注意以下问题：①任何一个方面的介绍都要始终围绕应聘岗位的需要；②你的知识结构、实践经验是否适应招聘岗位的要求（也就是你为求职的岗位做了哪些知识上、经验上的准备等）；③你在学业上和工作中取得了哪些重要成就，从而证明你所声称的资格和能力；④以实例证明你学习敏捷、工作勤奋、责任心强、乐观随和的天性；⑤不要光谈自己如何适应工作岗位的要求，应该提一下招聘单位的情况，表明已对其已有所了解，并愿意为之效劳；⑥要以成熟而务实的语气叙述，切勿夸大其词，自吹自擂；⑦关于薪金待遇的问题，不要在求职信中涉及具体的数额，这些都可以留到面谈时再具体讨论商议；⑧求职应聘的简短理由，主要是表明自己对求职应聘单位的兴趣与要求。

结尾主要包括结束语、署名、日期、附件等。求职信的结尾应当写好结束语，表达出自己渴望用人单位给予面谈机会或表示面谈的愿望，内容要简明，语气要热情、诚恳，言语要有礼貌。如可以写"希望得到您的回音""盼复"等，或留下本人的联系电话。通常在结束语后面还应写一些简短的表示敬意、祝愿之类的祝词，如"此致""敬礼""祝您身体健康、工作顺利、事业发展""深表谢意"等。

署名部分应注意与求职信开头的"称呼"相一致，应写在结尾祝词的下一行的右后方。日期一般应写在署名右下方，最好用阿拉伯数字写，并写上年月日。

附件是指那些与求职信同时寄出的有效证件等，如个人简历、学历证明、外语等级证书、计算机等级证书以及各类获奖证书的复印件、近期照片等。最好有附件目录，这样既方便招聘单位的审核，同时也给对方留下一个"有条不紊、很负责任、办事周到"的好印象。

另外，处理求职信还应注意的事项：①信封、信纸要有所选择，署有外单位名称的信封最好不要使用；②字迹清晰工整，给人留下良好的第一印象。如果字写得不好，可用打印稿；如果能写一手漂亮的好字，最好手写，以展示自己的书法才艺；③篇幅要适中，不宜过长，文字以1000字左右较为合适；④求职信是个人的公关手段，可以写得较有文采，但应实事求是，既不能过高地吹嘘自己，也不能过分自谦；⑤要留下自己的联系方法：通信地址、联系电话等。

（三）其他材料

除了自荐信和个人履历之外，为了加深招聘单位对自己的印象，有时要提供进一步的其他材料。

1. 学校提供的鉴定材料和成绩单

鉴定意见主要反映在毕业生推荐表中，有学校的评语、能否毕业推荐、培养类别及就业范围等。从学校角度出发，评语的作用主要是：一是对社会和用人单位负责，以及考虑学校自身的影响，它能实事求是地反映毕业生的综合表现；二是考虑到有利于毕业生就业，找到一份较满意的工作，评语中据实表现的描述都会突出学生的个性特点等。这点对于用人单位和毕业生本人都具有一定的价值。

成绩单必须有学校教务部门盖章，毕业生可根据用人单位的需要或求职的职位对某些相关课程的要求，提供有效的成绩单。有些省、市对成绩证明有具体的要求，如：进上海市的毕业生必须提供各个学期的所有学习课程的成绩。另外，如有辅修第二专业的学习成绩证书，需要时请不要忘记提供。

2. 技能证书

技能证书反映了求职者的某一方面的能力水平，主要有外语等级和计算机等级证书。另外，现在不少学生还有驾驶证、律师资格证等。

3. 荣誉证书

荣誉证书分为各类奖学金证书、荣誉称号证书以及参加重大竞赛的获奖证书等。有些人荣誉证书较多，可以挑选一些荣誉等级较高的。

4. 学校及学科专业介绍

目前，很多高校因合并而更名，不少高校有特色、有影响的专业学科，由于种种原因，招聘单位不一定十分了解，这时很有必要附上自己学校和学科专业介绍等相关资料。

5. 权威个人推荐材料

推荐信也是大学生求职过程中一个不可忽视的环节。这里所指的推荐信并不是那种找关系、托人情的"走后门"的"条子"，而是权威人士实事求是、认真负责的推荐。有许多大公司、企事业单位是比较重视这种推荐信的，而写推荐信的权威人士也十分珍惜自己的声望的，真正的学者、教授，或者某一领域的权威不会滥用别人对自己的信任进行不负责任的推荐。

6. 其他招聘单位需要的材料

其他招聘单位有的要身份证，有的要特别政审证明。目前，欲进北京的应届高校毕业生就要单独提供本人为应届毕业生的证明书等。

以上材料的使用，要根据各招聘单位的不同情况有针对地取舍。如果面见招聘者或亲自上门去推荐自己，材料可以准备充分一些，凡能反映自己各方面能力的材料尽可能携带齐全，而且最好带原件。若采取寄送自荐材料的方式，则应选择最有代表性的其他材料，一般先提供复印件，便于邮寄，以免丢失。

二、自荐材料的个性化设计

（一）自荐材料个性化设计的特点

求职过程其实就是双向选择的过程，双向选择就是一种竞争，在竞争中关键是看你的实力。因此，过分谦虚会给对方单位留下一个虚假的印象，还以为你真的不行。

从美国总统的竞选我们可以看出现代竞争的含义。在美国第52届总统竞选中，时任总统的布什因海湾战争声望大振，随后苏联解体，冷战结束，布什以为他连任总统是稳操胜券的。而另一位竞选对手克林顿是一位年轻且没有竞选总统经验的小州州长，布什以为获胜会相当轻松。但是，事情的发展出乎布什的预料。克林顿紧紧抓住选民对美国经济状况不满的心理，高举"变革"的旗帜，提出了一套以增加就业投资为重点的经济方案，赢得了民心。由于克林顿棋高一着，最终取得了大选的胜利。当然这只是政治竞争的一个典型例证。

求职者推销自己与推销商品一样，在自荐材料中，就是要从"名""特""优"上做文章，塑造你的形象。自荐材料个性化设计的特征表现：人无我有，人有我优，人优我特。

1. 人无我有

大学毕业生不要害怕自己成绩不够优秀而影响求职，现在的招聘单位大多是以能力取人而不是以分数取人的。只要自己有与众不同之处，这就是你的特长，如果你能在自荐材料中将它巧妙地表现出来，同样备受用人单位的青睐。

2. 人有我优

人有我优就是要注意突出重点，所谓突出重点就是要突出那些能引起招聘单位兴趣，有助于获得工作的内容，主要包括专业知识、工作经验、特长和个性特点等。

在介绍专业知识和学历时，重点是要突出自己的工作经验和能力。工作经验是招聘单位最注意的部分，尽管大学毕业生资历浅，工作经验还不够，但并不能因为这样而气馁。无论社会实践、勤工俭学、打工兼职、担任班级或院、系、团学生干部，都可算广义的"工作经验"。写清楚曾担任怎样的职务，强调获得了哪些成果，至关重要。

3. 人优我特

几乎所有的招聘单位都希望录用有良好个性的人，特别是喜欢充满热情和活力的大学生。因此，在自荐材料中要反映出你的热情与活力。可以用具体的事例直接表明自己是一个充满活力的人，如克服困难的意志、助人为乐的品格、努力积累工作经验的经历等。表现个性要适度，点到为止，不要过分渲染，更不能表现出消极被动的工作态度。个性品格描述尤其要强调自己的潜力和热情。

（二）如何编写个性化的自荐材料

1. 准确定位自荐材料

求职中，一份好的自荐材料能发挥很大的作用。

（1）自荐材料是书面的推销员。求职的本质与商业行为无异，一方求售，一方求购。招聘单位是买主，挑精拣肥、寻觅好货是它的发展之道，是它的本质；人才是商品，充实了内涵，做好了包装，待价而沽；自荐材料无异于推销员，将人才引升到招聘单位跟前，使出浑身解数说服招聘单位接纳。

（2）自荐材料是虚拟的求职者。自荐材料以书面形式充分传达了一个人的学历、经历、专长、爱好及其他。甚至可以根据书写的格式、排列逻辑、语词字汇，解读出撰写者的气质与内涵。自荐材料可以起到未见其人、胜见其人的功效。

（3）自荐材料是明察秋毫的检验官。自荐材料完整且浓缩地记录了个人资料，是求职者成长过程与学习生活的精彩缩影，必须忠实呈现求职者的背景细节、经验技术，以及优势弱点。借着撰写自荐材料的这个过程，求职者还可以重新经历自己的过去，从中审视求学过程中的收获和遗漏。在求职面试等诸多环节中，默记手中拥有哪些筹码、应该补充哪些能量，"手中有粮，心中不慌"，面对求职，你便能够气定神闲，游刃有余。

2. 精心设计个人主页

为了让招聘单位全面了解你的情况，最好的办法是建立个人网站主页。一个制作精美的网站主页往往能体现求职者具备相当高的计算机综合处理能力，包括文字处理能力、图像处理能力及信息综合处理能力。用人单位根据主页制作情况，便可对其电脑水平做出初步的评判，这比口头回答要真实、准确、直观得多。个人主页对求职者个人来说如虎添翼，招聘单位可以随时随地访问，十分便捷。可能的话，还可以将专业介绍、学校概况、个人详细履历、家庭环境等内容全面放入个人主页，让用人单位对自己有一个更为全面、深入地了解。

3. 给外企一份地道的简历

海外名企无疑是许多求职者的首选。那么针对这些外企，我们的简历是否会有一些特别的禁忌呢？以下提供的技巧及建议将使你避免失误，增加求职的机会。

（1）英语国家：遵循严格的方式。在英语国家（美国、英国、澳大利亚等），人们喜欢干脆利落、开门见山、简单明了，因此你可以在履历开头就明确写出求职目标，并写上一些精确的信息、具体的时间以及体现你特定方面能力的具体数字或你为原来所在工作部门赢得的利润额等。

我国大学生特别喜欢附上各种各样的证书以证明自己的能力，这一点在美国是可以被接受的，但所附证书一定要与你所申请的工作有关。在求职美国公司时，不要忘记在履历上尽可能详细地写明你的工作经验，所有可显示出你能力及实际经验的信息都将在美国公司的招聘中为你增加砝码。

最后，最好在履历末尾写上自己将会在某一时间打电话来以确定是否得到面试机会。同时，在面试过后，千万不要忘记写信给面试人，对其接待表示感谢。他们对应聘人的做事方式及其求职的方式非常看重，对他们来讲，这些都能显示出你的工作能力。

（2）欧洲国家：慎谈年龄。在欧洲国家，人们非常看重年龄，因为某些职业是有年龄限制的。因此，在欧洲国家的面试中，你对年龄和经验的描述最好应当谨慎。另外，在有些欧洲国家会有一些特别的习惯，如90%的法国、意大利及德国招聘单位内部流行笔迹测试，若你的求职信不是手写的，某些公司甚至会拒绝阅读。

把履历寄给外国公司，履历应当容易理解，且在文化上应为招聘单位所接受。一定要在履历中用你的经历向招聘单位证明，你会很容易融入这家公司。比如你感兴趣的是IBM的某个职位，一定要让人感觉到你的稳重、严谨和协作精神；若你感兴趣的是微软的某一个职位，不妨张扬一下你的个性。

如果要上网发履历，最好把履历表做成PDF格式，这样一般不会出现乱码和错误。可以使用一些网上流行的交流符号，最好先脱机校对一遍你对面试问题的答复，然后再发给招聘单位。和普通信件一样，履历中出现语法或拼写错误都会大大不利，且应注意文字的"语气"，应当像面对公司面试人员一样，显得稳健，有礼貌。

邮寄信件时也应注意小节，认真填写对方要求在信封上说明的应聘职位或编号，以最大限度地方便用人单位。避免用标有公司名称的信纸、信封回函或邮资已付的打印笺，这种侵占公司利益的形象在西方是尤为禁忌的。

4. 英文求职信——打入外资公司的敲门砖

在应聘外资单位时，往往要写英文求职信。可是写英文书信与写中文书信是有区别的，以下几点在英文求职信中要注意：①英文求职信的格式和标点符号；②英文往往一词多义，要准确运用，语言要庄重；③无论手写或打印的信，在打印姓名的上面，必须用笔亲自签名，以表示郑重；④如要邮寄，注意信封的写法。

5. 多媒体简历

庞武是××大学电子专业的一名学生，今年他参加应聘时递给招聘公司的不同于其他同学一叠厚厚的文字材料，仅是一张光盘，里面有他精心制作的简历、求职信，鼠标轻轻一点就自动翻到下一页，阅读起来非常方便；此外还包含了自己平时的一些专业设计，甚至还有flash动画，一段动画中一个活泼的小男孩眨着大眼睛，变换着手中的内容向观看者介绍自己的学习、实习经历等。而在个人网页部分，则包括了自己喜欢的部分书籍、音乐等。他说，这样的简历容量非常大，形式也比较生动活泼，容易吸引招聘单位注意，并认真查看，成功率较高，尽管是"新花样"，但这样一张光盘成本并不高，庞武说，如果只算花费，不会超过10元。

多媒体简历这种求职形式是这一两年来才流行起来的，许多电子、计算机专业的学生都逐渐采取了这种求职方式，有不少学生就是凭借这种方式被招聘单位记住并接受的。作为一种时兴的利用网络求职的方式，多媒体简历可以将每个学生的气质、性格、自信心、语言能力、外语水平等进行很好的展现，这样每个学生的优势和不足就会一览无余，招聘者可以较快找到最适合的毕业生，毕业生也就有机会快速找到最适合的职位。多媒体简历的出现被很多大学毕业生称为新的求职"敲门砖"，将越来越被大学毕业生所青睐。但是，多媒体简历虽然声画并茂，具有直观、材料生动等优点，却有一个缺点，即声画转瞬即逝，因此想取代传统的纸质简历还很难。两种简历要取长补短，最好的方式还是应该将二者结合在一起，这样就最大限度地满足了招聘方的需求。

第四节 大学生就业面试的内容及技巧

一、面试的种类和内容

（一）面试的种类

目前常见的面试种类可以分为如下几种。

1. 压力式面试

由主考官有意识地对求职者施加压力，就某一问题或某一事件作一连串的发问，详细具体且追根问底，甚至有意刺激应试者，以观察应试者在突如其来的压力下能否做出恰当的反应，观察其心理承受程度和思维的敏捷、机智程度以及应变能力。主考官会反对你的观点，或阻挠你得出结论，提一些刁钻古怪的问题，然后看你是否能镇静地坚持己见，还是因惊慌而放弃自己的观点，或胡乱回答这些问题。

2. 能力式面试

能力式面试由主试人通过多种方式综合考察应试者多方面的才能，通常采取以下几种方式：①任意写一段话。主试人不加任何限制，任意让应试者写一段话。这样做的目的是观察应试者的字写得是否工整、流利，同时也考察了临场发挥能力；②分析一段文章。为了考察应试者的口头表达能力和分析判断的能力，主试人让其分析文章，现场观察应试者的分析、归纳、综合演讲能力；③现场操作。为了了解应试者的实际机器操作水平，比如招聘 IT 人才，主试人往往请应试者当场用计算机进行一些演示或文档处理，有时甚至进行软件设计，现场考察应试者的计算机操作能力。

3. 情景式面试

情景式面试是指主考官事先设定一个情景，在这个情景中预设几个问题，让求职者进入角色模拟完成，通过完成的效果来考察应聘者在分析问题、解决问题以及应变等方面的综合能力。这项面试不仅要求应聘者有丰富的专业知识，而且要具备良好的综合素质。其形式既可以是由主试人对应试者提出一个问题或一项计划，请应试者予以完成解答，其目的是观察应试者在特殊情况下的表现，判断其解决问题的能力；也可以是由主试人围绕选拔人才的要求预先准备好若干题目，当应试者进入正常面试状态时，逐一提问，其目的是获得应试者全面、真实的材料，观察应试者的知识面、能力、谈吐和行为、仪表风度等；还可以是主试人引出与面试内容关系不大的话题与应试者海阔天空交谈，让应试者自由发表看法，尽量使应试者情绪放松，自我调节到正常状况之下，然后再进入主题提问。

4. 考察交流式面试

一些用人单位为了扩大对外宣传，免费邀请应试者实地考察。在实地考察期间，对方热情做好接待服务工作，频繁地与应试者双向交流，考察毕业生的内在素质和综合能力。有些用人单位将企业的发展蓝图展示在高校毕业生面前，考察应试者对新事物的接受能力。还有些企业将工作中的疑难问题提出来，请高校毕业生献计献策。总而言之，实地考察时将应试者放到现实社会中加以考察，用人单位和应试者彼此双方的情况都了解得更详细、具体、全面。

以上几种类型在实际面试过程中，主试人可能只采取其中一种进行面试，也可能同时采用几种进行面试。有时面试按照事先设计好的步骤进展到三分之二，主试人会突然转向漫无边际，或紧迫式的面谈，正如本章开头的所举的那个案例。这是招聘面试中的一种战术。

（二）面试的内容

面试的内容比较广泛，用人单位从各个不同侧面了解应试者的业务水平、道德素质以及综合能力，这些内容都是选拔人才的基本内容。正如上面这个案例，面试的内容并不是整齐划一、固定不变的，它往往从多个不同角度，根据用人单位的需要，加以不同内容的考察，而且考察也并不是完全模式化的或者事先安排的，这些内容很可能是随机的。根据面试的一般情况来看，面试的内容大体分为以下几部分。

1. 个人的基本情况

个人的基本情况往往在个人履历中已经包含，但在面试时，用人单位往往还是愿意让毕业生重新加以复述并对其中的一些疑问或者细节问题，让毕业生予以解释、阐明。一方面，是为了更加直观地了解毕业生的个人情况；另一方面，也是为了探明毕业生所提供的个人资料的真实性。对于广大毕业生而言，尤其棘手的是以前所掌握的知识或者获得的荣誉在面试时由于自己没有长期积累或者复习而使得个人能力与之不相称。例如，一些已经通过英语六级、专业八级，或者获得雅思、托福高分，尤其是口语高分的学生，在用人单位面前用口语进行自我介绍时往往吞吞吐吐讲不了几句，这是应试者必须引起高度重视的问题。

因此，毕业生在做自我介绍时切忌盲目夸大，要根据个人当前的客观情况，做出对自己中肯的评价，此外，表达清晰性和逻辑性是应试者需要重视的地方。要使用人单位在较短的时间内了解你，对你产生兴趣，那么在自我介绍时就必须善于把握重点，力求简明扼要。

2. 应聘动机

在介绍完个人的基本情况后，用人单位几乎都要向应试者提出"为什么你要应聘这份工作""你为什么想加入本单位""你加入本单位的目的何在"等种种类似问题。通过应试者的表述，用人单位能初步了解应试者来本单位工作的目的和动机，进而通过对前后语句的比照，充分考察毕业生的工作态度是否端正，工作计划是否长远，是否适合在本单位培养，是否有培养前途，能否在本单位长期工作。为了考察应聘动机，用人单位有时会实事求是地反映本单位的问题，如福利待遇偏低、工作辛劳程度较高、工作责任较大等现状，以试探应聘者是否真心诚意来本单位工作。一些毕业生应聘动机不端正，经受不住考验，听到这些情况就开始退却，一下子就被用人单位看穿，从而使得面试成功率大大降低。因此，毕业生在面试前必须做好充分的调查、准备，以平衡的心态面对用人单位所提供的各项条件。

3. 综合素质和能力

考察毕业生的综合素质和能力毋庸置疑是每个用人单位的重点所在，招聘具有极大的功利性，每个用人单位都希望能招聘到实用、踏实、刻苦并富有业务技能与素质优秀的人才。这些素质和能力并不是一朝一夕能培养出来的，这也是很多用人单位习惯招聘具有工作经验的人的原因，具有工作经验的人一般情况下已经初步具有了这些素质和能力。综合素质面试内容主要分以下几个方面：①思想政治素质；②深厚的专业素质；③社交能力；④敬业精神和团队精神；⑤心理素质。

二、面试前的准备工作

求职面试这种考核形式改变了长期以来沿用的根据档案看人，以一卷定终身的单向的、静态的传统考核方法，从而使得面试者与应聘者相互之间建立起一座沟通了解的无形桥梁，更使用人机构能够多维地、动态地、直接地考核，了解应聘者的资历、能力、志向、个性、事业心、责任感及职业目标等，然后做出是否录用的决定。求职者亦可通过面谈了解用人单位的情况，最后做出是否签约应聘的决策。因此求职面试对于招聘、应聘的双方都意义重大。

（一）了解招聘单位的相关情况

首先，面试前应了解单位的有关情况，如性质、隶属关系、业务范围、发展状况、薪金制度等，切不可在面试一开始就向用人单位提出这样那样的问题，反客为主。这说明你对该单位毫无了解，很容易引起招聘者的反感。主考官提问的出发点，往往与招考单位有关，毕业生参加面试之前，要尽可能多地搜集资料，对用人单位的历史、现状、性质、规模、业务、产品、服务、企业文化、经营业绩、发展前景等要有所了解，掌握用人单位对人才的需求与使用情况等。如果你对用人单位比较熟悉，说明你对这个用人单位重视，有好感，将来工作会有较高的积极性，同时也说明对面试十分认真。若对招聘单位一无所知，即使你的其他条件都不错，也很难引起用人单位的兴趣。

那么怎么样才能详细了解用人单位的情况呢？我们可以借助大众传媒、报纸、杂志、广播电视等工具收集信息，积累资料；还可通过你的亲友、同窗或通过社交活动，从该单位的员工以及跟该单位有关系或者对其有所了解的人士那里获得相关情况；此外，还可以向人才交流中心了解情况。

其次，面试前应确定求职目标，分析可行性。

现在许多用人单位在面试录用时要与求职者签订合同，规定在几年内不得脱离该单位，不许"跳槽"。如果你想工作以后再考研究生，那么签订10年合同就延误了你的报考时机。所以，你的目标应根据你的具体情况而定，必须明确，不可含糊。你到该单位后是从事哪方面的工作，在面谈之前也要心中有数。另外，在面谈之前，你得分析一下目标是否可行。比如王某是一名定向研究生，毕业后想去一家外资企业里工作，可行性就不太大。因为定向生，原则上应该回到定向单位工作。又比如李某本来是学哲学的，但他对电子计算机感兴趣，想去工作单位搞计算机软件的开发研究，可行性也不是很大。所以在进行可行性分析时，一般要考虑到各种限制。如果不可行，即使你与单位费了半天口舌，也很难达成协议；只有可行，才可以进一步去谈判。

（二）面试前的基本情况准备

面试时，大学毕业生在口头自我介绍时，应当做好充分的准备。要准备简要的自我介绍的腹稿，勤加练习，做到口齿清晰、有条不紊。

自信地应对面试，首先要对自己有清楚的认识。列出几件自己认为可以称得上成功的事情，并逐一分析这些成就，但要注意表达的语言简短、清楚、准确，不要漫无边际地瞎扯。

另外，介绍自己时，不能光讲优点，不讲缺点，有时把缺点说得恰到好处，会起到事半功倍的效果。例如，某毕业生在几位考官面前介绍自己时，他是先介绍自己的缺点，然后介绍自己的优点，扬长避短，掌握较好，一下子得到面试考官的好感，让面试官产生了该生诚恳、谦虚、实事求是的印象。

（三）面试前的心理和知识准备

面试时要注意招考单位提出的要求，携带必备的证件材料。考前还要注意休息和睡眠，以便有充沛的精力应试。除了一些事务性的准备工作之外，面试要着重准备好以下几方面的问题。

（1）锻炼交流协调能力。面试前，要将需要表达的问题进行重点和一般分类，按前后次序加以整理归纳，以此来提高面试效果。在面试前可以有针对性地加强语言表达能力的训练，逐渐养成与陌生人自如交谈的心态。

（2）要牢记报名表、履历表所填的内容。表上的内容，通常被主考人用作面试的资料。当主考人提问时，如果你的回答与表上所填内容不一致，会让人感觉随随便便，对面试不够重视，给主考者留下不好的印象。

（3）准备回答应试的动机，要把自己应聘的诚意及今后认真工作的愿望表达出来。如果应试者对这个问题含糊其词，胡乱敷衍或回答错误，那么主考者就会怀疑面试者是否有诚意，或者将来能否认真工作等。这样被录取的希望就很小了。

（4）要至少能讲出三条以上自己的优点。为了更好地进行自我宣传，对自己有哪些优点要认真准备，反复斟酌，然后整理出 3～5 条既不虚夸又能充分表露自己的才能，既具体又不长篇大论的优点，反复练习表达，直到能流利地表述。

（5）要熟悉时事政策。有的主考人问到时事政策方面的问题，是想通过提问考察你对国际、国内大事和一些重大政策是否关心，以及对这些问题的看法。这是测试综合能力的方式之一。你若经常看报、听广播，只须摘记有关要点。若没有看报的习惯，最好在面试前的一段时间天天看报，听听新闻联播，对《人民日报》社论、评论，不要放过记其要点，再记一些重要新闻。

（6）要调整心态。只有展现自己的自信与保持良好健康的心理素质，才能在面试过程中应付自如。首先，面试需要求职者保持常态。其次，面试前，打有准备之仗是保证面试成功的基础，机遇总是留给有准备的人。要在专业知识、口头表达、性格表露、人际关系、团队合作、敬业精神、仪表装饰等方面逐项做好充分准备。面试时以自己曾经做过的较为成功的事例来衬托和展示自己的才华，使主考官对你产生兴趣，并留下深刻印象，为面试的成功奠定了基础。

（四）面试前的仪容与服饰准备

日本松下电器公司董事长松下幸之助在日记里记述着一件往事：年轻的松下幸之助在一家著名的企业里任推销员。有一次，在理发店里，理发师毫不客气地批评他的邋遢："你出去推销产品，代表的是公司的形象，你这样不注重仪表，客户会信任你吗？会买你的产品吗？"这件事给了他很大的震动，从此他就开始重视自己的仪表。

毕业生吴昊是某学院的硕士研究生，颇有才华，大学期间便有多幅作品在省市竞赛中获奖。小吴对自己的才华也自视很高，为了显示其艺术天才的风度，他平时不修边幅，还特意留起了长长的头发，并染成黄褐色，穿着破破烂烂的牛仔服。小吴把自己的求职目标定位在高校教师。临近毕业，他和其他同学一样东奔西跑、四处求职，用人单位去了不少，许多用人单位对他的材料很感兴趣，他也参加了好几次面试，但都没有下文。他眼看周围的朋友一个个签订了协议书，自己也不禁着急起来，一天他来到就业指导中心进行咨询，张老师在看完他的自荐材料、了解他的求职意愿、问了一些面试的细节后，建议他剪掉自己的长发，重新塑造自己的形象，并让他留下求职材料，答应有机会为他推荐就业单位。

小吴虽然口头上答应了，内心却不以为然，他心里想，用人单位要的是我的能力和才华，我留长发与他们何干？再说这头长发已留了几年，要一下子剪掉，还真有点舍不得。很快他就把老师的忠告抛到九霄云外。这一天，又有一所大学来学校要为新成立的绘画专业招聘教师，就业中心的张老师拿出了小吴的自荐材料，来人看了自荐材料，听完了推荐介绍后，觉得小吴很有才华，提出要进行面试。但当小吴来到面前时，几位前来面试的招聘领导流露出失望的表情。在小吴离开后，就业中心的张老师又给用人单位的领导进行了耐心的解释，并希望他们再给小吴一次面试的机会。就业中心老师又和小吴进行了认真的交谈，告诉了他用人单位的疑虑，并对他说："作为一名研究生，你有才华，但是你在面试时给人的第一印象是非常重要的，尤其是教师职业对人的形象要求更高。你一个男生留一头褐色长发，很容易给用人单位不好的印象，甚至怀疑你的品行。"小吴这回不敢再怠慢了，回去后就理了发，并穿了一套整洁的西装前来面试。

过了不久，小吴高兴地来到学校指导中心，告诉张老师说他已收到了这所大学签订的就业协议书，他十分感激张老师对他的帮助和提醒。

合适得体的衣着打扮对求职的毕业生来说不是件小事。穿着打扮有意无意之间反映着一个人的修养、气质和风度，甚至折射出一个人的价值观和生活态度。在求职面试过程中，它往往影响着主考官对毕业生的第一印象，衣着不整、蓬头垢面，会被认为是邋遢窝囊；过于前卫的打扮会使人感到不可信任。因此，面试前毕业生应注意自己的着装打扮。总的原则是：整洁、大方、朝气蓬勃的仪表，符合自己和用人单位职业要求的身份。

三、面试时的应答技巧

在面试时，大学毕业生回答提问时还应注意以下几点。

（一）表达把握重点

应试者在确认提问内容后、回答问题时，先将自己的中心意思表达清晰，然后再做叙述和论证，这样可以让主试人产生一种条理清楚、有理有据、简洁明了的面试效果。如果在简短的时间内进行长篇大论，不仅会将主题冲淡或漏掉，还使主试人感到厌烦。如某高校毕业生面试时分析自己优缺点，采取倒叙法，先分析自己的缺点，再谈自己的优点，简明扼要，这样立即给主试人留下谦虚坦诚、不回避缺点的面试效果。主试人本来就想了解面试者能否一分为二地看待自己，此时应试者只要能抓住自己主要的优缺点，进行简单扼要回答，就能提高面试成功的概率。

（二）答题实事求是

面试遇到自己不知、不懂、不会的问题时，采取回避闪烁、默不作声、牵强附会、不懂装懂的做法均不可取。知之为知之，不知为不知，诚恳坦率地承认自己的不足之处，反倒会赢得主试人的信任和好感。

（三）凸现个人特色

主试人在多次的面试中，相同的问题肯定问过若干遍，类似的回答也听过无数回，因此，主试人难免会有乏味，枯燥之感。只有具有独特的个人见解和个人特色的问答，才能引起主试人的兴趣和注意，但不要自吹自擂，急于推销自己。面试时如果想要凸现自己的特长，一定要结合具体的例子来充实自己，这样才能给主试人加深印象，一味地讲套话就显得空洞平庸，只能给主试人留下平庸的印象。

（四）面试应注意的其他要点

1. 面试的礼貌与仪态

应聘者以礼貌和良好的仪态给招聘者留下美好的印象，是面试成功的重要因素。注意礼貌和仪态主要有以下几点。

（1）面带微笑。微笑表示欣赏对方的盛情，表示领略，表示歉意，也表示赞同。微微一笑可以缩短双方的心理戒备，创造良好的面谈气氛。

（2）谦和热情。谦和是对他人的敬重，是一种友好的表示，必然收到友好的回报。充满热情，必然给人以精力充沛、富有生机和自信的感觉，并给人们以感染、以启迪的鼓舞。应聘面试切忌含糊其词、吞吞吐吐，也忌信口开河、卖弄自己。

（3）无声语言的魅力。无声语言包括表情、目光、面部各种器官的动作、手势、体姿等。无声语言的良好运用，会使招聘者产生好感，留下深刻的印象，是应聘者成功的重要条件。

（4）表情。表情是人心理状态的外在表现，是人的大脑皮层受到外界各种客观事物刺激后在人体外部的一种情感体验，面试时应当充分运用丰富的表情来表达自己的思想感情。

（5）目光。面试时的目光也很重要，游离的、善变的目光让主考官认为这个人不老实。也有的人在谈话过程中始终不敢抬头，眼睛不敢往上看；有的人目光过于向上，时时翻着白眼；有的人虽然目光位置没大毛病，但不敢与主考官对视，一有对视，马上躲闪，显得很不自信。正确的方法是：将目光集中在主考官眼睛与嘴巴之间的三角区域上移动，这样会令人觉得毕业生对他的话十分重视。不时与对方对视交流，交流时目光应坚定、自信，显示出英气勃勃。

（6）坐姿。面试时全身放松，不要正襟危坐，以免肌肉紧张，不受控制。调整好呼吸，千万不要喘粗气。如有必要，可以改变自己坐姿，不用老是保持同一种姿势。在任何情况下，都应等候主考官的指示或到指定的座位坐下，尽量避免跷腿。大多数情况下，面试双方会隔着一桌而坐。但假如没有桌子，毕业生就应该与主考官保持1米左右的距离。若双方距离太近而令主考官感到自己的"区域"受到侵入，就有害而无益了。

2. 语言表达艺术

面试时，你的语言表达艺术标志着你的成熟程度和综合素养。对应试者来说，掌握语言表达的技巧无疑是重要的。那么，面试中怎样恰当地运用谈话的技巧呢？交谈时，要注意发音准确、吐字清晰、语言流利、文雅大方。要注意控制说话的速度，避免磕磕碰碰，影响语言的流畅。为了增添语言的魅力，应注意修辞美妙，不能有不文明的语言出现。面试过程中，要控制讲话的速度。讲话速度过快往往容易出错，甚至张口结舌，进而导致思维混乱；讲话速度太慢，则给人一种缺乏激情、气氛沉闷的感觉。面试时，要注意语言、语调、语气的正确运用。语气是说话的口气，语调是指语音的高低轻重配置，要掌握语气平和、语调恰当的表达技巧。例如，打招呼问候时宜用上语调，加重语气并带拖音，以引起对方的注意。自我介绍时，最好用平缓的陈述语气，不宜使用感叹语气或祈使句。声音的大小要根据面试现场情况而定。群体面谈时，以每个主试人都能听得清你的讲话为原则。回答主试人的提问时，除了表达清晰以外，适当的时候可以插进幽默的语言，增加轻松愉快的气氛，尤其是当遇到难以回答的问题时，机智幽默的语言会显示自己的聪明才智，有助于化险为夷，并给人以良好的印象。

3. 进场面试须知

如门关着，应先轻轻敲门，得到允许后再进去，开门和关门动作要轻，以从容、自然为好。见面时，要向面试考官主动打招呼问好致意，招呼应当得体。当主试人没有邀请你坐下时，切勿急于落座。主试人请你坐下时，应道声"谢谢"，坐下后保持良好的体态，切忌大大咧咧、左顾右盼，以免引起反感。

应试者刚开始的表现很可能决定主试人对应试者的总体印象，所以这时你必须面带微笑，等待主试人的提问，同时要显得兴致勃勃、信心百倍。

4. 面试后的工作

在面试后的一两天内，应试者必须给招聘单位某个具体负责人发一封电子邮件或写信。在信中应该感谢对方为你所花费的精力和时间以及提供的各种信息，简单地谈到你对公司的兴趣以及可以帮助他们解决的一些问题。如果两周之内没有接到任何回音，你可以给主试人打电话询问"是否已经做出决定了？"这个电话可以表示出你的兴趣和热情，也可以从对方口气中听出你是否有希望成为公司的一员。

第五节 大学生就业协议的签订和劳动权益的维护

很多情况下，大学毕业生对如何行使、保护自己的权利，同时应承担哪些义务，发生争议时如何解决等一无所知，严重影响了大学生就业的质量。大学毕业生必须要知法、懂法，学会运用法律武器来保护自己，避免上当受骗。本章从介绍就业协议的内容入手，在如何签订就业协议书，介绍就业协议与劳动合同的关系，签订就业协议书时应注意的问题，以及如何保护就业权益等方面展开论述。

一、就业协议书

（一）就业协议书的概念及作用

就业协议书是指用人单位、毕业生之间的义务和权利的书面表达形式，是由毕业生本人、用人单位和毕业生所在学校三方共同签订的，约定用人单位接受该毕业生、毕业生本人自愿毕业后到该用人单位工作并由学校鉴证的一份具有法律效力的文件。

就业协议书分为《全国普通高等学校毕业研究生就业协议书》和《全国普通高等学校毕业生就业协议书》，由教育部和省级毕业生就业工作主管部门统一印制，使用的对象为各普通高等学校大专层次以上的国家统招计划内毕业生。

签订就业协议的主要目的包括：①合理使用人才，保护毕业生和用人单位各自的权益，充分发挥人才的作用，调动毕业生与用人单位的积极性；②是学校制订、国家审批毕业生就业计划的依据。

（二）就业协议书的格式和内容

以《全国普通高等学校毕业生就业协议书》为例，封面上包括编号、毕业生、用人单位、学校名称等。

主要内容：

按《普通高等学校毕业生就业工作暂行规定》的要求，为维护国家就业计划的严肃性，明确毕业生、用人单位、学校三方在毕业生就业工作中的权利和义务，经协商，毕业生、用人单位、学校三方签订如下协议：

（1）毕业生应按国家规定就业，向用人单位如实介绍自己的情况，了解单位的使用意图，表明自己的就业意见，在规定的时间内到用人单位报到，若遇到特殊情况不能按时报到，需征得用人单位同意。

（2）用人单位要如实介绍本单位的情况，明确对毕业生的要求及使用意图，做好各项接收工作。凡取得毕业资格的毕业生，用人单位不得以学习成绩为由提出违约，未取得毕业资格的结业生，本协议无效。

（3）学校要如实向用人单位介绍毕业生的情况，做好推荐工作，用人单位同意录用后，经学校审核列入建议就业计划，报教育部批准，学校负责办理派遣手续。

（4）学校应在学生毕业前安排体检，不合格者不派遣，本协议自行取消，由学校通知用人单位。如用人单位对毕业生身体条件有特殊要求，原则上应在签订协议前进行单独体检，否则以学校体检为准。

（5）毕业生、用人单位、学校三方如有其他约定，应在备注栏注明，并视为本协议书的一部分。

（6）本协议经各方签字、盖章后生效。三方都应严格履行本协议，若有一方提出变更协议，须征得另两方同意，由违约方承担违约责任，并在备注栏注明。

（7）本协议一式三份，毕业生、用人单位、学校各执一份，复印无效。

二、签订就业协议书

（一）签订就业协议的方法

签订就业协议是毕业生就业过程中的必要环节，必须由学校、毕业生、用人单位三方共同签署方可生效。因为就业协议是明确在就业过程中毕业生和用人单位双方权利和义务的协议，涉及毕业生的切身利益，并具有法律约束力，所以毕业生在签订就业协议时要注意6个问题：①用人单位的资格；②条款内容的明确度；③与劳动合同衔接性；④解除协议的条件；⑤签订协议的程序；⑥签名。

（二）签约时的心理调适

如果毕业生确定了用人单位，对方也明确表示愿意录用，毕业生就可以与用人单位及母校签订协议书。该协议书一旦签订，便视为生效合同，不能随意更改。面对求职择业过程中的这一关键问题，许多大学毕业生瞻前顾后、举棋不定。有的则在盲目签约后又后悔不迭。那么，如何调整签约时的心理状态呢？

1. 冲突心理的调整

一些毕业于名校的大学毕业生往往为多家用人单位所青睐，因而常常接到两个或两个以上用人单位的签约邀请。一旦出现这样的局面，许多毕业生便茫然不知所措、徘徊不定，甚至采用抓阄的荒谬办法来决定自己的最终去向。面对这种情况，大学毕业生应对各家单位与自身实际情况再作一次充分评估，仔细考虑一下自己的择业目标和职业生涯发展计划。

2. 懊悔心理的调整

一些大学毕业生在签约前急于求成，草草签约，而一旦签约又后悔不已。尤其是在了解更多的择业信息或得到条件更好的用人单位的签约邀请后，更是捶胸顿足、懊丧不已。沉浸于懊悔之中，不仅无益于毕业生自身的身心健康，而且这种心态一旦带入将来的工作之中，更会严重影响到自身与用人单位之间的合作。其实，大学毕业生应当有一种终身流动就业的心理，任何事情都不是一成不变的，只要自己不放弃，今后随着实力增长，就可以得到更好的工作机会。

3. 冲动心理的调整

毕业生在求职择业中，普遍存在着急躁、焦虑情绪，一旦接到用人单位的签约邀请后，或担心用人单位反悔，忙于签订协议书。其实，这种急于求成的心理是最要不得的。在接到签约邀请后，大学毕业生首先考虑的问题应是：我真的喜欢这个工作吗？我的知识和能力能适应这个工作吗？这个工作是我的最佳选择吗？在对上述三个问题做出充分的思考后，再签约也不迟。

（三）违约手续的办理

就业协议书签订后如果有一方反悔的,这叫作"违约",违约必须按照一定的程序办理,同时违约方应当承担违约的责任。

按照就业协议书的有关规定,一方违约的应当向另外两方承担违约的责任。违约的具体责任如何承担,可以在就业协议书中约定。学校对毕业生的违约行为一般采取收取违约金的经济手段予以制约。如果用人单位违约,学校主管毕业生就业工作的部门同样会出面要求用人单位按照所签订协议给予毕业生赔偿。

毕业生如果确有特殊原因需要违约,可按照下列手续办理。首先,向已签约的用人单位提出违约申请;其次,经用人单位同意后,向用人单位承担违约责任,交纳违约金或承担其他法律责任;最后,将用人单位同意违约的信函和已签订的就业协议书交到学校毕业生就业工作部门,经审查并向学校承担违约责任后,再领新的就业协议书。

三、劳动合同及相关法律问题

每年都有大量的大中专毕业生和用人单位达成内容各异的合同、协议,其中,忽视法律的价值、不注重法律规范性的约定大量存在,引发纠纷的危险性很大。纠纷一旦发生,不仅会使毕业生或者用人单位的利益受损,同时也给学校和就业管理部门带来巨大的压力,这已经成为困扰毕业生、学校、用人单位和就业管理部门的一大难题。

（一）劳动合同

高校毕业生就业时,与用人单位签订的劳动合同、就业协议书以及其他的一些书面约定,都是重要的法律文件,对其性质和相互关系一定要搞清楚。目前高校使用的就业协议书并非等同于一般的劳动合同。劳动合同指的是劳动者和用人单位确立劳动关系,明确双方权利义务的协议,一般要以书面形式订立,写明合同期限、工作内容、劳动保护和劳动条件、劳动报酬、劳动纪律、合同终止的条件、违约责任等条款。

1.劳动合同的内容

一切关乎劳资双方权利义务的约定都是劳动合同的内容。劳动合同期限可分为有固定期限、无固定期限和以完成一定的工作为期限三种形式。一般来说,劳动合同的内容大致可分为:工作内容、劳动保护和劳动条件、劳动报酬、劳动纪律、违反劳动合同的责任等方面。

工作内容指在合同有效期内所从事的工作岗位及工作要求,双方在约定工作岗位时可以同时约定岗位变化的条件和方法。劳动保护和劳动条件指为保障劳动者在劳动过程中的安全、卫生、健康,用人单位根据国家有关法律、法规采取的各项保护措施。劳动报酬是双方约定的工作报酬,包括劳动者的工资、奖金、津贴等,劳动报酬支付的形式和支付日期等内容。用人单位在支付劳动报酬时,不得违反国家法律、法规和规章的有关规定;必须以现金支付(用信用卡支付也可以),不得低于国家规定的最低工资标准。劳动纪律包括企业的规章制度、劳动纪律等内容及其执行程序,即劳动者在劳动过程中必须遵守的工作秩序和规则,是用人单位组织生产经营活动、完成规定任务的条件保证,是劳动者必须履行的义务。劳动合同终止的条件是劳动合同期满自然终止或双方在劳动合同中事先约定提前终止的客观事实条件出现。违反劳动合同的责任指劳动合同一方当事人不履行或者不完全履行劳动合同,以及违反劳动法及其他法律、法规和规章的有关规定,应当承担相应的法律责任,主要为经济赔偿责任。

2. 劳动合同的效力

从法律角度讲,劳动者在合同上签了字,是表示自己对这份合同认可,并愿意遵守和履行这份合同的行为。如果拿不出用人单位在签合同时采用了胁迫或欺诈的证据的话,就只能认定这份合同的签订为自己的真实意思所为,不能主张合同无效。因此,大学毕业生与用人单位签约应慎重,大学毕业生作为具有完全民事行为能力的人,要为自己的行为负责。

(二)就业的相关法律问题

首先,从签订就业协议的主体上来看,就业协议的签订须由毕业生、用人单位、学校三方共同在就业协议上签字盖章才能生效。学校作为签订就业协议的一方主体,具有双重主体身份。一方面,学校是以平等主体参加到签订就业协议中来,并按照签订就业协议书的规定和程序签字盖章。另一方面,学校是以管理者的身份对就业协议进行审查,符合政策规定的予以签字盖章,使就业协议生效;不符合政策规定的,不予以签字盖章,就业协议不能生效。

学校的这种作用实质上是一种行政干预,是行政管理的体现,这是因为:①我国现行的高等学校毕业生就业制度仍然具有计划性,也就是国家还要对毕业生的就业流向实行宏观控制,国家要通过对毕业生就业计划的审批控制毕业生的流向,这是一种行政管理行为;②由于教育部等就业主管部门的授权,学校对签订的就业协议进行监督、管理,并负责制订毕业生建议就业计划;③毕业生在择业过程中,虽然主要是毕业生的个人行为,但是学校的声誉对毕业生的择业起到了十分重要的作用。由此而使学校在毕业生与用人单位签订就业协议时,十分重视维护学校的声誉。上述原因导致在签订就业协议时,学校与毕业生、用人单位的主体地位是不完全平等的。由于学校有管理职能和维护学校声誉的权利,学校的主体地位高于毕业生和用人单位的主体地位。

其次,从就业协议的客体上来看,毕业生、用人单位、学校三方共同达成的一致意见是毕业生愿意到用人单位就业;用人单位同意录用毕业生;学校经审核同意。所以,签订就业协议主要反映的是一种劳动人事关系,也就是毕业生将成为用人单位的成员。

无论是就业协议书还是劳动合同,发生法律效力后,任何一方不得擅自毁约。如果用人单位无故要求解约,毕业生有权要求对方严格履行就业协议,否则用人单位应对毕业生进行补偿。权利义务是一致的,如果毕业生无故违约或者解除劳动合同,也应当赔偿由此对用人单位造成的损失。

(三)应注意的其他问题

1. 了解并掌握国家就业政策和学校就业规定

政策和规定可以指引大学毕业生的择业方向,规范毕业生的择业行为。只有掌握了这些规定,自己的择业方向才能明确,目标才能选对。

2. 了解就业协议书的全部条款

首先,毕业生在与用人单位签订就业协议书前,要认真地阅读就业协议书中的全部条款,并且要了解条款的内容和含义,同时还要学会运用条款和掌握签订就业协议书的步骤。其次,要特别了解用人单位有无独立的进人权,除了用人单位盖章外,还必须有用人单位上级主管部门的公章。否则,学校在参加全国就业计划协调会时,用人单位的上级主管单位不认可,计划便难于落实,学校不能派遣毕业生。

3. 要注意约定的条款本人能否承受

大学毕业生与用人单位在签订就业协议书时,许多内容要靠毕业生与用人单位约定,然后备注。毕业生在与用人单位进行约定的时候要注意几个问题:①约定条件是否合理和平等;②约定的条款大学毕业生本人是否能够承受;③毕业生与用人单位的备注条款,要注意须有毕业生和用人单位双方的签字,否则当发生争议时,如果没有双方的签字,备注条款很难发生作用。

4. 签订协议内容要详细且一致

协议上关于福利方面的内容一定要写明,即社会统筹的养老保险、医疗保险、住房待遇、公积金及失业保险金等,须按国家的有关政策执行。若有其他约定可以补充,如考研、出国等事项均可附加说明,以免以后出现违约现象。此外,还有些单位在签协议书时,写明若违约支付对方违约金五千元,但在签劳动合同时改成:"若违约支付对方违约金二万元。"这种劳动合同与协议书内容不一致的现象一定要避免。

5. 进民营企业一定要规范相关条款

目前,私营企业私招乱聘、用工不签劳动合同的情况比较突出。一些企业虽与职工签订了劳动合同,但合同内容不符合劳动法规定。一些民企,尤其是个体私营企业自制的劳动合同文本内容、条款不够规范,将上岗合同代替劳动合同,把企业管理制度作为合同条款,把非法集资、缴纳保证金等内容写进合同。鉴于一些私企用工制度不规范的现状,建议那些准备到民企就业的大学毕业生增强择业中的法律意识,善于用《合同法》《劳动法》保护自己的合法权益,签好合同再进民企。

第四章　高校大学生就业心理

第一节　心理与就业心理

一、心理

辩证唯物主义对人的心理做出了科学的解释，它认为人的心理是脑的机能，是对客观现实的主观能动反映。

大脑是从事心理活动的器官。从物种发展来看，心理现象是在动物适应环境的活动过程中，随着神经系统的产生而出现，又是随着神经系统的不断发展和不断完善，由初级不断发展到高级的。无脊椎动物发展到环节动物如蚯蚓时才开始有"感觉"，到脊椎动物才有了知觉，再发展到灵长类动物，它们的大脑有了相当高度的发展，才有思维的萌芽，最后到了人类，才真正拥有了思维。可见人的心理是心理发展的最高阶段，它正是在高度发展的神经系统和人脑的这一物质基础上产生的。从个体发展来看，人的心理与大脑的发育息息相关。从刚出生时大约390克的人脑的重量到12岁时接近成人的1400克左右的重量，人的心理也由感觉阶段发展到抽象思维阶段。当人脑受到不同程度的损伤时，人的正常心理活动会出现失调。综上所述，正常发育的大脑为心理发展提供了物质基础。

仅仅有大脑，还不能产生心理，只有当客观现实作用于人的感觉器官，通过大脑将其变成印象，才能产生心理。可见客观现实为人的心理提供了内容。大自然、人类社会以及人类自己都属于客观现实。心理的反映不是机械式的反映，而是主观能动式的反映。即便心理活动的内容是相同的，但由于受到个人经验、认知水平等影响，每个人所产生的反映也是不同的，所以说对客观现实的反映具有主观性。再者，人通过心理活动不仅能认识到事物的外在表象，还能认识到内在本质，并用这种认识来指导改造客观世界的行动。综上所述，心理活动是人脑对客观现实的主观能动反映。

二、就业

就业不仅是民生之本，是经济社会持续发展和生活水平提高的关键，也是劳动者谋生的手段，是给自己和家庭带来希望的重要途径。

从理论上说，如果达到法定的年龄并具有劳动能力的人，能通过从事合法的某种经济活动取得一定的报酬就可以认定为实现了就业。

从实践上说，对就业的界定还需要再从三个方面进行补充：①就业条件，除了上述提及的法定年龄和有劳动能力外，还必须具有劳动愿望。②收入条件，规定劳动报酬的最低限度。③工作时间，规定每周工作时间的长度，我国现行的标准工时制度是劳动者每日工作时间不超过八小时，平均每周工作时间不超过四十小时。

从大学生的角度讲，就业就是指完成学业的大学生，根据国家有关就业政策和规定，根据社会需要和自身具备的条件，按照一定的程序得到职业，参加工作，从事经济或其他有益于社会的劳动，并取得报酬和经济收入的活动。

三、就业心理

我国对于就业心理的研究开始于20世纪末，对于"就业心理"概念的界定，学术界存在以下三种观点：

第一种观点认为，就业心理是人们对待职业和职业行为的一种心理系统。如西南大学张进辅教授把就业心理定义为"人们在对自我、职业和社会的认识基础之上形成的，对待职业和职业行为的一种心理系统；它不但包括个体自身有关职业的一些特质和特点，而且还包括在对二者认识的基础上所产生对待职业的某种价值倾向、兴趣和态度"。

第二种观点认为，就业心理是人们在职业选择时的心理活动过程，主要包括就业准备、就业冲突和就业调适等心理过程。如河北师范大学的孟祥俊认为在就业过程中要做好心理上和思想上的准备，同时要对产生的就业冲突如高期望与现实的冲突、多样化与依赖心理的冲突等进行调适，从而改变或扩大原有的认知结构，实现顺利就业。

还有一种观点认为，就业心理应当从认知心理、情绪心理和社会心理三个方面进行分析，对就业心理的研究应当从微观出发，然后探讨优化就业心理的方法。

综上所述，虽然这三种观点的侧重点是不同的，但究其本质是一致的——就业心理就是在就业的整个过程中，通过与其他心理现象的交互作用所形成的。

第二节 大学生就业心理的不良表现

就业的过程总是充满着各种不确定的因素，而大学生往往会由于经验不足，在心理上出现种种不良的反应，主要表现在认知心理、情绪心理和社会心理三个维度上。

一、认知心理方面

就业认知心理是指在择业过程中对自己、对职业及其对周围社会环境的认识、了解和择业中对事物的推理与判断。当前大学生在就业认知心理方面存在的消极表现集中体现在对自我的认知和对环境的认知两个方面。

（一）自我认知

1. 自卑心理

自卑是指自我评价偏低、自愧无能而丧失自信，并伴有自怨自艾、悲观失望等情绪体验的消极心理倾向。它是一种消极的自我评价，是感觉自己一无是处、没有自信的一种表现。自卑的人往往看不到自己身上的闪光点，无法发挥出他应有的才能。例如，有些女大学生在择业的过程中由于自己性别的原因，害怕与男性毕业生同时竞争一个岗位，往往还未开始就已打退堂鼓；还有些大学生会因为过度担心用人单位以容貌、背景等外在条件录取求职者而求职失败。再如有些本科生会因为自身的学历而不敢与研究生竞争同一岗位。这些例子都是因为大学生总拿自己的不足和别人的长处相比，忽视了自己的优点而无法展示自己，最终导致就业的失败。

小林在校期间成绩优异，但是平时不太爱说话，觉得自己形象不佳，临近毕业，她向多家公司投递了求职简历，而且每次笔试成绩都还不错，但是面试却遭遇一次次的失败，这也让她逐渐对自己失去信心。她说："每次进入面试地点，看到主考官，我的腿就会发抖，手不知道该怎么放，不敢抬头看主考官的眼睛，对于考官的提问，我常常会出现停顿，回答得没有条理，很多自己原来会的问题回答得也不全面，感觉自己在很多方面不如别人。"

小林面试之所以屡次失败，是因为她有自卑的心理问题，不自信。良好的心态是成功的一半，所以小林应该准确地自我定位，看看自己到底适合什么样的工作，不盲目地求职；同时找到自卑的原因，培养良好的心态，面对激烈的竞争压力，勇敢地迎接挑战，不退缩，努力克服自卑的心理障碍，相信自己，从而最终取得成功。

2. 自负心理

与自卑相反，自负是自我评价偏高的消极心理倾向，持有自负心理的大学生往往会自我感觉超好，过高地估计个人能力、水平和在竞争中的地位，缺乏自知之明。有些大学生认为自己受过高等教育，是天之骄子，因此在寻求工作的过程中非国有企事业单位不去，非一线城市不去，或要求高薪酬、高福利，使得自己错失了一些良好的就业机会。这就是自负心理在作怪。事实上，全球的就业形势都不容乐观，再加上我国的高等学校实行扩张政策后，大学教育已由原先的精英教育变成了大众教育，大学生早已失去了原先的优势地位，如果仍然盲目乐观，不客观地认识自己，好高骛远，最终必然会导致就业受挫，心理上产生剧烈的落差感。

（二）对环境的认知

对环境的认知主要是指对就业市场、就业单位等客观环境的认识。大学生学习专业知识的最终目的是能以一技之长服务社会。如果不能把专业知识和环境结合好，不能顺利就业是毋庸置疑的。可如今"一心只读圣贤书，两耳不闻窗外事"这样的思想仍存在于一些大学生的心中，他们在大学里苦读课本知识，一味追求高分数，对书本以外的一切都漠不关心，脑海中对社会中存在哪些工作岗位，这些岗位需要什么样的人才等都不清楚，待到毕业之时，就一味地凭自己主观的臆断去寻找工作，试问这又如何能实现就业？再者，环境是处于动态发展的过程中，对环境的及时了解亦是影响大学生能否顺利就业的一个因素，而有些大学生在刚进校时，通过一些途径了解到本专业的就业信息后，就不去更新，抱着这些陈旧的就业信息去寻找工作，怎能不受挫呢？

二、情绪心理方面

情绪是人对客观外界事物态度的体验，是人脑对客观外界事物与主体需要之间关系的反映，它是一种主观感受。情绪心理指的是在就业之前产生的一些情绪问题或在就业过程中的情绪波动。大学生在就业时不可避免会出现情绪上的波动，假如这些不良的情绪长期存在且得不到缓解，不仅会影响大学生的就业，也会影响他们的心理健康。焦虑、抑郁、嫉妒是大学生就业情绪心理的常见表现。

（一）焦虑心理

焦虑是由紧张、焦急、忧虑、担心和恐惧等感受交织而成的一种复杂的情绪反应。一般来说，适当的焦虑有助于大学生的就业，因为它可以使大学生产生一定的压力，成为激发他们不断学习和完善自己的动力。但如果不能得到及时地缓解，就有可能向更严重的心理危机或病态发展，表现出情绪紧张、头晕目眩、心情紊乱、注意力不能集中、失眠等症状。大学生求职过程中的焦虑主要是源于他们面对就业竞争激烈的市场，担心自己不能如愿以偿获得工作；抑或不知如何在国家需要、个人志向、专业发展、工作环境中做出选择，担心因选择失误造成"千古恨"。一旦背上这样的精神负担，大学生在求职时就很难完全展现自己的才能，严重的甚至会产生"谈工作就色变"的阴影。所以过度的焦虑是大学生就业途中的绊脚石。

王宇是个认真好学的学生，一进入大学就严格要求自己，努力学习专业知识，成绩一直很好。为了有一份稳定的工作，王宇选择考公务员，他做了认真的准备，笔试成绩第一名。但是因为王宇平时只是埋头学习，其他方面的能力缺乏锻炼，结果面试失利，没有被录取，而王宇却认为是别人靠关系抢了自己的名额，因为自己家庭一般般，无权无势。考试的失败、毕业的压力以及家人的期望，让王宇情绪紧张，常常焦躁不安。情急之下的王宇向很多家公司投了简历，却并没有弄清楚这些公司具体情况，也不了解那些岗位的需求，投出的简历常常石沉大海。

王宇产生焦虑的心理，是公务员考试失败、工作无着落等压力造成的，其实很多大学生在毕业时都面临一些困难，如果不能正确地面对和自我排解，往往会产生焦虑心理。

（二）抑郁心理

抑郁是指在长期持续的精神刺激因素作用下产生的一种以情绪低沉、忧郁、沮丧、自责、压抑为主要表现的精神状态。大学生的抑郁心理往往产生于求职中不断碰壁、屡屡受挫之后。每一个即将毕业的大学生都希望自己能够找到工作，不希望"毕业就失业"的情况发生在自己身上，所以一旦不被用人单位认可、接受，就会如泄了气的皮球一样愁眉不展、郁郁寡欢。如果这种低落的情绪持续下去，不能自拔，他们不仅会失去继续求职的动力，动摇自信，产生怨天尤人、听天由命的悲观想法，甚至会茶饭不思，入眠困难，身体日渐消瘦，萎靡不振，出现自杀的危险念头，造成不可挽回的悲剧。因此大学生就业中的抑郁心理必须引起重视。

（三）嫉妒心理

嫉妒是一个人感到别人胜过自己而产生的一些消极情绪体验。就业中的嫉妒心理不仅仅会让自己痛苦，也会影响同学之间的正常交往。有些好胜心强的大学生在看到别的同学比自己早一步找到工作，或者找到的工作比自己的好时，心里就酸溜溜的不是滋味，于是就会产生一种包含着憎恶与羡慕、愤怒与怨恨、猜嫌与失望、屈辱与虚荣以及伤心与悲痛的复杂情绪。一般来说，轻微的嫉妒通过自我调节和升华，是可以向积极的方面转化的。但如果自我调节失去作用，又没有寻求外在的帮助，大学生就很容易将这种情绪指向对方，甚至敌视对方，也许还会伴有一些不良攻击的行为——如在背后谈论对方的缺点或公开对方的秘密等，最为糟糕的情况是会出现伤害他人性命的恶劣事件。所以大学生就业中产生的嫉妒心理不容小觑。

三、社会心理方面

社会心理学是关于社会情境中个体的心理现象及其行为规律的科学。大学生在就业过程中因与社会或者他人的影响有关而产生的心理问题就属于就业社会心理的问题。下面就从从众和依赖这两方面来说明就业中大学生的社会心理问题。

（一）从众心理

从众指的是个人受到外界人群行为的影响，而在自己的知觉、判断、认识上表现出符合公众舆论或多数人的行为方式。实际上，从众是在个体自愿的前提下被动地接受群体的影响，通常情况下，多数人的意见往往是对的。少众服从多数一般是不错的。但如果缺乏分析，不独立思考，不顾是非曲直地一概服从多数，随大流走，是消极的"从众心理"，这是不可取的。大学生正处于人格完善的阶段，受外界影响比较大。在选择职业的过程中，有些大学生一味地追求热门职业，或者是一味听取别人的意见，根本不考虑自己适不适合，就去争取，这样下去，容易使自己在求职道路上屡屡碰壁，遭受不必要的挫折，也许还会错失适合自己的就业机会，就算是初期求职成功，在漫长的职业道路上，也不会产生幸福感。因此，大学生要从实际出发，寻找适合自己的职业，切不可盲目从众。

在大三时，孙明感到就业的压力，他的几个朋友都在准备公务员考试，他也跟着他们买了公务员考试的相关资料，准备考公务员。但是他对公务员考试的一些资料并没有太多兴趣，只是随便看看，准备并不充分，因而没有通过公务员笔试。他看到周围的同学都在投简历，找工作，他就跟着同学往一些公司投简历，由于缺乏相应的准备，最终都以失败告终。他又想到学校去应聘，可是他连教师资格证都没考取，没有应聘资格。面对接连的挫折，他最后听从亲人的建议去上海发展，可是到了上海，他只找到了一份与专业不对口的、月薪不足3000元的工作，每月几乎入不敷出，而且这份工作的工作强度比较大，经常加班，孙明后来从该公司辞职，回到老家待业。毕业一年后的同学聚会，看到周围的同学大多数都找到了称心的工作，并安定了下来，孙明的心里蛮不是滋味。

孙明在就业选择时存在盲目从众的心理，没有结合自己的实际做好针对性的准备，在遭遇到就业挫折后也没有反思问题所在，最终导致连连受挫折。

（二）依赖心理

依赖心理的主要特征是：在自立、自信、自主方面发展不成熟，过分依赖他人，经常需要他人的帮助和指导，遇事往往犹豫不决、缺乏自信，很难单独进行自己的计划或做自己的事，总是依赖他人为自己做出决策或指出方向。有些大学生是家中唯一的孩子，从小养尊处优，自立能力较差，凡事都是长辈代为决定，习惯了顺从。来到大学后，他们秉持着"在家靠父母，出门靠朋友"的理念，凡事依靠同学，所以他们的独立人格是很难形成的，而且缺乏责任感，一旦独自面对复杂的就业环境时，他们就很难做出决定，甚至抱有"车到山前必有路"的想法，根本不懂得要主动寻求就业机会，完全依靠父母，任由父母安排工作，若是父母安排不了工作，就索性待在家里，甘愿做一名"啃老族"。你可以依赖一时，但绝不能依赖一世，拥有依赖心理的大学生是比较容易被竞争的就业机制淘汰的，所以大学生一定要学会做一个有独立思想的人，切不能完完全全地依赖别人。

王明是家里的独生子，从小到大都是父母安排他的生活、学习。面临毕业时，王明对就业犯了难。他不知道自己该选择什么样的工作，也不知道选择在哪个城市就业。如果在外省，他担心自己不能够好好生活，对未来没有自信。选择回家乡，他又认为未来没有了希望。最后，他还是打电话征求父母的意见。父母决定让他回到当地县城，并将他介绍到某单位做了一个职员。

工作不到一个月的时间，单位对新进职员进行考核，王明没有通过考核，被迫离职。此时王明责怪父母不该给他找了一个专业不对口的工作，可是父母又找不到他既喜欢又专业对口的工作。王明索性待在家里不就业，成了"啃老族"。

现在，很多家长替孩子包办一切事情，忽视了对孩子独立思考和生活能力的培养，致使他们的依赖性太强，很多大学毕业生走出校门后，还是依赖家人。社会竞争越来越激烈，只有从小培养孩子独立思考和生活的能力，孩子会经得起种种困难的考验。

第三节　大学生就业心理问题产生的原因

大学生就业心理问题产生的原因是复杂的，只有找准了原因，才能对症下药，提出相应的调适方法。以下主要从宏观、中观、微观层面对原因进行阐述。

一、宏观因素

当代大学生就业心理问题的形成势必会受到来自社会各个方面的宏观影响，主要有以下几点。

第一，自1978年十一届三中全会后，我国采取了改革开放的经济政策，给予了经济特区和东部沿海城市很多的优惠政策，使得东部地区的经济有了飞速的发展。尽管21世纪初期，我国对西部地区实施大开发政策，希望把东部沿海地区的剩余经济发展能力用以提高西部地区的经济，但东西部之间的差距依然存在。于是东部地区仍然是大部分学生毕业时选择就业地区的首选，即便去不了一线的东部城市，也要挤进二线的东部城市，这就在不知不觉中加剧了东部地区的竞争，容易使大学生在就业过程中产生失落等不良的情绪。

第二，1993年2月，中共中央、国务院颁布了《中国教育改革和发展纲要》，确定了毕业生就业制度改革的目标是：改革高等学校毕业生"统分统包"和"包当干部"的就业体制，实行少数毕业生由国家安排就业，多数毕业生由学生"自主择业"的就业制度。这种双向选择的就业模式对就业市场提出了更高的要求。然而纵观我们的就业市场，仍然存在不少问题，如户籍制度、供需信息不畅、不公平现象等。这些问题会成为大学生在就业时的障碍，影响他们的顺利就业，引发一些就业心理问题。

第三，目前我国的很多用人单位依然戴着有色眼镜看待一些求职者，这就不免使得大学生在就业中遭受歧视。有些用人单位会在招聘的条件里明确标明学历的要求，如近日某著名电视台公布的2015校园招聘的首要条件就是全国重点高校统招统分的2015年应届毕业生或初次就业的海外留学生，这种条件的限制和大学生平等就业的原则是相违背的。再如，由于性别的原因，女大学生随着年龄的增长会结婚生子，于是有些用人单位就觉得招聘女职员很麻烦，所以即便招聘条件里未写明不招女性，但在实际操作过程中仍会淘汰女性求职者，这种隐性的条件会极大地打击女大学生的求职自信心，使她们产生自卑等心理问题。

二、中观因素

（一）学校层面

高等学校一直是国家发展的人才培养及输出基地，所以大学生就业心理问题的产生离不开学校这个因素。

第一，自 1999 年以来，高等学校开始扩大招生；2003 年是扩招后本科生毕业的第一年，共有高校毕业生 212.2 万人，比 2002 年增加 67 万人，增幅达 46.2%，就业难的问题开始凸现出来。近三年来，大学生毕业人数更是年年创历史新高，持续突破 700 万，可谓是"没有最难，只有更难"的"史上最难就业季"。这种形势下，就业市场会长期存在供需矛盾，这个矛盾冲击着大学生的就业心理。

第二，高等学校的专业设置应该紧随社会的发展，社会需要什么方面的人才，学校就培养什么样的人才。然而，纵观我国高等学校的专业现状，数量是众多的，但并不是每一个都贴近市场的所需，有的专业市场所需已近饱和，可是从专科教育到博士教育都设有该专业，比如会计，这势必会增加该专业本科生的就业压力。还有，有的学校盲目地追求热门专业，扩大热门招生人数，使得这些专业的学生人数多于市场所需，势必造成这些学生就业困难的局面。另外，在专业培养方式上，有的学校缺乏与企业的合作，比如机械制造专业，这就减少了学生实际锻炼的机会，培养出的是仅有理论知识而无动手能力的学生，无形当中为学生顺利就业设置了障碍，影响了他们的就业心理。

第三，高等学校一直把大学生的就业作为工作的重点之一，也加大了对就业指导的投入，但依然存在着不足。首先，就业指导课程应该是贯穿大学生四年的学习中，是大学生必修的一门课程，然而不少学校要么在大四时才开设就业指导课程，要么把它当作一门选修课，毫无疑问这就造成了大学生缺少系统的就业指导，造成他们盲从的现象。其次，师资队伍与招生人数应该是成正比的，然而，现实却是恰恰相反，学生人数和教师人数不成正比，这就加重了每位教师的工作负担。以辅导员为例，每位辅导员所带的学生人数普遍超过 300 人，有的甚至超过 500 人，这就很难对学生进行一对一深入的职业辅导，关注每一个学生的就业心理，无形当中就造成了一种心有余而力不足的无奈局面。所以高校就业指导形式化对大学生就业心理产生了不良的影响。

（二）家庭层面

家庭是每个人接触到的第一个教育环境，父母则是第一任老师，所以家庭环境如何也影响每个大学生的就业心理。

第一，20 世纪 70 年代末开始，中国开始实施计划生育政策，大多数城市家庭都只有一个孩子。这些独生子女在成长的过程中受到长辈百般的呵护，可谓是捧在手心怕摔着，含在嘴里怕化了，所以他们依赖性强、抗压能力差、独立性差等问题就在不知不觉中形成了。当他们大学毕业、进行择业时，这些问题就凸显出来，势必会对他们就业心理产生不良的影响。

第二，中国的父母都有望子成龙、望女成凤的心态，含辛茹苦地抚养孩子长大，就是期望孩子能找到一份体面的工作，能光宗耀祖。在他们的概念中，工作就是面子，孩子就应该选择做公务员或者在大城市就业，这才是给他们长面子，而对于像蓝领技工、第三产业等这种又苦又累、报酬相对较低的工作是绝对不能去做的，这是丢面子的事。所以父母的职业观念影响了大学生的择业，加重了他们就业时的心理压力。

第三，每一个父母都尽可能给予孩子最好的物质条件，培养他们各种技能，然而在满足了他们物质条件的同时，却比较容易忽略他们的精神世界，尤其是在孩子大学即将毕业进行择业的这个阶段，每每拿起电话和孩子联系时，问的都是如"工作找到了吗？钱够用吗？"这类问题，忽视对他们心理的关爱，这就使得家长不能及时发现孩子心理的变化，给予他们相应的疏导，一旦就业心理问题得不到缓解，就有可能产生严重的后果。

三、微观因素

尽管来自宏观和中观层面的因素对大学生就业心理有着重要的影响，但关键的因素仍是来自微观，即大学生自身。

（一）大学生独具的心理发展特点

心理学家把面临就业的大学生所处的时期叫"断乳期"，处在这个时期的青年，多幻想，好冲动，接受事物快，自我意识强。虽然他们的生理已经成熟，但相当一部分大学生心理发展还不成熟、不稳定，同时他们的知识结构还不完善，每个人的生活经验又有所差别，在求职择业中就表现出心理活动的复杂性和矛盾性。所以当他们初次就业时，就容易既兴奋又胆怯，一旦面对就业的挫折，极端的心理就会产生。另外，他们追求自由独立的价值观容易与用人单位的管理理念产生代沟，导致他们的内心产生强烈的就业抵抗，出现如频繁跳槽、不愿就业等现象。

（二）大学生存在一些错误的就业观念

他们带着父母满满的期望走进大学，自然希望四年后能找到一份体面的工作，因为这是他们向父母证明自己的最好时机。所以在择业时，"高大上"的岗位最受欢迎，比如公务员，大型国企内的贸易、财务、人力资源等，而对近年来需求量不断增加的民营企业的服务类岗位却嗤之以鼻。若是这些"高大上"的岗位在北上广或者杭州、苏州等二线城市就更好了，毫无疑问这就导致了在北上广和二线城市就业难，而在其余三线城市就业缺口大的局面也随之产生。正是因为这种错误的观念，使得有些大学生错失了良好的机会，有的甚至入错了行。

（三）大学生对就业的准备不充分

首先，心理准备不足。比如在自我评价上，有的学生自我评价较高，导致择业时期望值高，缺乏承受挫折的心理准备；也有的学生过多地看到社会阴暗面，导致择业时期望值较低，缺乏主动进取和善抓机遇的心理准备。其次，能力准备不足。现在的就业单位把求职者的能力看作首要条件，而不少大学生在校期间不注意培养自己各方面的能力，比如语言表达能力、组织能力、管理能力等，只知道一味地考取建造师证、会计证这样的资格证书。

这些大学生即便靠资格证书敲开了单位的大门，也会因缺乏能力而通过不了试用期，导致就业失败。再者，经验准备不足。有工作经验的应聘者一直是深受用人单位喜欢的。虽然我们常把大学比作小型社会，但它毕竟不同于真实的社会。我们的大学生往往对真实的社会了解不多，没有什么实际工作经验，还不能用理性、发展的观点来看待问题，所以当选择职业时，就容易产生盲从、依赖等心理；在面试时，也容易生搬硬套书本上的理论知识来回答问题，导致求职的失败。

第四节 大学生就业心理的自我调适

一、客观认识自我，完善个性，适应职业需要

大学生就业中的许多心理困扰都与不能正确客观地认识自我有关，因此客观地认识自我是调节就业心理的重要途径。首先，大学生要知道自己喜欢做什么、自己的择业标准以及自己目前能干什么，这样才能知道什么样的工作更适合自己。其次，现阶段的大学生为了适应职业岗位的要求，不应以原有的个性去选择职业，应朝着适应社会职业岗位需要的方向努力，自觉调适自己的个性以及职业兴趣，完善自己的个性，实现人生价值。大学生完全可以通过社会实践培养自己的兴趣爱好；通过与人交往改善自己的性格。所以正确地认识和评价自我，既要充分挖掘自身优势，也要理性看待自我的不足，从而正确定位，完善个性，为了理想的职业做好各种准备。

二、接受客观现实，主动适应社会

随着就业市场化、自主择业等就业方式的改变，大学生对就业市场、就业形势的客观实际了解不够。他们必须明白现实情况就是如此，无论是抱怨还是气愤都没有用，这种就业情况一时半会儿是不可能改变的。与其成天怨天尤人，浪费了时间、影响了自己心情，还不如勇敢地承认和接受当前所面临的现实，脚踏实地地寻求解决问题的办法。毕业生不但要接受客观现实，还要调整自己的就业观念，主动做出适应性调整，树立正确的就业观，处理好个人与社会的关系。因此，大学生必须从实际出发，正视社会现实，主动适应社会。

三、审时度势，调整择业目标

每个人都希望获得一份能更多、更好地满足自己物质生活和精神生活需要的工作，但现实生活中择业意愿同现实情况常常会出现矛盾。遇到这种情况，有的大学生一味地追求原有的择业目标，不肯在无法实现原有目标的情况下改变初衷，要么毫无希望地等待，要么怨天尤人，不愿谋求他职。其实对个人来说，职业的选择并不是永远不变的事情，因此，

大学生在遇到择业目标难以实现时，应调整自己的目标，先就业，再择业，争取及时就业；然后在新的职业领域积极创造条件，积累工作经验，增长阅历，为以后的职业生涯做充分的准备。

张青学的专业是人力资源，她的理想是与国际接轨，将业务推向全世界。抱着这样的理想和目标，张青拒绝了父母为她安排好的工作，只身北上。她认为毕业就意味着理想即将实现，只要自己付出努力，在北京会闯出一番天地。

刚来到北京，张青显得很自信，可是几天的面试下来，她才明白找一份高薪水、高福利、自己又非常满意的工作实在很难。为了维持生计，她不得不选择一份和自己理想大相径庭的职业，面对梦想和现实的差距，张青感到很失落。

张青逐渐意识到北京虽然就业机会多，可是竞争力同样也很大，很多像自己一样刚刚毕业的大学生都是抱着这样的理想来到这里，成功的少之又少。现在张青很茫然，起初的理想目标已经破碎瓦解，她不知道是继续留在北京，还是回家寻求父母的帮助。

这是一种普遍存在的现象，很多刚刚毕业的大学生在自负心理的驱使下树立了很高的职业发展目标，在寻找工作时眼高手低、好高骛远，当发现现实与理想发生冲突时往往会陷入茫然的境地。

四、提高耐挫能力，保持良好的就业心态

面对市场竞争、就业压力，大学生在求职时，总会遇到许多困难、挫折甚至是委屈，面对这些问题常常产生紧张、焦虑情绪等行为反应都属于正常现象，应该理智对待，调整自己的心态，认真总结，吸取经验与教训，不断提高自己对各种突发事件的心理承受能力。

（一）树立自信心，正确面对挫折

挫折是造就强者的必经之路，是一种鞭策，是锻炼意志的好机会。面对挫折，要学会坚强，学会自我欣赏与自我接纳，培养自己乐观积极的人生态度。首先，可以进行积极的自我心理暗示，鼓励自己、相信自己、帮助自己渡过难关；其次，放下心理包袱后，认真寻找失败的原因，调整好目标，脚踏实地、充满自信地去争取新的机会。

（二）调整就业期望值

目前就业市场出现用人单位招不到人、大量毕业生无处去的两难境地，这与大学生期望值较高有关。求职期望值过高，其结果不是因超越现实而败北，就是侥幸就业后因自身能力不足、无法胜任工作需要而处于被动。所以大学生应根据自己的实际情况和就业形势，调整自己的就业期望值，适当降低就业起点，只要持之以恒，定会实现自己的理想。

（三）保持良好的就业心态，适时进行心理调节

良好的就业心态可以使大学生理智看待就业问题、冷静分析就业形势、坦然面对就业竞争，平时要注重健康心理素质的培养，消除可能引起不良心态的消极因素。当遇到挫折

时，要运用控制、激励自己的方法和技巧，适时地进行心理调节，尽快摆脱不良情绪，重新树立起信心。建议参加一些有意义的娱乐活动，放松一下自己；向亲人和朋友倾诉苦衷，合理宣泄，听取他们的劝告，这样可以得到较快的恢复。

第五章 创业导论

随着高等教育的大众化，高校毕业生人数急剧增加，2015年全国各类高等教育毕业生规模为749万人，大学生就业难早已成为社会关注的焦点和热点问题。然而，大学生就业难并不是我国独有的问题，为缓解就业的压力，世界上很多国家都把大学生创业作为带动就业的核心动力，并取得了一些成功的经验。目前在美国、欧洲等发达国家，大学毕业生创业人数占毕业生总数的比例一般为20%~30%，自主创业已成为大学生就业的重要途径之一。从我国目前的实际情况来看，很多大学生并没有把创业作为事业和人生的追求，大学生创业人数还不到毕业生总数的0.1%，而大学生创业成功的比例只有2%~3%。因此，如何学习和借鉴发达国家的经验，化解当前制约大学生创业的不利因素，通过精心组织、科学管理来唤醒大学生的创业意识，点燃其创业热情，帮助更多的大学生成功创业，必将成为高等学校乃至全社会的一项重要任务。

第一节 创业概述

创业是人类最基本的实践活动，从某种意义上说，人类社会发展的历史，就是一部不断创业的历史。通过各个时代的创业，人类不断地创造新的物质财富和精神财富，来满足自身物质和精神的需要，从而推动社会不断进步，使社会逐步走向文明、昌盛、富强。

一、创业的含义与功能

（一）创业的含义

现在随手拿起一份报纸或一本杂志，打开电视机的新闻频道，或者进入一个新闻网站，都会发现有关企业家或创业型企业的报道。创业是当前的一个流行话题。如果现在有人问有关创业的定义，该如何回答，如何进行描述呢？创业一词的出现可追溯到二百多年前的法国。1775年，法国的经济学家理查德·坎蒂隆（Richard Cantillon）将创业者和经济中承担的风险联系在一起。这就是创业的第一次定义，即创业代表着承担风险。

《现代汉语词典》对"创业"的解释是：创办事业。而"事业"是指人所从事的，具有一定目标、规模和系统并对社会发展有影响的经济活动。《辞海》对"创业"的解释是：创立基业。"基业"是指事业的基础。由此可见，创办事业是创业的本质。创业有广义和狭义之分。广义的创业是指人类的创举活动，或带有开拓、创新并有积极意义的社会活动。这种活动可以是营利的，也可以是非营利的，可以是经济方面的，也可以是政治、军事、文化、科学、教育等各个领域的。只要是人们以前没有做过的，对社会产生积极影响的事，都可以说成创业。如美国的荣斯戴特提出："创业是一个创造增长的财富的动态过程。"杰弗里·蒂蒙斯指出："创业是一种思考、推理和行为方式……创业导致价值的产生、增加、实现和更新，不只是为所有者，也为所有的参与者和利益相关者。"

另外，从更广义的角度理解，一个人根据自己的性格、兴趣、知识与能力等选择自己的角色、职业和工作岗位，在这一岗位上创造性地发挥自己的特长和才干，实现个人价值并为社会带来财富的活动，都属于创业，因而职业也有岗位创业的含义。

从狭义上所讲的创业概念，源于"Entrepreneur"（企业家、创业者）一词，因而对其理解通常带有经济学的视角。如精细管理工程创始人刘先明认为："创业是指某个人发现某种信息、资源、机会或掌握某种技术，利用或借用相应的平台或载体，将其发现的信息、资源、机会或掌握的技术，以一定的方式转化、创造成更多的财富、价值，并实现某种追求或目标的过程。"郁义鸿、李志能在《创业学》一书中指出："创业是一个发现和捕捉机会并由此创造出新颖的产品或服务，实现其潜在价值的过程。"

在创业的定义中发现的一个共同主题是意识到企业家的重要作用。毫无疑问，如果没有一位愿意去做一名企业家要做的事情的人，就不会有创业。创业定义中的另一个共同主题是创新。创新包括变化、改革、改造，以及新方法的引进。综上所述定义和教育部大纲的要求，我们将创业定义为"不拘泥于当前资源，寻求机会，进行价值创造的行为过程"。该定义包括以下四个方面的内容。

（1）创业是创造的过程。创业创造出某种有价值的新事物，这种新事物必须是有价值的，不仅对创业家本身，而且对其开发的某些目标对象也是有价值的。

（2）创业需要贡献出必要的时间，付出极大的努力。要完成整个创业过程，要创造新的有价值的事物，就需要大量的时间，而要获得成功，没有极大的努力是不可能的。

（3）承担必然存在的风险。创业的风险可能有多种形式，依赖创业的领域，但是通常的风险来自财务方面、精神方面、社会方面及家庭方面等。

（4）给予创业家以创业报酬。作为一个创业家，最重要的回报可能是其由此获得的独立自主及随之而来的个人满足感。对于追求利润的创业家，金钱的回报无疑是最重要的。很多创业者乃至旁观者都把金钱的回报视为成功与否的一种尺度。

（二）创业的功能

自20世纪80年代以来，国外经济和管理学界就一直非常重视"创业"这个十分重要和活跃的领域。这主要是由于创业作为经济发展的原动力，在促进经济高速增长、加速技术创新和科技成果转化以及增加就业机会、缓解社会就业压力等方面的作用日益突出和增强。现阶段在我国推行创业，具有以下功能。

（1）促进城乡结构的优化，加快我国城市化进程。要打破我国长期形成的城乡二元经济结构，实现小城镇建设、农业产业化、农村剩余劳动力转移，主要依靠无数异常活跃、自主经营的小业主及微小企业构造微观运作平台。它们是"公司＋农户＋基地"的基础力量，是进城进镇务工经商的主力军，是城镇房地产（住宅和商铺）的重要消费者。

（2）促进产业结构优化，加快第三产业发展。服务业是能够大量容纳劳动力的产业，一般用工数量比工业多2~3倍。鼓励在第三产业创业，能迅速提高我国第三产业在国民经济中的比重，同时改善人民生活水平和提高生活质量。

（3）促进所有制结构的优化。从所有制性质看，创业的微型和小型企业都是私营和民间资本，国有资本将从国民经济竞争领域逐步退出，此时需要民营企业及时去填补和置换国有资本。因此，扶持创业小企业做大、做强具有重要意义。

（4）促进经济规模、结构的优化。只有积极发展成千上万"小而专""小而特""小而精"的微型和小型企业，并形成社会化生产和服务体系，金字塔形的大、中、小型企业规模结构，才能具有国际竞争力。

（5）促进投资结构的优化，加快民间投资进入。目前在市场紧缩、消费疲软、民间投资意愿不强的情况下，主要依靠政府的投入支撑国民经济发展，从长远看积极财政政策的效果是有限的。大量民间资本的创业对国民经济的增长有直接贡献，其投资效率也是很高的。

（6）带来劳动力就业的倍增放大效应。创业不单是创业者个人创立自己的一份事业、产业，而且还创造出新的就业机会。比如一个小型企业能够吸纳3~5个人就业。

（7）提高政府就业管理工作效能。通过创业带动就业的杠杆作用，政府减轻了就业服务工作量，提高了就业服务工作效率。

（8）增加国家税收。通过一大批创业的微型、小型企业的设立和成长，还能够增加国家税源，成为国民经济的新增长区域；成千上万勤俭、诚信创业的小业主将成为中产阶级的中坚力量，为发家致富提供正面的典型示范，其社会效果和经济效果不可估量。

二、创业要素与类型

（一）创业要素

由创业的概念可知，创业的要素包括创业者、商业机会、技术、资源、人力资本、组织、产品服务等几个方面。

（1）创业者。创业者是创业过程中处于核心地位的个人或团队，是创业的主体。创业者在创业过程中起着关键的推动和领导作用，其职责包括识别商业机会、创建企业组织、融资、开发新产品、获取和有效配置资源、开拓新市场等。因而创业者的素质和能力是创业成功的第一要素。

（2）商业机会。商业机会是创业过程中的核心，创业者从发现和识别商业机会开始创业。商业机会指没有被满足的市场需求,它是市场中现有企业留下的市场空缺。商业机会就是创业机会,它意味着顾客能得到比当前更好的产品和服务的潜力。

(3)技术。技术是一定产品或服务的重要基础。产品与服务当中的技术含量及其所占比例,是企业满足社会和市场需求的支持保障,是企业的核心竞争力。

(4)资源。资源是组织中的各种投入,包括各种人、财、物。资源不仅指有形资产,如厂房、机器设备,也包括无形资产,如专利、品牌;不仅包括个人资源,如个人技能、经营才能,也包括社会网络资源,如信息、权力影响、情感支持、金融资本。

(5)人力资本。人力资本是创业的重要资源投入。创业成功的关键在于创业者的识人、留人、用人。形成创业的核心团队,制定有利的政策制度和有效的组织结构,建立良好的企业文化是建立人力资本的核心。

(6)组织。组织是协调创业活动的系统,是创业的载体,是资源整合的平台。创业型组织的显著特征是创业者的强有力领导和缺乏正式的结构和制度。从广义来说,创业型组织是以创业者为核心形成的关系网络,不仅包括新设组织内的人,还包括这个组织之外的人或组织,如顾客、供应商和投资人。

(7)产品服务。产品服务是创业者为社会创造的价值,它既是创业者成功的必要条件,也是创业者对社会的贡献。正是通过为社会提供更多、更好的产品服务,人类社会的财富才日益增多,人们的生活才变得丰富多彩。

总之,创业是具有创业精神的创业者、商业机会、组织与技术、资金、人力资本等资源相互作用、相互配置,创造产品和服务的动态过程。

(二)创业类型

随着创业活动的日益广泛,创业活动的类型也呈现出多样化的趋势。了解创业类型,比较不同类型创业活动的特点,有助于我们更好地理解和开展创业活动。创业从不同的角度、根据不同的标准可以做不同的分类。

(1)根据创业动机,创业可分为机会型创业与就业型创业。

① 机会型创业是指创业的出发点并非谋生,而是为了抓住、利用市场机遇。它以市场机会为目标,能创造出新的需要,或满足潜在的需求,因而会带动新的产业发展,而不是加剧市场竞争。

② 就业型创业指为了谋生而走上创业之路。这类创业是在现有的市场上寻找创业机会,并没有创造新需求,大多属于尾随型和模仿型,因而往往小富即安,极难做大做强。虽然创业动机与主观选择相关,但创业者所处的环境及其所具备的能力对于创业动机、类型的选择有决定性作用。因此,通过教育和培训来提高创业能力,就可以增加机会型创业的数量,不断增加新的市场,减少低水平竞争。

(2)根据创业者数量,创业可分为独立创业与合伙创业。

① 独立创业指创业者独立创办自己的企业。其特点在于产权是创业者个人独有的,

企业由创业者自由掌控，决策迅速。但它需要创业者独自承担风险，创业资源准备也比较困难，还受个人才能的限制。

② 合伙创业指与他人共同创办企业。其优劣势与独立创业相反，优势在于资源准备相对容易，风险均摊，决策制衡，可以发挥集体智慧；缺点在于权力多头，决策层级多，响应速度慢。

（3）根据创业项目性质，创业可分为传统技能型创业、高新技术型创业和知识服务型创业。

① 传统技能型创业指使用传统技术、工艺的创业项目，它具有永恒的生命力。尤其是酿酒、饮料、中药、工艺美术品、服装与食品加工、修理等与人们日常生活紧密相关的行业中，独特的传统技能项目表现出了经久不衰的竞争力，许多现代技术都无法与之竞争。

② 高新技术型创业指知识密集度高，带有前沿性、研究开发性质的新技术、新产品项目。

③ 知识服务型创业指为人们提供知识、信息的创业项目。当今社会，信息量越来越大，知识更新越来越快，各类知识性咨询服务的机构将会不断细化和增加，如律师事务所、会计师事务所、管理咨询公司、广告公司等。这类项目投资少、见效快。如有人创办剪报公司，把每天主要媒体上与该企业有关的信息全部收集、复印、装订起来，有的年收入达100万元，且市场十分稳定。

（4）根据创业方向或风险，创业可分为依附型创业、尾随型创业、独创型创业和对抗型创业。

① 依附型创业可分为两种情况：一是依附大企业或产业链而生存，为大企业提供配套服务，如专门为某个或某类企业生产零配件，或生产、印刷包装材料；二是特许经营权的使用，如利用麦当劳、肯德基等的品牌效应和成熟的经营管理模式，减少经营风险。

② 尾随型创业即模仿他人创业，"学着别人做"。其特点：一是短期内只求能维持下去，随着学习的成熟，再逐步进入强者行列；二是在市场上拾遗补阙，不求独家承揽全部业务，只求在市场上分得一杯羹。

③ 独创型创业指提供的产品或服务能够填补市场空白。这种独创性包括商品的独创性，或者商品的某种技术的独创性以及服务的独创性，如生产环保性更好且去污力更强的洗衣粉，创立首家搬家服务公司、婚介公司等。但其也有一定的风险性，因为消费者对新事物有一个接受的过程。独创型创业也可以是旧内容、新形式，比如产品销售送货上门，经营的商品并无变化，但在服务方式上改进了，从而更具竞争力。

④ 对抗型创业指进入其他企业业已形成垄断地位的某个市场，与之对抗较量。这类创业风险最高，必须在知己知彼、科学决策的前提下抓住市场机遇，乘势而上，把自己的优势发挥到极致。比如，针对1990年年初外国饲料厂商在中国市场大量倾销合成饲料的背景，希望集团运用对抗型创业，建立了西南最大的饲料研究所，定位于与外国饲料争市场，从而取得成功。

（5）基于创业方式，创业可分为复制型创业、模仿型创业、安定型创业和冒险型创业。

① 复制型创业。复制型创业是在现有经营模式的基础上进行简单复制的过程。例如，某人原本在一家化工品制造企业担任生产部经理，后来离职创立一家与原化工品制造企业相似的新企业，且生产的产品和销售渠道与离职前的那家企业相似。在现实生活中，复制型新创企业的比例较高，由于前期经验的累积，这种类型创业的成功率也很高。但是，在这种类型的创业活动中，创新的贡献比较低，对创业精神的要求也比较低，因此，在以往的创业研究中，对这种类型的创业关注得比较少。

② 模仿型创业。模仿型创业是一种在借鉴现有成功企业经验基础上进行的重复性创业。这种创业虽然很少给顾客带来新创造的价值，创新的成分也很低，但对创业者自身命运的改变还是较大的。它与复制型创业的不同之处在于，其创业过程对于创业者而言，具有很大的冒险成分。例如，某软件工程师辞职后，模仿别人开一家饮食店。这种形式的创业具有较高的不确定性，学习过程长，犯错误的机会多，试错成本也较高。不过，创业者如果具备较高的素质，那么只要他得到专门的系统培训，注意把握市场进入契机，创业成功的可能性也比较大。

③ 安定型创业。安定型创业是一种在比较熟悉的领域所进行的不确定因素较小的创业。这种创业虽然为市场创造了新的价值，但是对创业者而言，并没有太大的改变，其所从事的仍是比较熟悉的工作。这种创业类型强调的是创业精神的实现，也就是创新的活动，而不是新组织的创造。企业内部创业就属于这一类型。例如，企业内的研发团队在开发完成一项新产品之后，继续在该企业内开发另一款新的产品。这种创业形式强调的是个人创业精神的最大限度的实现，而不是对原有组织结构进行设计和调整。

④ 冒险型创业。冒险型创业是一种在不熟悉的领域进行的不确定性较大的创业。这种创业除了对创业者具有较大的挑战，并会给其带来很大的改变外，其个人前途的不确定性也很高。通常情况下，那些以创新的方式为人们提供具有自主知识产权的新产品、新服务的创业活动，便属于这种类型的创业。冒险型创业是一种难度很高的创业类型，有较高的失败率。尽管如此，因为这种创业预期的回报较高，所以对那些充满创业精神的人来说，它仍极具诱惑力。这里需要提醒大家的是，创业者只有在具备超强的个人能力，拥有非常有竞争力的产品，恰逢适宜的创业时机，且制定了合理的创业方案，并能进行科学的创业管理的条件下，才有可能获得创业的成功。

（6）基于创业主体，创业可分为个体创业和公司创业。

个体创业主要指不依附某一特定组织而开展的创业活动。公司创业主要指在已有组织内部发起的创业活动，这种创业活动可以由组织自上而下发动，也可以由员工自下而上推动，但无论推动者是谁，公司内的员工都有机会通过主观努力参与其中，并在这种创业中获得报酬和得到锻炼。从创业本质来看，个体创业与公司创业有许多共同点，但是由于创业主体在资源、禀赋、组织形态和战略目标等方面各不相同，因而两者在创业的风险承担、成果收获、创业环境、创业成长等方面存在较大的差异。

三、创业过程的阶段划分

创业过程包括创业者从产生创业想法到创办新企业或开创新事业并获取回报的整个过程。这个过程涉及的活动和行为较多，如寻找创业机会、组建创业团队、筹集创业资金、制订创业计划等。为了帮助大家更好地把握创业过程的关键环节，我们按照时间顺序将创业过程划分为机会识别、资源整合、创办新企业、新企业生存和成长四个阶段。

（一）机会识别

识别创业机会是创业过程的核心，也是创业管理的关键环节。识别创业机会包含发现机会和评价机会的价值两个方面的活动，这其中有许多问题值得研究。

第一，创业机会来自哪里？或者说创业者应该从何处识别创业机会？

第二，为什么某些人能够发现创业机会而其他人却不能？或者说哪些因素影响甚至决定了创业者识别机会？

第三，创业机会是通过什么形式和途径被识别的？是经过系统地搜集资料和周密地调查研究，还是偶然被发现的？

第四，是不是所有的机会都有助于创业者开展创业活动并创造价值？

通过这些问题，我们可以看到创业者在识别机会阶段经常要开展的活动。为了发现机会，创业者需要多交朋友，并经常与朋友沟通交流，这样做有助于创业者更广泛地获取信息。创业者还需要细心观察，从以往的工作和周边的事物中发现问题，看到机会。在发现机会之后，创业者还需要对机会进行评价，以判断机会的商业价值。

（二）资源整合

整合创业资源是创业者开发机会的重要手段。强调资源整合，是因为创业者可以直接控制的可用资源少，许多成功的创业者都有过白手起家的经历。对创业者来说，整合资源往往意味着整合外部的资源、别人掌握控制的资源，来实现自己的创业理想。

人、财、物是任何生产经营单位都要具备的基本生产要素，创业活动也是如此。对打算创业并识别了创业机会的创业者来说，要想成就一番事业，就要组建创业团队、筹集创业资金、搭建创业平台、建立销售渠道、理顺上下级关系。如果是创建生产性企业，还需要租用场地、建造厂房、购置设备、购买原材料等。

创业活动是创业者在资源匮乏的情况下开展的具有创造性的工作，势必面临很大的不确定性。在很多情况下，创业者自身对事业的未来发展也不清楚，所以外部组织和个体当然不敢轻易地将自己的资源投给创业者。因此，不少创业者在创业初期乃至新企业成长的很长一段时间里，都要把主要的精力投入整合资源中。

（三）创办新企业

新企业的创建和新事业的诞生，往往是创业者开始创业行为的直接标志，有人甚至将是否创建了新企业作为个人是不是创业者的衡量标准。创建新企业有不少事情要做，包括公司制度的制定、企业注册、经营地址的选择、确定进入市场的途径等，有时甚至要在是创建新企业还是收购现有企业等进入市场的不同途径之间进行选择。

企业内创业可能没有公司制度设计问题，但同样要设计奖惩机制，甚至需要制定利益分配原则；可能没有企业注册问题，但同样要有资金投入及预算控制机制等问题。创业初期，迫于生存的压力，也由于对未来发展无法准确预期，创业者往往容易忽视制度和机制建设，结果给以后的发展带来许多问题。

（四）新企业生存和成长

从表面上看，新企业的运营与有多年经营历史的企业相比，没有什么本质的区别，都要做好生产销售等类似的工作。但真正创办过新企业的人都知道，它们之间的差异还是很大的。对已经存在的企业来说，其销售工作的核心任务是注重品牌价值，维护好老顾客，提升顾客的忠诚度。而对新创建的企业来说，它虽然也要考虑品牌价值等问题，但首要的任务是争取到第一个顾客。这意味着新企业要为顾客创造更大的价值，意味着要为获得同样的收益付出更大的代价和成本。

确保新创建的企业生存，是创业者必须面对的挑战，从某种意义上说，只有活下来才能谈其他的问题。但是，强调生存的重要性，并不意味着不考虑成长和发展。"人无远虑，必有近忧"，不考虑成长就无法生存得更长远，在竞争激烈的环境中尤其如此。新企业的成长是有规律的，创业者需要了解企业成长的一般规律，预想企业不同成长阶段可能面临的问题，并采取有效的措施予以防范和解决，使机会价值得到充分实现；同时不断地开发新的机会，把企业做大、做强、做活、做长。

第二节　创业精神与人生发展

著名管理学家德鲁克曾经指出，世界目前的经济已由"管理型经济"转变为"创业型经济"，企业唯有重视创新与创业精神，才能再创企业生机。创业的动因源于创业精神，因此创业精神对于个人、组织和社会变得日益重要，甚至不可或缺。

创业精神是以创新、变革为核心的个性品质，也是推动社会经济变革、促进社会经济发展的重要力量。它既体现在创业者个体在创业实践活动中所表现出来的独特的市场判断能力、与众不同的行为方式，以及敢于冒险、敢于担当、百折不挠的意志品质等方面，也体现在一个国家或一个企业的技术创新、经营模式创新、管理制度创新、产业创新等方面。它既对个体的人生追求和事业发展具有重要影响，也对企业的发展、民族的兴旺和国家繁荣具有重要影响。

一、创业精神的概念和主要特征

（一）创业精神的概念

创业精神这个概念最早出现于18世纪，其含义一直在不断变化。综合已有的创业精神定义，我们认为，创业精神是创业者在创业过程中的重要行为特征的高度凝结，主要表现为勇于创新、敢当风险、团结合作、坚持不懈等。创业精神的基本内涵可以从哲学层面、心理学层面、行为学层面三个方面加以理解：从哲学层面看，创业精神是人们对创业行为在思想上、观念上的理性认识；从心理学层面看，创业精神是人们在创业过程中体现的创业个性和创业意志的心理基础；从行为学层面看，创业精神是人们在创业行为中所表现的创业作风、创业品质的行为模式。

创业精神是创业者各种素质的综合体现，它集冒险精神、风险意识、效益观念和科学精神为一体，体现了创业者具有开创性的思想、观念和个性，以及积极进取、不畏失败和敢于担当等优秀品质。创业精神不但是一种抽象的品质，而且是推动创业者创业实践的重要力量。这具体表现在以下三个方面：第一，创业精神能让创业者发现别人注意不到的趋势和变化，看到别人看不到的市场前景；第二，创业精神能让创业者在新事物、新环境、新技术、新需求、新动向面前具有较强的吸纳力和转化力；第三，创业精神能让创业者不断地寻找机会，不断地创新，不断地推出新产品和新的经营方式。

（二）创业精神的主要特征

经济学家熊彼特专门研究了创业者创新和追求进步的积极性所导致的动荡和变化，将创业精神看作一股"创造性的破坏"力量。因为创业者采用的"新组合"使旧产业遭到淘汰，原有的经营方式被新的、更好的方式摧毁。管理学家德鲁克将这一理念更推进了一步，称创业者是主动寻求变化、对变化做出反应并将变化视为机会的人。

综观各个学派、各方人士对创业精神的理解，通过对古今中外创业者的创业活动和人格特征的深入分析，我们将创业精神的特征概括为以下几个方面。

（1）综合性。创业精神是由多种精神特质综合作用而成的，如创新精神、拼搏精神、进取精神、合作精神等都是创业精神的重要特质。

（2）整体性。创业精神是由哲学层面的创业思想、创业观念，心理学层面的创业个性和行为学层面的创业作风构成的整体，缺少其中任何一个层面，都无法构成创业精神。

（3）先进性。创业精神的最终体现就是开创前无古人的事业，所以它必然具有超越历史的先进性，想前人之不敢想、做前人之不敢做。

（4）时代性。不同时代的人们面对着不同的物质生活和精神生活条件，创业精神的物质基础和精神营养也就各不相同，创业精神的具体内容也就不同。

（5）地域性。创业精神还明显地带有地域特色。例如，作为改革开放前沿的广东，其创业精神明显带有"敢为天下先"、"务实求真"、"开放兼容"和"独立自主"等特性。

二、创业精神对个人生涯发展的影响

创业精神不是与生俱来的,而是在后天的学习、思考和实践中逐渐形成的。创业精神一经形成,就会对人一生的发展产生重要影响。这种影响既体现在创业者创业准备和创业活动的始终,也体现在普通人的日常工作、学习和生活中。从某种意义上说,创业精神不但决定个人生涯发展的态度,而且决定个人生涯发展的高度和速度。

(一)创业精神决定个人生涯发展的态度

作为一个社会人,其生涯发展必然要受到各种社会因素的影响。但是,不同的人由于其生涯发展的态度不同,在面临各种各样的发展机遇时,其选择也不相同。而创业精神作为一种思想观念、个性心理特征和行为模式的综合体,必然会对其生涯发展态度具有重要影响。例如,创业精神中思想观念的开放性、开创性,容易让人接受新思想、新事物,形成开放的态度,敢于开风气之先,从而想他人未曾想、做他人不敢做,成为事业上的领跑者。再如,创业精神中的创新精神、拼搏精神、进取精神、合作精神等,能使人树立积极的生活态度,在顺境中居安思危、不懈奋进,在逆境中不消沉萎靡,排除万难、励精图治,重新找到生涯发展的方向。有道是"态度决定一切",在相同的个人禀赋和社会条件下,有创业精神的人因为有更积极的人生态度,所以更有可能发现和把握机会,更有可能取得事业上的成功。

(二)创业精神决定个人生涯发展的高度

创业精神是一个人核心素质的集中体现,它不仅决定了一个人在机遇面前的选择,而且决定了一个人的生涯目标和事业追求。具有创业精神的人,无论是创办自己的企业,还是在各种各样的企事业单位就业,都会志存高远、目光远大、心胸宽广。这样的人不但在事业上会取得更大的成绩,在个人品德和修为上也会达到更高的境界。

随着国家经济、政治、文化、社会、生态"五位一体"的深入改革,社会结构将发生重大调整,各行各业将在变革中重新达到利益均衡,这既为个人的发展提供了更多的机会,也给其带来了更大的挑战。在这种背景下,大学生如果能够有意识地培养自己的创业精神,让个人理想与社会发展的趋势和节奏相吻合,就有可能使自己事业的发展,达到计划经济时期无法想象的高度。但是,大学生如果在个人生涯发展上仍然沿袭计划经济时期的思维模式,不去主动规划自己的生涯发展,一切等着家长、学校和政府安排,一心想找个安稳、轻闲的"铁饭碗",就很有可能一辈子也找不到理想的工作,甚至毕业就"失业"。

(三)创业精神决定个人生涯发展的速度

创业精神是一种主动精神和创造精神,这种精神能让人积极、主动、优质、高效地做好自己承担的每一份工作,从而在平凡的岗位上做出不平凡的贡献。实践证明,具有创业精神的人,不管在什么岗位,不管从事什么职业,其强烈的成就动机,其追求增长、追求效益的欲望，都将转化为内心强劲的追求事业成功的动力。在这种动力驱使下，人们会将眼前的工作作为未来事业发展的起点，把握好生命中的每一个机会，做好自己从事的每一项工作。创业精神也是一种求真务实的精神。这种精神的本质就是实事求是、讲求实效，就是实干苦干、反对浮夸、反对空谈。在人类社会的发展史上，许多企业家正是凭借这种精神，创造了从白手起家到富可敌国的财富神话；许多科学家、思想家、政治家、教育家和劳动模范，也正是凭借这种精神，从一个普通学子成长为举世瞩目的业界精英。当前，我国正处于改革开放的攻坚时期，改革是一条从来没有人走过的路，既不能在"本本"中找到现成的答案，也无法从前人的经验中寻找固有的模式，更不能靠幻想和争论来解决出路问题。在这种背景下，富于创业精神的人敢于靠自己的实践探索，"摸着石头过河"，会接受更多的挑战，完成更多的任务，取得更大的业绩，因而会得到更快的发展。

三、创业精神对社会发展的作用

创业是一个国家经济活力的象征，一个国家的经济越繁荣，它的创业活动就越频繁。西方发达国家的经济繁荣发展史，伴随着一轮又一轮的创业史。因此，创业被认为是一个国家经济发展和社会发展的推动力，创业精神被誉为人类最宝贵的精神。

（一）创业精神是经济发展的原动力

创业精神对一个国家和地区的经济发展，都具有非常大的推动作用。创业精神不但能够催生大批创业者和新企业，而且能够造就快速发展的新行业。美国是举世瞩目的经济强国，而它之所以能从一个新兴的以农业为主的移民国家，变成世界上最先进的工业化国家，靠的就是美国人民的创业精神。据统计，在20世纪30年代，美国每年诞生新公司20万家；到了20世纪70年代中期，这个数字就翻了3倍；而至1994年，每年新增企业数达到了110万~120万家，翻了5倍以上，大约平均每250个美国公民就有一个新公司。如今，美国经济的增长方式通过几代创业者的努力已经发生了巨大的转变。据统计，英特尔、微软和思科三个企业，其年销售额是通用、福特、戴姆勒-克莱斯勒这三大汽车公司的2.7倍，其1美元创造的年收入为8.04美元，是三大汽车公司的近29倍。

改革开放40多年来，中国经济的发展速度虽然很快，但随之带来的问题，比如食品安全、药品安全、环境污染、产品质量等问题，却令国人无比担忧。这些问题的产生虽然有多方面的原因，但缺少创业精神，缺少真正的企业家，是其中最为重要的原因之一。因此，当下的中国特别需要创业精神，特别期望企业家承担起应尽的社会责任，自觉诚信经营，自觉维护生态环境，提供"绿色、节能、环保"产品，促进社会经济可持续发展。

（二）创业精神是解决就业问题最有效的措施

今天大多数经济学家认为，创业精神是刺激经济增长和创造就业机会的必要因素；倡导创业精神，营造有利于创业的环境和氛围，是解决就业问题最有效的措施。在发展中国家，成功的小企业是创造就业机会、增加收入和减少贫困的主要力量。因此，政府对创业的支持是促进经济发展的一项极为重要的策略。诚如经合组织商务产业咨询委员会 2003 年所指出的，"培育创业精神的政策是创造就业机会和促进经济增长的关键"。政府可以实施优惠措施，鼓励人们不畏风险创建新企业，这类措施包括实施保护产权的法律和鼓励竞争的市场机制等。据统计，2015 年我国普通高校毕业生人数已达 749 万人左右，还有大量农村剩余劳动力需要转移，大量的国有企业下岗工人和机关分流人员需要安置。在这种情况下，完全依靠政府和现有的企业，根本无法解决就业问题。因此，借鉴国外的成功经验，弘扬创业精神，鼓励和扶持创业者创业，已经成为解决中国就业问题的根本性措施。

第三节　创业与知识经济发展

科学技术的日新月异和经济社会发展的快速转型，决定了求变才能生存、创新才能发展。同时随着社会的发展，原来以物资和资本为主要生产要素的经济模式已逐渐被知识经济所代替。在现代社会的经济发展过程中，知识经济所创造的社会价值已经远远超出物资和资本经济所创造的社会价值。因此，经济社会发展快速转型、大力发展知识经济的背景，为创业热潮兴起提供了肥沃的土壤和适宜的环境。

如今的经济是世界经济一体化条件下的经济，是以知识决策为导向的经济，它促使我们对身边发生的一切事物重新审视与认识。知识经济形态是科学技术与经济运行日益密切结合的必然结果，是经济形态更人性化的表现形式。

知识经济又称新经济，是指建立在知识和信息的生产、分配和使用基础上的经济。它是与农业经济、工业经济相对应的一个概念，是一种新型的富有生命力的经济形态。知识经济的兴起表明人类社会正在步入一个以现代科学技术为核心的，以知识资源的占有、配置、生产、分配、消费为最重要因素的新的经济时代。在知识经济时代，全球产业结构正面临着新的重组，因此要发展知识经济就必须进行经济的相应转型。

知识经济的基本特征是知识型企业的大量出现，并在经济活动中起着越来越重要的作用。知识经济使人类的社会生活、产业组织形式、企业的组织与运行方式都发生了巨大变化。在知识经济时代，创业的概念已经不局限于创办一个企业。

一、经济转型与创业热潮的关系

纵观全球创业发展的历史，大体经历过三次创业热潮。第一次创业热潮产生于资本主义的工业革命时期；第二次是二战后复苏的商业经济使大量的创业活动不断出现；第三次是 20 世纪 80 年代以来的新经济创业革命风暴，是以经济全球化扩张、信息技术高速发展以及知识时代的出现为背景的创业热潮。在经济转型下，创业热潮兴起的原因主要有以下几个方面。

(一)科学技术的革命引发创业热潮的兴起

20世纪50年代末计算机的出现和逐步普及,把信息对整个社会的影响逐步提高到一种绝对重要的地位,人类进入了信息化时代。20世纪80年代,科学技术获得了前所未有的进步,以生物医药、光电子信息、航空航天技术、新材料等为代表的科技革命成为经济增长的技术基础,使资源优势日益让位于技术优势,推动了科技创业活动。传统企业注重生产要素的投入,科技创业型企业则将重心放在生产前端、技术项目转移和知识要素的配置上,即创业企业依托高技术创新成果实现对创业资源的重新配置,并孵化出新企业。同时,在软件开发和大规模信息产业发展的带动下,物业和通信费用的降低和便捷化使得中小企业经营成本骤降,创业变得愈加容易。在以计算机、信息技术发展为先导的现代制造业领域,最佳规模较小或者不存在规模经济,进入壁垒较少,创业门槛较低,为创业提供了大量的机会。新科技革命为创业热潮的发展提供了可能,推动了创业热潮的发展。

(二)生产方式的变革引领创业热潮的方向

经济全球化是指世界经济活动超越国界,通过对外贸易、资本流动、技术转移、提供服务、相互依存、相互联系而形成的全球范围的有机经济整体。经济合作与发展组织前首席经济学家奥斯特雷认为,经济全球化主要是指生产要素在全球范围内广泛流动,实现资源最佳配置的过程。经济全球化体现着一体化特征的世界经济增长关联和依存体系,世界经济正走向一个"增长条件共同体",各国经济增长在很大程度上得益于全球化的程度。经济全球化不仅促进了生产要素的重新配置,还加剧了各国的竞争。产业阶梯式转移成为世界经济不断发展的重要机制。发达国家高科技产业化程度高、技术成果多,与发展中国家形成了"势差",这种"发展势差"和"技术势差"往往存在着"互动机制",发达国家的某些产业可能向发展中国家,特别是新兴发展中国家转移。伴随着这种转移,发展中国家也会获得相对先进的技术和管理经验。另外,新兴技术的发明和发展也使生产呈现分散化、小型化趋势。由于来自国外竞争对手的不断增加,发展中国家各自的市场行情更加不稳定,一些抓住机遇的创业企业会迅速成长起来。20世纪90年代以后,新兴发展中国家在第三次创业浪潮中表现出色,随之,一批具有高速发展潜力、成长前景好的创业型企业脱颖而出。

(三)创业环境变化推动创业热潮的发展

创业环境在创业者创立企业的整个过程中有非常重要的影响。在垄断体制时代,中小企业的竞争优势与发展潜力受到了限制,其重要性得不到认可。二战后,垄断经济体制的崩溃为广大中小企业发展提供了广阔的空间,中小企业在吸纳社会就业、提高市场竞争性、培养企业家等方面得到了各国政府的认可。近些年来,由于很多国家进一步放松了管制,市场体制和市场结构更加灵活和开放,生产要素的流动与配置更加自由,市场需求和供给也面临着更大的不确定性,这使得规模经济的优势逐渐让位于知识优势和信息优势。众多新兴创业型企业把科技发展的前沿性与市场需求的前瞻性准确地对接起来,不仅满足了消费者的个性化需求，还开辟了许多新兴市场，催生了许多新兴产业。可以说，创业适应了科技时代市场价值发现和竞争机制由"生产导向，供给推动"向"服务导向，需求驱动"转变的发展趋势。知识和技术作为最重要的生产要素，只有与创业资本相结合，才能使创业成为一国经济发展的主导因素。创业需要社会风险资本和政府政策性融资的支持。20世纪80年代美国中小企业的成功，电子、信息等新兴产业的蓬勃发展，在很大程度上得益于风险资本和技术创新基金的资助。各国政府纷纷出台扶持政策，推动了创业活动的发展。

二、知识经济时代创业的重要意义

（一）创业对社会的意义

只要简单回顾一下近二三十年间，创业者所创造出的新行业，如个人电脑、生物技术、闭路电视、电脑软件、办公自动化、手机服务、电子商务、互动网络、虚拟技术等，我们不难想象出创业者是如何巨大地改变了世界的发展进程和人们的生活、工作和学习方式。

1. 创业可以增加社会财富，促进经济发展和社会繁荣

创业过程是增加社会财富的过程，企业在生产经营的过程中为社会创造了财富，增加了社会价值，并大大增加了国家的财政税收。企业的产品和服务拉动了国内市场需求，满足了人民生活的需要，丰富了市场，促进了社会经济的繁荣。创业还改变了传统的产业格局，催生了很多崭新的行业，加速了经济结构调整。在创业过程中，社会资源得到优化配置，市场体系不断得到完善，市场竞争活力得以保持。

20世纪90年代以来，美国社会经济、科技高速增长堪称当代奇迹。对此，相关研究者认为，创业革命是美国经济持续繁荣的基础。据统计，美国95%以上的财富是由1980年以后新出现的比尔·盖茨等新一代创业英雄们创造的。在世界上的其他地方，如欧洲、日本，创业同样推进着经济的快速增长。

在我国，经过40多年的改革开放，创业活动催生了中小企业的迅速崛起。新创的中小企业是中国经济新的增长点，提供了大量的产品和服务，对我国经济持续高速增长，对促进我国的城市化进程和现代化建设起到了重要的作用。

2. 创业可以实现先进技术转化，促进生产力提高和科技创新

创新是创业的主要驱动力量，创业是新理论、新技术、新知识、新制度的孵化器，也是新理论、新技术、新知识、新制度形成现实生产力的转化器。

2010年5月27日，苹果公司的市值超过微软，成为世界上最大的科技公司；2011年9月，苹果公司市值达到8816亿美元。苹果公司如何让自己在短短的10年内发生颠覆性的变化，从而让世界刮起"苹果"旋风，大家为它的每一款产品的推出都翘首以盼呢？归根结底是其可持续的技术创新能力。苹果公司在准确把握消费趋势的前提下，通过持续的技术创新使自己始终处于行业领先地位。

美国的相关研究表明，第二次世界大战后，在美国创业型小企业的创新占所有创新的一半，占重大创新的 95%；较小的创业型企业的研究开发比大企业更有效率、更为强劲，小企业 1 美元的研究开发经费产生的创新是大企业的 2 倍。

就我国来说，当前中国经济结构调整的重点是发展高新技术产业和进行传统产业的升级改造。而创业往往伴随着新技术、新产品、新工艺、新方法进入市场。科研成果转化型的创业企业，往往伴随着新的技术或工艺的产生与发展。成功的创业企业必然会为社会经济注入新鲜活力，有利于促进整个社会生产力的发展。

3. 创业可以提供就业岗位，缓解社会就业压力

我国人口众多，劳动人口就业问题一直是一个关于民生的大问题，解决就业问题是我国的一个长期任务。目前，我国正处在改革开放后的第四次人才流动时期，在这次流动中，四股劳动大军纷纷涌向中国的劳动市场：一是大学毕业人数激增；二是农村劳动力向城镇转移的步伐还将进一步加快；三是国企改革力度的加大和经营机制的转换，下岗工人的数量会继续增加；四是"海归"人数的增加。受人口基数、人口年龄结构、人口迁移及社会发展进程等因素影响，当前我国仍将面临较大的就业压力。

中小型创业企业不仅解决了创业者本身的工作岗位问题，同时也为需要工作的人们提供了大量的工作岗位，扩大了就业率，降低了失业率，大大缓解了社会就业压力，从而稳定了社会秩序。

"以创业促进就业"是党的十七大提出的明确要求。创业是最积极、最主动的就业，它不仅能解决大学生的自身就业，还能通过带动就业产生倍增效应。清华大学中国创业研究中心的调查数据表明，每增加一个创业者，当年带动的就业数量平均为 2.77 人，未来 5 年带动的就业数量平均为 5.99 人。因此，让更多的创业者投身创业更有助于提高创业带动就业的效应。

4. 创业可以激发整个社会的创新意识和创业精神，有利于观念的转变

在美国，创业革命使得"为自己工作的观念"深深扎根于美国文化中。在我国，近年来如火如荼的创业大潮使得无数人进入了经济和社会的主流，对于形成创新、宽容、民主、公正、诚信等观念和文化具有积极作用。

（二）创业对创业者的意义

创业是一个伟大的历程，是一个精彩的大舞台。创业起步可高可低，创业的发展空间无限。通过创业，人才能有效实现人生价值，把握人生航向。

（1）创业可以主宰自己，充分发挥自己的才干。许多上班族之所以感到厌倦，积极性不高，重要原因之一是给别人"打工"，个人的创意、想法往往得不到肯定，个人的才能无法充分发挥，愿望得不到实现，工作缺乏成就感，行事有诸多约束，往往感觉"怀才不遇"。而创业则完全可以摆脱原有的种种羁绊，摆脱在行为上受制于人的局面，充分施展自己的才华，发挥最大潜能，使自己的人生价值得到更好的体现。

（2）创业可以帮助个人积累财富，一定程度上满足个人对物质的追求欲望。工薪阶层的收入有高有低，但都是有限的，没有太多提升的空间。而摆脱这些烦恼的最佳途径就是开创一份完全属于自己的事业，它提供给创业者的利润是没有极限的，可任你想象。根据统计资料，在美国福布斯富人榜前四百名富人中，75%是第一代的创业者。而各类名目的中国富豪榜中，以创业起家的也不在少数。

（3）创业能够使个人有机会和实力回馈社会，具有极高的成就感。创业者创造的企业一方面为社会提供了产品或服务，一方面为个人、社会创造了财富。企业融入社会再生产的大循环之中，从多个环节中为国家和社会做出了贡献。这种贡献使得创业者个人能够从中收获巨大的成就感。

（4）创业使个人能够从事喜欢的事业并从中获得乐趣。创业者选择创业项目，通常都会从个人感兴趣的领域着手，将其与自己的知识技能、专业特长等结合起来，而做自己喜欢做的事本身就是一种享受。

（5）创业使个人从挑战和风险中得到别样的享受和刺激。创业充满挑战和风险，同时也充满克服种种挑战的无穷乐趣。在创业过程中，创业者可以感受到无穷的变化、挑战和机遇，这是一个令人兴奋的过程。创业者可以通过征服创业过程中的重重困难来获得一种激励和快感，丰富自己的人生体验。

三、知识经济条件下创业的主要特征和方式

（一）知识经济条件下创业的主要特征

创业是促使知识经济时代到来的决定性因素。经济的知识化和知识的资本化使创业行为发生在社会生活的各个角落，使创业成为更多有志者的生活选择。在知识经济时代，创业行为实现的价值以及实现其价值的机会几乎是无限的。计算机、通信等信息技术的发展，改变了人们对时间、空间、知识、智力的概念，同时也改变了人们对需求、市场、管理、价值、财富等概念的基本认知。在知识经济时代，创业行为体现出以下四个特征。

（1）创业将更加容易。由于信息产业的出现与壮大，人们获取创业机会与市场信息的渠道快捷容易，技术的日新月异、市场的快速变化、人们生活节奏与方式的变化，使创业机会大大增多。根据市场的需要、企业的需要以及技术的进步进行创业构思并实践，是每个正常人都能做到的。在知识经济时代，人人随时都有创业的机会，只要你愿意。

例如，先有了网站运营、网店经营之后才产生的一种新型的创业形式——网络创业。网络创业主要是经营网站和网店，归根结底就是一种以网络作为载体的创业形式。网络创业与网络营销是不可区分的整体，因为网络创业本身具有网络营销的性质，所以很多时候网络创业的本身就是网络营销，此种形式以网店为主，网站经营也有部分网络营销的成分在内。由于网络创业的网络特性吸引了越来越多的大学毕业生投身到网络创业中来，尤其是从事IT行业的青年人，造成了网络创业一浪高过一浪的创业热潮，所以网络创业也是

一种具有勃勃生机的创业形式。

（2）知识的快速流动和扩散，使得学生与老师、学习与工作、企业与社会的界限更加模糊。在工作中不断学习，使以往人们对学习是吸纳知识、工作是使用知识的简单认知发生了改变，学习与工作的界限逐渐模糊，这在美国硅谷和我国中关村的高新技术企业中体现得很明显。由于企业与社会界限的模糊，出现了许多创业的新模式，比如在公司内创业、公司鼓励与吸纳新创业的企业、公司支持员工在社会上创业等。

（3）创业与成功的距离更近了。由于创业环境大大改善，创业所需的信息可以快捷低廉地获得，创业所需的资金可以从风险投资家那儿得到；同时，由于企业孵化器、创业中心的大量出现，资本市场的发育，从创业到成功、从投入到回报所花费的时间比以往任何时候都短。

（4）创业的源泉大大增加了。由于知识与技术获取的渠道增多，技术发明者与技术掌握者已经不是主要的创业者来源，知识与技术能够面对更多的人，创业行为将更加普遍。

（二）知识经济条件下创业的主要方式

创业是促使知识经济时代到来的决定性因素。经济的知识化和知识的资本化使创业行为发生在社会生活的各个角落，使创业成为更多有志者的生活选择。在知识经济时代，创业行为实现的价值以及实现其价值的机会几乎是无限的。计算机、通信等信息技术的发展，改变了人们对时间、空间、知识（智力）的认识，同时也改变了人们对需求、市场、管理、价值、财富等概念的基本认知。在知识经济时代，由于企业与社会界线模糊化，因而出现了许多创业的新模式。

1. 团队创业比例日益增加

创业团队的概念将被普遍接受，创业团队是技术与管理、资金在创办人员方面的组合。一个根据市场需求分析形成创业构思的创业者，不管他是管理者还是技术掌握者，都可以去寻求技术的掌握者或者管理者而形成创业团体。高新技术产业的创业活动更多地采用团队创业的模式，有技术的创业者希望寻求有管理经验、市场经验的合伙人组成创业团队，共同寻求资金创办企业；同样，有管理经验、了解市场、有创业构思的创业者希望寻求能支撑创新构思的核心技术人员加盟创业团队共同发展；有资金的个人投资者、风险投资家同样希望寻找到拥有核心产品或服务、有管理经验、有技术能力的创业团队作为其投资对象。利益共享、风险共担的经营理念不仅体现在企业内部，更加重要的是体现在企业外部，即体现与供应商、经销商的战略伙伴关系上。

2. 企业内创业日益普遍

企业内创业是企业的管理者及员工在企业内部进行的创业，是一种更广泛意义上的创业。这种创业的动机来源于市场经济条件下，企业谋求生存和发展的渴望。在激烈的市场竞争条件下，一方面，企业承受着"优胜劣汰"这一市场法则的压力；另一方面，又充满了创造财富、壮大力量、实现自我价值的强大动力。因此，企业会不断通过管理机制创新、技术创新、开拓新市场、采用新战略等手段，来改善和发展自己。这种创业与独立创业相比，显然会更安全和更具有普遍性。企业内创业既包括通常意义上所理解的当企业面临困境时的革命性的战略改变，如我们常说"民营企业的第二次创业、第三次创业"等，也包括企业在正常甚至良好经营状态下，为维持现状及进一步改进所进行的创造性努力。企业一旦成立，企业内的创业就不会停止，否则企业要么停滞不前，要么面临亏损倒闭的危险。

3. 母体脱离型创业渐成风气

母体脱离型创业是公司或企业内部的管理者从母公司中脱离出来，新成立一个独立公司、子公司或业务部门。母体脱离创业现象也比较常见。例如，母体发展规模扩大，为追求生产专业化而分出新的业务部门或子公司；共同创业的团体在企业做大后出现意见不统一，因而把母体分割成若干部分各自经营；母体资本积累充足，为扩大经营规模及领域而投资建立新企业。相比之下，母体脱离型创业的成功率更高。因为分出来的新企业，创业者具备一定的经营管理经验，能够吸取母体的经验教训，少走弯路；分出来的新企业，在产品和服务上都不会脱离母体企业太远，多数在一个行业，甚至只是一个产品的不同部分，因而在产品技术、管理团队的经验和客户资源上都具备一定的基础；母体脱离企业多数在资金上比独立创业企业充足，而且因为有过去稳定的客户资源，还可以通过赊原料等方式节省创业资金。

第六章 创业机会与创业风险

第一节 创业机会识别

一、创意与机会

创业家们常说:"好的创意是成功的一半。"创意不是发明创造,创意是将一些司空见惯的元素以意想不到的方式展现给消费者,从而在消费者和品牌之间建立某种关系。大多数的经销商在代理其他品牌产品的时候,往往希望能够存在一个很好的市场机会使自己目前的业务有所发展或者开拓更多的业务方向,因此,绝大多数的经营者对创意都很敏感。然而,一个很好的创意未必就是一个很好的市场机会,尽管大多数情况下,市场机会源于创意。但并不是所有的创意都会成为市场机会。一个市场机会必然是一个实实在在的,能够用来作为企业发展基础的。这就是创意和市场机会之间最重要的差别。一个好的创意仅仅是一个好的创业工具,而将创意转化为良好的市场机会却是一个非常艰巨的工作。人们常常过高地估计创意的价值,而忽视了市场需求是否真实可靠。

创业因机会而存在,而机会是具有时间性的。纽约大学柯兹纳教授认为机会就是未明确的市场需求或未充分使用的资源或能力。机会具有很强的时效性,甚至瞬间即逝,一旦被别人把握住也就不存在了。而机会又总是存在的,一种需求被满足,另一种需求又会产生;一类机会消失了,另一类机会又会产生。大多数机会并不是显而易见的,需要去发现和挖掘。如果显而易见,总会有人开发,有利因素很快就不存在了。

对机会的识别源自创意的产生,而创意是具有创业指向的同时又具有创新性的想法。在创意没有产生之前,机会的存在与否意义并不大。有价值潜力的创意一般会具有以下基本特征。

(1)独特、新颖,难以模仿。创业的本质是创新,创意的新颖性可以是新的技术和新的解决方案,可以是差异化的解决办法,也可以是更好的措施。另外,新颖性还意味着一定程度的领先性。不少创业者在选择创业机会时,关注国家政策优先支持的领域。不具有新颖性的想法不仅将来不会吸引投资者和消费者,而且对创业者本人都不会有激励作用。新颖性还可以加大模仿的难度。

（2）客观、真实，可以操作。有价值的创意绝对不会是空想，而要有现实意义，具有实用价值，简单的判断标准能够开发出可以把握机会的产品或服务，而且市场上存在对产品或服务的真实需求，或可以找到让潜在消费者接受产品或服务的方法。另外，有潜力的创意还必须具备满足用户和创业者需求的价值。创意的价值要靠市场检验，好的创意需要进行市场测试。

总而言之，先有创意，再谈机会。创业机会指那些适合创业的机会，特别是创意。看到机会、产生创意并发展成清晰的商业概念，意味着创业者识别到机会，至于发展出的商业概念是否值得投入资源开发，是否能成为有价值的创业机会，还需要经过认真论证。

二、创业机会与商业机会

创业机会，一般是指适合创业的商业机会，指具有吸引力的、较为持久的有利于创业的商业活动空间，创业者可以基于此为客户提供有价值的产品或服务，并同时使创业者自身获益。

一般来说，适合创业的商业机会至少有三个特点：一是特定的盈利空间可能有一定的成长性，如果没有成长性，创业者今天去创业，过不了多长时间就得关门；二是利用这样的商业机会去创业，起步阶段一般只需要较少的资源；三是利用这样的机会去创业，起步阶段一般对组织模式没有绝对需求，即在组织模式设计上，创业者可以最大限度地发挥想象力和创造力。

市场机会的出现往往会受到环境的变化，市场的不协调或混乱，信息的滞后、领先或者缺口，以及市场中各种各样的其他因素的影响。市场越不完善，相关知识和信息的缺口、不对称或不协调就越大，市场机会也就越充裕。对于创业公司的经营者来说，就是在面对自相矛盾的数据、信号、嘈杂的市场动态中敏锐地发现和识别市场机会。

三、创业机会的特征与类型

有的创业者认为自己有很好的想法和点子，对创业充满信心。对创业机会的捕捉是创业者要学会的一门技术，创业者有灵敏的商业嗅觉，就能捕捉到别人看不到的创业机会。蒂蒙斯教授认为，一个创业机会"其特征是具有吸引力、持久性和适时性，并且可以伴随着可以为购买者或者使用者创造或增加使用价值的产品或服务"。

（一）吸引力

创业机会要有吸引力，它不仅要对创业者有吸引力，还必须代表一种顾客渴望的未来状态，对顾客也很有吸引力。所以，创业机会一定是一个有吸引力的创意，这个创意让人期待。

（二）持久性

把握创业机会的持久性是非常重要的，有的创业机会稍纵即逝，不好把握，即使把握到了，由于不具持久性，获利空间也不大。创业机会必须有一定的时间长度待创业者去把握。

（三）适时性

创业成功讲究天时、地利、人和，在把握创业机会时，同样要注意对时间的把握。适当时间内出现的机会才是真正的创业机会。如果把握不好，时过境迁了，就不是创业机会了。蒂蒙斯教授认为，好的商业机会必须在机会之窗存在期间被实施，其中的机会之窗就是指商业想法推广到市场上去所花的时间。

（四）为客户创造价值

创业最终只有依附为买者创造或增加价值的产品、服务或业务才能进行。如果一项产品或服务不能给顾客带来价值，而是带来麻烦，那么肯定不能构成创业机会。

创业机会的类型从表现上看可以分为三种：一是隐性的机会，现有的产品种类未能满足或尚未完全为人们意识到的隐而未见的需求，就是潜在的市场机会；二是显性的机会，显性的机会是指在目前的市场上存在着明显的没有被满足的现实需求，这往往是人们共知共识的机会；三是突发的机会，即有时会有一种突发的变化造成一种不平衡，由此而带来新的机会，我们把它叫作突发的机会。

从来源上看，创业机会也可以分为三种：一是问题型机会，指的是由现实中存在的未被解决的问题所产生的一类机会；二是趋势型机会，就是在变化中看到未来的发展方向，预测到将来的潜力和机会；三是组合型机会，就是将现有的2项以上的技术产品、服务等因素组合起来，以实现新的用途和价值而获得的创业机会。

四、创业机会的来源

当前，创业机会层出不穷，总体来说，创业机会大致有五个来源。

（一）问题

生活中出现的问题或生活中的烦恼就是创业机会。创业者在捕捉创业机会的时候，要经常思考人们生活中种种烦恼形成的原因。创业的根本目的是满足顾客需求，而顾客需求在没有满足之前就是问题，就是烦恼。寻找创业机会的一个重要途径就是善于去发现和体会自己和他人在需求方面的问题或生活中的难处。

（二）变化

创业的机会大都产生于不断变化的市场环境，环境变化了，市场需求、市场结构必然发生变化。著名管理大师彼得·德鲁克将创业者定义为那些能"寻找变化，并积极反应，把它当作机会充分利用起来的人"。这种变化主要来自产业结构的变动、消费结构升级、城市化加速、人口思想观念的变化、政府政策的变化、人口结构的变化、居民收入水平提高、全球化趋势等诸方面。

（三）创造发明

创造发明提供了新产品、新服务，更好地满足顾客需求，同时也带来了创业机会。比如随着电脑的诞生，电脑维修、软件开发、电脑操作的培训、图文制作、信息服务、网上开店等创业机会随之而来，即使你不发明新的东西，你也能成为销售和推广新产品的人，从而给你带来商机。关注新产品也是关注新商机的一个途径。如果你比别人早一步进入这个行业，你创业成功的可能性就比别人大得多。

（四）竞争

在竞争中发现商机，把握创业机会，也是创业者要关注的。如果你能弥补竞争对手产品或服务的缺陷和不足，这也将成为你的创业机会。如果你可以比周围的公司提供更快、更好、更可靠、更便宜的产品与服务，那么你就找到了一个新的创业机会。

（五）新知识、新技术的产生

随着社会的不断发展，新知识、新技术层出不穷，创业者不要对新知识、新技术视而不见，而要不断关注这方面的信息，方能捕捉到不少创业机会。

五、影响机会识别的关键因素

面对具有相同期望值的创业机会，并非所有潜在创业者都能把握。成功的机会识别是创业愿望、创业能力和创业环境等多个因素综合作用的结果。

首先，创业的愿望是机会识别的前提。创业愿望是创业的原动力，它推动创业者去发现和识别市场机会。没有创业意愿，再好的创业机会也会视而不见，或失之交臂。

其次，创业能力是机会识别的基础。识别创业机会在很大程度上取决于创业者的个人（团队）能力。国内外研究和调查显示，与创业机会识别相关的能力主要有：远见与洞察能力、信息获取能力、技术发展趋势预测能力、模仿与创新能力、建立各种关系的能力等。

最后，创业环境的支持是机会识别的关键。创业环境是创业过程中多种因素的组合，包括政府政策、社会经济条件、创业和管理技能、创业资金和非资金支持等方面。一般来说，如果社会对创业失败比较宽容，有浓厚的创业氛围，国家对个人财富创造比较推崇，有各种渠道的金融支持和完善的创业服务体系，市场有公平、公正的竞争环境，那就会鼓励更多的人创业。

六、识别创业机会的一般过程

创业机会的发现是创业机会识别过程中最重要的一步，它意味着创业者发现存在着的创业机会并使之成为自己所理解的创业机会。

（一）形成创意

一个企业创业成功开始的关键，可能来源于一个新产品或服务的创意，而创意往往来源于对市场机会、技术机会和政策机会的感觉和把握，具体来源于顾客、现有企业、企业的分销渠道、政府机构以及企业的研发活动等。

1. 顾客

创业者可以通过正规或非正规的方式，接触有关新产品或服务的创意的最终焦点——潜在顾客，了解顾客的需求或潜在需求，从而形成创意。

2. 现有企业

主要是对市场竞争者的产品和服务进行追踪、分析和评价，找出现有产品存在的缺陷，有针对性地提出改进产品的方法，形成创意，并开发有巨大潜力的新产品，进行创业。

3. 分销渠道

由于分销商是直接面向市场的，他们不仅可以提供顾客所需的产品改进和新产品类型等方面的广泛信息，而且能对全新的产品提出建议并帮助推广新产品。因此，与分销商保持沟通是形成创意的一条途径。

4. 政府机构

一方面，专利局的文档中包含着大量的新产品创意，尽管其专利本身可能对新产品的引进形成法律制约，但可能对其他具有市场潜力的创意带来有益的启发；另一方面，创意可能来源于对政府有关法规的反应。

5. 研发活动

企业本身的研发活动通常装备精良，有能力为企业成功地开发新产品，它是创意的重要来源。

一个创意可以通过多种方法产生，主要有：①根据经验分析。对创业者而言，创意是创建企业的工具，在创建成功企业的过程中少不了它。就这方面而言，经验在审视创意时显得至关重要。有经验的创业者往往在模式和机会还在形成的过程中，就表现出了快速识别它们和形成创意的能力。②创造性思维。创造性思维在形成创意的过程中是很有价值的，而且在创业的其他方面也是如此。创造性思维可以通过学习和培训等来提升。③激发创造力。激发创造力的方法有很多，如头脑风暴法、自由联想法、灵感激励法等，可以通过这些方法来激发创造力。④依靠团队创造力。当人们组成团队时，往往可以产生单个人不会出现的创造力。而且，通过小组成员集体交换意见所产生的问题解决方案和其他方式相比，或者更好，或者相当。据统计，约47%的创意来源于工作团队的活动。

（二）创业机会信息的收集

不掌握大量的市场信息，是很难判断出创业机会的。创业机会信息的收集是使创意变为现实的创业机会的基础工作。

首先，根据创意明确研究的目的或目标。信息收集时的一个目标便是向人们询问他们如何看待该产品或服务，是否愿意购买，并了解有关人口统计的背景资料和消费者个人的态度。当然，还有其他目标，如了解有多少潜在顾客愿意购买该产品或服务，潜在的顾客愿意在哪里购买，以及他们的消费习惯如何，预期会在哪里听说或了解该产品或服务等。

其次，从已有数据或第二手资料中收集信息。这些信息主要来自商贸杂志、图书馆、政府机构、大学或专门的咨询机构以及因特网等。一般可以找到一些关于行业、竞争者、顾客偏好趋向、产品创新等方面的信息。该种信息的获得一般是免费的，或者成本较低，创业者应尽可能利用这些信息。对这些信息加以认真梳理，也能发现很多有用的东西。

最后，从第一手资料中收集信息。收集第一手资料包括一个数据收集过程，如观察、上网、访谈、集中小组试验以及问卷等。该种信息的获得一般来说成本比较高，时间比较长，但能够获得更有意义的信息，可以把握实时的市场情况，更好地识别创业机会。

（三）创业环境分析

环境在创业过程中扮演着非常重要的角色，因此，创业者准备创业计划之前，首先有必要对所处的环境进行研究分析，主要包括技术环境分析、市场环境分析和政策环境分析。

1.技术环境分析

技术的进步难以预测，从某种意义上说，技术是变化最为剧烈的环境因素。技术的进步可以极大地影响到企业的产品、服务、市场、供应商、分销商、竞争者、用户、制造工艺、营销方法及竞争地位等。技术进步可以创造新的市场，产生大量新型的和改进的产品，改变创业企业在产业中的相对成本及竞争位置，也可以使现有产品及服务过时。技术的变革可以减少或消除企业间的成本壁垒，缩短产品的生命周期，并改变雇员、管理者和用户的价值观与预期，还可以带来比现有竞争优势更为强大的新的竞争优势。因此，创业者应对所涉及行业的技术变化趋势有所了解和把握，考虑或因政府投入可能带来的技术发展。

2.市场环境分析

市场环境分析可以从宏观、中观和微观三个层次来进行。

在宏观上，主要是对经济因素、文化因素的分析。一方面，一个新创企业成功与否，在很大程度上取决于整个经济运行情况，如整个国民经济的发展状况、产业结构的构成与发展、消费和积累基金的构成及其变化、失业状况以及消费者可支配收入等，具体体现在人均 GDP、可支配收入等指标上，这些因素都会影响市场的需求状况，从而对创业企业有一定的影响。另一方面，文化环境，如人们生活态度的变化、价值观念的变化、道德观的变化等，也会对创业的市场需求产生影响，特别是那些与健康或环境质量等有密切关系的产品或服务更是如此。

在中观上，主要是对行业需求的分析。市场是增长的还是衰退的、新的竞争者的数量以及消费者需求可能的变化等重要问题，创业者必须加以认真考虑，以便确定创建企业所能获得的潜在市场的规模。

在微观上，根据波特的竞争模型，潜在的进入者、行业内现有竞争者、代用品的生产者、供应者和购买者是主要的竞争力量。①新进入者的威胁。新进入者是行业的重要竞争力量，虽然创业者本身往往是一个行业的新进入者，但它同时也会面临着其他意识到同样创业机会的创业者或模仿者新进入的威胁，威胁的大小主要取决于进入障碍和本企业的可反击力度。其影响因素主要包括规模经济、产品差别优势、资金需求、转换成本、销售渠道等。②现有竞争者的抗衡。创业者在进入某一个行业时，会遇到行业内现有企业的压力与竞争，其程度是由一些结构性因素决定的。由于每个行业的进入和退出障碍不同，便形成不同的组合。③替代品的竞争压力。企业的发展将导致替代品的不断增多，因此创业者在制订战略时，必须识别替代品的威胁及程度。对顺应时代潮流，采用最新技术、最新材料的产品，或对从能获得高额利润部门生产出来的替代品，尤其应当注意。④购买者和供应者的讨价还价能力。任何行业的购买者和供应者都会在各种交易条件上尽力迫使交易对方让步，使自己获得更多的收益，其中讨价还价能力起着重要作用。⑤其他利益相关者。主要包括股东、员工、政府、社区、借贷人等，它们各自对各个企业的影响大小不同。创业者从创业初始就应适当考虑与利益相关者的价值均衡问题及它们对创业的影响。

3. 政策环境分析

政府的政策规定，法律、法规等都可能直接或间接影响创业的活动，如取消价格控制法规，对媒体广告的约束法规（如禁止香烟广告），影响产品及其包装的安全条例等，这些法规都将对创业企业的产品开发和市场营销等产生影响。另外，政府对市场的限制也是一个值得重视的方面，如美国政府在20世纪80年代对电信和航空业进入限制的放松，就导致了大量新公司的组建。

（四）分析结果，形成创业机会

一般来说，有关市场特征、竞争者等的可获数据，常常反过来与一个创业机会中真正的潜力相联系。也就是说，如果获得的市场数据清晰显示出重要的潜力，那么大量的竞争者就会进入该市场，该市场中的创业机会就会随之减少。因此，对收集的信息进行结果评价和分析，识别真正的创业机会是重要的一步。一般而言，单纯地对问题答案的总结，可以给出一些初步印象。接着对这些数据信息交叉制表进行分析，则可以获得更加有意义的结果。也就是说，对创业者来说，搜集必要的信息，发现可能性，将别人看来仅仅是一片混乱的事物联系起来以发现真正的创业机会是非常重要的。

七、识别创业机会的行为技巧

创业机会的存在是由于技术、行业结构、社会和人口趋势以及政治和制度等方面的信息发生了改变，这说明获取信息以及相应的信息处理能力是识别创业机会的关键所在。首先，通过对整体的市场环境以及一般的行业分析来判断该机会在广泛意义上是否属于有利的商业机会；其次，对于特定的创业者和投资者来说，考察这一机会是否有价值，也就是个性化的机会识别阶段。

创业机会的识别过程的核心线索是理性的分析方法。创业者凭简单的直觉不能够挖掘创意和识别机会，只有通过深入的思考和认识，才不至于决策失误。没有相应的理性分析作为基础，创业者进入市场之后，很快会由于市场经营环境的变化或竞争者的经营行动而陷入被动之中。因此，我们强调在创业机会识别阶段的理性分析，就是要创业者在创业准备阶段进行更多的调查和分析，做好准备工作，应对实际创业中可能遭受的挑战。

识别创业机会的行为技巧，首先了解创业机会的识别方法。主要有三种方法：一是趋势观察法，观察趋势并利用它来创造机会，寻找出各种最能反映趋势的要素，观察这些要素的变化，分析这些变化中存在的规律。二是问题发现法，问题会不会成为商业机会，就是要从商业角度来思考，不仅解决问题，而且解决方案可以商业化，不是所有问题都是商业机会，但通过创造性解决问题的方法，许多非商业机会的常规问题解决方案可以把它变成非常规解决的商业机会。三是市场研究法，市场研究包括市场信息的收集，以便确定其产品的策略、潜在市场的规模等，还包括定价策略，最合适的分销渠道策略、促销策略等。在企业创业的早期阶段，信息对创业者来说非常重要。搜集必要的信息，发现可能性，将别人看来仅仅是一片混乱的事物联系起来以发现真正的创业机会。

识别创业机会的行为技巧，还有一点就是进行市场测试。大公司可以投入巨大的资源开展周密的市场调查和策划，因为它们有实力，可以用投入资金做广告宣传，可以投入大量的资源推销创意。即使如此，不少大公司在此基础上还是谨慎地开展市场测试。杜邦公司当年开发了一种计划生产皮鞋的皮革——可发姆。公司大规模投产前专门用这种皮革生产了一批鞋让消费者试穿，收集消费者的反馈意见。雀巢咖啡为打开中国市场，选择一些城市向住户投递小袋包装咖啡。肯德基在进入北京市场前也反复免费请广大消费者品尝。创业者经常犯的错误是，自己认为好的，就一厢情愿地断定顾客也应该认为好。古人说，"己所不欲，勿施于人"，然而"己所欲施于人"也不一定能奏效，因为创业者面对的是全新且陌生的市场。研究表明，大部分创业者的第一个顾客是家人、同事或亲戚朋友。其他消费者的感受如何，只有通过市场测试。市场测试是把产品或服务拿到真实的市场中进行检验。市场测试与市场调查不完全相同，无论是创业者本人的感受，还是消费者的感受都不一样。市场调查得来的只是消费者意向性的资料和信息，市场测试是要体验消费者是否真的愿意消费，总结后得出的信息可能更加准确。

第二节　创业机会评价

对于创业者来说，关键在于如何能够从众多机会中寻找出有价值的创业机会，并采取快速行动来把握机会。鉴别有价值的创业机会是创业者要面对的最大挑战之一。

一、有价值创业机会的基本特征

创业者要善于把握创业机会,特别是要善于把握有价值的创业机会。有的创业者认为自己有很好的想法和点子,对创业充满信心。有想法、有点子固然重要,但是并不是每个大胆的想法和新异的点子都能转化为创业机会的。许多创业者仅仅凭想法去创业而失败。那么如何判断一个好的商业机会呢?《创业学:21世纪的创业精神》的作者杰弗里·A.蒂蒙斯教授提出,好的商业机会有以下四个特征:

第一,它很能吸引顾客;

第二,它能在商业环境中行得通;

第三,它必须在机会之窗存在期间被实施(注:机会之窗是指商业想法推广到市场上去所花的时间,若竞争者已经有了同样的思想,并把产品已推向市场,那么机会之窗就关闭了);

第四,必须有资源(人、财、物、信息、时间)和技能,才能创立业务。

二、个人与创业机会的匹配

创业机会的识别、评价和利用是创业者个人的个性、能力、资源等情况与创业机会本身相互作用的过程。

(一)创业者的能力和资源

创业者的人力资源、认知能力(识别和产生新机会的能力)、与其他个人和组织建立的信任关系、引导组织必要的资源设立企业的能力以及通过企业创造多种多样的市场需要的产出能力,都是影响创业活动的资源。而且这些资源具备社会复杂性和路径依赖性这两个特点。

1. 社会复杂性

当企业的资源和能力具有社会复杂性时,这些资源和能力就成为可持续的异质性的来源。具有社会复杂性的资源很难模仿,因为它们是复杂现象,很难系统管理和影响。许多导致异质性的资源都具有社会复杂性,如企业文化、企业声誉和人力资本。与这些资源相似的是,与创业者有关的使创业者可以有效地利用机会的资源,如创业者的能力、积累的实践经验或技能,都具有社会复杂性。创业者的社会复杂性资源会为企业增加价值,而且其他企业很难模仿创造出这样的能力和资源。创业资源具有社会复杂性,这个条件对创业来说很重要,因为它提醒我们——复杂的技术并不是完全不可模仿的,利用这些复杂技术涉及具有社会复杂性的资源的使用,这才是更重要的。

2. 路径依赖性

创业资源是可以不断进化发展的,不过新的演化发展是有路径依赖的。在这种观点中,特殊资源的积累依赖过去的创业决策,这些由创始人和未来企业管理者制订的决策就构成了企业的 DNA。可持续的竞争优势是这样一个历史（路径）信赖的过程。创业者常常为了协调分散的知识而发展不同的知识基础，因为他们学习和理解事物发展规律的能力不同，这是企业发展不同能力和企业差别的不同路径。在创业企业里，由于它们是新成立的小企业，决策将对企业的未来起重大作用。企业差异的重要源泉是企业的历史，如专利技术和学习曲线。因为在这样的制订企业决策的独特条件下，企业具体的技能和资源的组合导致企业的长期路径依赖性。

由于创业现象的特殊性，创业资源的社会复杂性和路径依赖性比传统概念下的资源更为明显，对企业发展的影响也更大。

（二）创业者的重要资源

1. 人力资本

尽管有许多争议，但以往的经验研究还是倾向于支持在人力资本和创业活动之间存在正相关关系。需要明确的是，个人的人力资本，即个人知识水平的提高不仅是正式教育（如大学教育）的结果，也是非正式教育（如工作经验和职业教育）的结果。工作经验、在工作中学习、非传统正式教育结构的专门课程训练，这些从理论上来说，都可以增强人力资本。经验研究显示，正式教育对于创业活动的影响，不如非正式教育的影响大。而创业者的工作经验、管理经验和以前的创业经验与创业活动显著相关。研究说明，由学校教育年限表示的人力资本与发现创业机会的显著正相关性比较小；由工作经验表示的人力资本对创业活动的影响是很小的正效应，不过这个指标没有统计显著性；最强的人力资本变量是创业经验，它与发现创业机会之间存在强正相关关系，而且统计检验显著。这意味着一般来说，在其他变量不变的情况下，有过创业经历的人更可能开始创业。对于机会的开发利用来说，人力资本的影响有所减弱，特别是正式教育对机会利用的关系很弱，只有管理经验和以前的创业经验的正相关性显著，并通过统计检验。

2. 机会识别能力

历史上有许多这样的例子：技术发现创造者没有看到重要技术带来的商业机会（新的生产函数关系）。以前许多研究揭示了人们在识别这样的关系方面的能力差异。例如，认知科学的研究指出，人们将现有概念和信息整合成为新观念的能力是因人而异的。有研究指出，成功的创业者在其他人看到风险的情况下会看到机会。创业者比其他人更可能发现机会，是因为他们更少进行反事实的思考（如在特定情况下，很少花时间和精力来设想"本应该如何如何"），更少对失去的机会表示遗憾，很少受无作为的惯性影响。Busenitz & Barney 的研究指出，创业者进行决策的过程有异于常人，他们更多地进行探索性的决策，决策中有显然的偏向性。而这种具有非理性特征的决策模式有助于创业者在信息有限、资源有限、风险不确定的情况下迅速做出决策。

3. 社会资本

社会资本涉及主体从社会结构、网络和成员关系中获取利益的能力。社会资本能成为有用的创业资源，原因之一在于，其可以将主体结合在一起增强组织内部的信任，并为了提供资源而对外部网络产生支持作用；原因之二在于，社会资本能为创业提供信息等资源的联系，这是一种支持性（包含性的）润滑剂。从创业者的角度来说，社会资本提供的是便于发现创业机会以及识别、收集和配置资源的网络。社会资本也通过提供和扩散关键信息以及其他一些重要资源对创业机会利用过程产生积极影响。尤其是在我国，社会网络作为一种特殊的创业资源，常常对创业机会获取和开发有重要影响。

4. 外部信息

外部信息虽然为创业机会的识别提供了可能，但是如果个体没有特定领域的相关专业知识，根本就不可能确定外部信息对自己的价值。换句话说，外部环境中充满了不确定性，而个体又不具备相应的知识，那么就根本不可能视不确定性为机会，因而也不可能感知到机会的存在。因此，个体能否感知到创业机会的存在取决于他们是否有先前知识去甄别外部信息。这意味着掌握特定领域的知识对识别创业机会而言至关重要。个人因素（如先前知识）有利于创业者感知和识别机会因素（如新信息的价值）。

三、创业机会评价的特殊性

对于创业者而言，发现创业机会是一个方面的问题，而另一个方面的重要问题是创业机会的评价。这是一个关系到创业者未来创办企业的市场价值的关键环节。据有关学者的研究，大约有60%~70%的创业计划在其开始阶段就被放弃，主要是因为这些计划不符合创业者的评价准则。当前对创业机会进行评价已经产生了一些有代表性的研究成果，如蒂蒙斯提出了包含8个一级指标、53个二级指标的评价指标体系，分别从行业与市场、经济因素、收获条件、竞争优势、管理团队、致命缺陷、创业家的个人标准、理想与现实的战略性差异这8个大类对机会进行评价，是目前最全面的创业机会评价的指标体系。但是创业机会的属性具有许多方面，既有可以量化的，也有不可量化的，既要考虑当前的实际，更要注重未来长远的发展。例如对战略性新兴产业领域创业机会的评价，是否属于国家及地方政府重点扶持和发展的范围，就是很难量化的，在评价过程中必须依据国家和地方政府的相关法规和政策制定符合实际的决策。蒂蒙斯列出的指标只是一些可以参考的衡量标准，更主要的还是要依靠创业者对市场敏感的直觉和充分的了解分析。

创业者在识别创业机会的过程中，必须学会不断放弃很多机会而后抓住少数的机会，放弃或抓住机会的依据是机会识别的目标。蒂蒙斯给定了一个共同的机会识别的锁定目标，即机会能够为顾客或最终用户创造或增加极大的价值，能够解决一项重大问题，或者满足某项重大需求或愿望，有需求旺盛的市场，与当时的创始人和管理团队配合得很好，也很适合市场状况和风险。

四、创业机会评价的技巧和策略

创业者自身的特征及想法固然重要,但并不是每个想法都能转化为创业机会。许多创业者仅凭想法去创业,也对创业充满信心,但最终失败了。不是每个创业机会都会给创业者带来益处,每个创业机会都存在一定的风险,因此,创业者在利用创业机会之前要对创业机会进行科学的分析与评价,然后做出决策。

(一)提出正确的问题

有很多重要的与评价有关的问题,这里列举了用来评价创业项目的10组预备问题:

(1)这是一个新的产品、服务设想吗?它是独有的吗?它能申请专利或版权吗?它具有足够的在竞争中独领风骚的独特性吗?它可以被轻易地复制(效仿)吗?

(2)样品经过了专业检验者以推翻系统或破坏产品为目的的检验吗?产品存在弱点吗?它经得起检验吗?在未来的5年中对它的研究和开发将达到一个怎样的水平?若它是一项服务,它经得起消费者的挑剔吗?消费者愿意为它掏腰包吗?

(3)它参加过商业展览吗?若有,那它反应如何?达成交易了吗?它介绍给展销商了吗?获得订单了吗?

(4)产品或服务易于理解吗?比如像银行家、风险投资家、会计师、律师及保险代理人这样的人能理解吗?

(5)它的整体市场是什么?细分市场呢?产品能进入细分市场吗?能发展出什么特殊定位吗?

(6)进行过市场调研吗?市场中还有什么别的产品吗?市场容量有多大?市场成长有多快?发展趋势是什么?产品或服务的预计生命周期有多长?能达到多大程度的市场进入?受到顾客或代理人的好评了吗?将运用何种类型的广告及发展计划?

(7)将采用何种分配和销售方式——批发商、独立销售代表、公司销售人员、直接邮寄、挨户推销、超市销售、服务站,还是公司自有店铺销售?产品如何运送?公司自行运送、委托运输公司、邮政服务,还是航空运输?

(8)产品如何生产?机会成本是多少?比如说,产品是作坊生产还是其他方法?是加工车间还是流水作业?公司现有设备的生产能力是多少?盈亏平衡产量是多少?

(9)公司的发展理念是开发并出售特许经营权,还是先开发再专卖?

(10)公司具有或已形成运作商业企业的必要技能吗?要雇佣什么样的人?他们能够胜任吗?现在需要多少资金?将来还需要多少?研究过主要金融战略吗?

(二)特征评价

我们采用列表的方式可以让创业者明白创业项目在市场、财务、营销、组织及人力资源等方面的优势和劣势,保证创业项目的成功。通过分析,创业者便能为可能阻碍创业项目的弱势做准备。

（三）技术可行性评价

在评价创业项目时必须首先确定其技术要求，即技术可行性，是指为满足预期潜在顾客而提供产品或服务的技术要求。其要点如下：

（1）产品功能设计与外形设计的吸引性。

（2）柔性生产，可随时根据顾客的要求或随技术或竞争力的革新来修改产品的外部特征。

（3）产品所用材料的耐久性。

（4）可靠性，确保正常使用时的良好功能。

（四）综合可行性评价

上述那些标准问题和外部因素的综合评价，列举了创业项目的综合可行性因素——技术、市场、财务、组织及竞争性，指出了每个可行性领域包含的特殊活动。

一方面，创业机会需要从不同侧面予以综合评价；另一方面，这些不同侧面的机会特征存在主次之分，其重要程度存在较大差异。这就是说，在机会识别时需要把重点放在某些更为重要的指标上，对其正确识别评价后，再结合其他方面的特征做出整体判断。

创业机会可以从三个层次进行分析和评价：一是创业机会的核心特征：产品和市场。这一层次的特征属于创业机会的自然属性，不依赖创业者或者创业机会的其他特征而存在，相反，创业机会的其他特征却往往需要与其核心特征相匹配，才能创造出最大价值。二是创业机会的支持要素：团队、资源和商业模式。这是创业机会评价指标的第二个层次，也是创业者或者创业团队能够有效开发创业机会的支持条件。三是创业机会的成长预期：财务指标和收获条件。这是创业机会评价指标的第三个层次，成长预期是创业者对于创业机会的潜在价值的最终判断。

现在国际公认比较权威科学的是蒂蒙斯提出的全面的机会评价框架，与其他理论不同，蒂蒙斯更多的是从一个机构投资者或者从一个旁观者的角度来分析，结合机会本身的特点和企业（或创业家）的特质来综合考虑。他概括了一个筛选创业机会的框架，其中涉及8大类53项指标，针对不同指标做权衡打分。这些指标提供了一些量化的方式，使创业者可以对行业和市场问题、竞争优势问题、经济结构和收获问题、管理团队问题、致命缺陷问题做出判断，以及这些要素加起来是否组成一个有足够吸引力的商机。尽管蒂蒙斯也承认，现实中有成千上万适合创业者的特定机会，未必都能与这个框架相契合，但这个框架目前仍是包含指标比较完整的一个体系。

第三节 创业风险识别

在企业的风险识别中，我们可以把风险理解为与希望产出出现偏差的可能性，应用于创业企业，是指给公司财产与潜在获利机会带来损失的可能性。这里的财产不仅仅指有形财产，还包括雇员、企业声誉等无形资产。

创业风险是指在企业创业过程中存在的风险，由于创业环境的不确定性、创业机会与创业企业的复杂性，创业者、创业团队与创业投资者的能力与实力的有限性而导致创业活动偏离预期目标的可能性。

一、机会风险的构成

任何事物都有其两面性，创业也不例外，机会和风险是创业者遭遇的一对"连体兄弟"。创业意味着开拓新的领域，前面的路有许多不可把握的未知数，这就是风险。面对风险，有些人选择了退缩，同时也选择了失败；有些人选择了挑战，也就走上了可能看到光明的道路。我们先来看看创业的机会在哪里。

机会风险又称"机会的识别与评估风险"，指在机会的识别与评估过程中，由于各种主客观因素，如信息获取量不足、把握不准确，或推理偏误等，使创业一开始就面临方向错误的风险。另外，机会风险的存在，是由于创业而放弃了原有的职业所面临的机会成本风险，也是该阶段存在的风险之一。

二、系统风险防范的可能途径

创业的系统风险是指由于创业外部环境的不确定性引发的风险，是创业者和企业无法控制或无力排除的风险，因而又可称为"客观风险"，比如政策立法、宏观经济以及社会、文化等带来的风险，对于这类风险，创业者只能在创业过程中设法规避。

（一）政治风险

由于国家政治的稳定性、社会政策的连贯性等产生的风险。对高技术企业而言，国家对其在国民经济发展中发挥作用的认识，进而所采取的政策，对其创业的风险度有一定的影响。对于这种类型的风险，高技术企业在创业过程应该积极关注和预测国家的政策走向。如果预测到某一政策将对企业的发展不利，企业可以早做准备，改变企业的运营方式，适应政策的变化。

（二）法律风险

法律、法规的制订和修改都会对创业企业产生影响。政府会采取某些事后的行政措施或法律手段，来限制某些已经开发成功的高技术产品的生产、销售或使用。例如，近年来国内外一些新创企业开发转基因产品，曾被有关国家政府部门明令禁止销售，这样企业的所有创业投入就转化为沉没成本，创业者根本得不到任何商业利益。目前，我国对于高技术企业的立法还存在很多的政策、法规空白，这势必造成法律上的风险。这类风险企业难以控制，只有尽可能地加以规避。

（三）宏观经济风险

因国家宏观经济状况、产业政策、利率变动以及汇率的稳定性等因素所带来的损失的风险。任何企业的发展都必须依托所在国家和地区的经济环境。利率、价格水平、通货膨胀等因素的变化，以及金融、资本市场的层次、规模、健全程度等，都会带来很大的不确定性，使创业企业容易暴露在风险之中。当这类风险将要或者已经出现时，企业应该能够快速响应，采取措施，使企业适应这一变化。

（四）社会风险

传统文化、社会意识，以及新技术、新产品的冲击，或社会的中介服务机构和基础设施不完备等引起的创业风险，很多是固化于社会文化或社会发展之中的，短时期内不可能有太大的改变。企业应该加强自身企业文化的建设，形成一个有利于企业长期稳定发展的企业文化，同时可以在某种程度上降低社会传统文化中的不利因素对企业发展的影响。

关于系统性风险的防范需要创业者提高警惕，尽量采取避免的措施。

三、非系统风险防范的可能途径

创业的非系统风险是指非外部因素引发的风险，即指与创业者、创业投资和创业企业有关的不确定性因素引发的风险。非系统风险可以通过创业各方主观的努力而控制或消除，因而又叫"主观风险"，如技术风险、管理风险、市场风险等，对于这类风险，创业者则需要千方百计地设法加强控制。对于非系统风险的防范途径可以按照"识别→原因分析→防范"三步走的模式进行。

（一）技术风险

1. 识别

技术风险的识别通常从以下四个方面进行。

一是技术成熟度。技术成熟度是首先应该考虑的问题，只有新颖、独创、先进的技术才可能为企业带来独特的优势，技术成熟度的判断标准一般根据国内外同类技术达到的水平参数指标来确定。

二是技术适用性。技术的适用性描述了技术适用的范围，推广和实施的难易程度。技术的适用性是与市场的大小有密切关系的，一项技术所面对的市场越大，那么这项技术的适用性就越强；反之，则越弱。对技术的适用性的判断可以通过市场调查来实现。

三是技术配套性。一项科研成果转化所需的配套技术不成熟就会带来技术风险，有些技术虽然非常先进，但由于工艺的特殊性限制，无法进行大批量生产，这样就会对风险投资的收回带来较大的风险。因此，在高技术企业创业初期，必须确认与该技术配套的工程技术和产品生产技术是否已经完善，是否已经达到标准。

四是技术生命周期。高技术产品往往生命周期较短，不但自身更新速度快，而且还有被其他类似技术替代的可能,如果不能有效地提高技术的更新速度并维持更新成本或具有防止技术老化的能力,并在技术生命周期内迅速实现产业化,收回初始投资并取得利润,企业就将蒙受损失。对技术生命周期的估计,可以根据技术自身的特性、市场状况以及和同类技术相比较来进行。

2. 原因分析

一是产品化阶段的风险来源。产品化阶段是指将研发阶段的科研成果经过试验,转化为一个符合市场要求的产品阶段。这一阶段要将不同的技术结合在一起,特别是要消除某些薄弱环节对技术整体水平的限制,以便将关键技术上的优势真正转移到待开发产品上。对于那些缺乏系统设计和生产经验的高技术企业而言,产品化阶段的技术风险主要来自其技术结构的缺陷。如有的产品虽然在几个关键技术上领先,而其他技术如工业设计、产品装配的水平却不一定能够达到要求,这种失衡的技术机构将难以体现高技术产品的技术优势,从而导致其产品化的失败。

二是商品化阶段的风险来源。进入商品化阶段的技术成果,此时已基本完成产品创新,并占有一定的市场,尚须注入大量资金进行工艺创新、管理创新和开拓市场,建立起完善的营销网络,创立品牌,并形成主导型技术产品。此阶段的技术风险主要是技术替代风险,技术替代会改变产业的竞争态势,使该产业丧失原先所拥有的技术优势。

技术风险在高技术企业创业不同阶段的大小是有差异的,随着时间的推移、信息的聚集,技术上的不确定性会越来越小,技术难度会越来越低,高技术企业因技术风险而创业失败的可能性就会减少。

3. 防范

技术是一项动态发展的过程,因此技术风险的防范与控制也是一项动态变化的过程,技术风险控制体系由技术风险预测、技术风险监控、技术风险抑制3个前后相关的环节组成。技术风险预测是企业在现有技术风险数据和专家经验的基础上,通过评估和预测,选择适合企业的技术或对企业自身进行适当的调整,避免所研发或利用的技术存在先天的缺陷。企业要结合内部和外部环境,在预测技术前景的同时准确地分析自身是否拥有发展该项技术的能力。技术风险监控是在企业应用技术的过程中进行有效的组织和管理,将人、财、物、信息等资源合理、高效地应用到所从事的技术创新中并随时对风险潜在因素进行监控,一旦发现风险潜在因素变量发生变动应及时修正。技术风险抑制是在风险发生后,运用适当的分散、转移和退出手段,设法将损失降低到最小的程度。

（二）市场风险

1. 识别

市场风险的识别一般应从以下三个方面进行,一是推出的产品能否被消费者接受的问题。在现实市场中,人们对传统技术产品司空见惯,故对传统技术产品的市场需求是较为稳定的。而高技术产品对消费者来说是新鲜的,它的市场多是潜在的、待开发的、待成长的。在这种情况下，创业者就很难预先判定市场是否会接受自己推出的某一高技术产品，包括接收能力和接收速度。二是高技术创业企业生产的产品一般都是高新技术或技术创新产品。由于产品技术本身的前瞻性，企业无法得到相对准确的市场预期，对市场的接受度、产品导入市场的时间、市场的需求量等都难以估测，因而存在着较大的风险性。三是很难确定某一高技术产品未来的市场竞争力。由于新产品的竞争力是企业竞争力与产品优势、企业营销策略等有机结合的结果，高技术产品营销要求售前、售中、售后技术服务，而高技术企业这方面的能力一般较为缺乏。另外，高技术产品上市之初，产品成本多数会被前期的研发成本所抬高，在较高售价下才不致亏损，因此就可能导致它很难有适当的价格竞争力。

2. 原因分析

企业市场风险在于成功地制造出产品后能否销售出去，这种不确定性的形成因素主要包括以下几个方面。

一是技术开发策略失误。企业的产品开发策略应紧紧围绕市场需求和市场的消费习惯，否则开发出来的产品就有可能因为与市场需求、消费习惯相悖而不能被市场所接受。

二是产品开发不力。企业的市场风险主要是产品市场的风险，有的高技术企业产品单一、市场单一、经营范围狭窄；有的企业只抓技术档次高的产品，忽略了更广阔的普及型、中低档技术产品市场；有的只注重某一种产品的开发，忽略了相关产品系列的开发；有的企业融资策略不当，不能及时获得资金，延误了推出新产品的时机。高技术产品生命周期越来越短，技术更新、产品更新越来越快，要获取市场的成功和良好的经济效益，降低企业的市场风险，还要在一定基础上实现多元化策略，而这就依赖企业的产品开发和市场开拓。如果企业经营者着眼于近期利益，只注重现有高技术产品的生产和销售，而不注重现有产品的完善和新产品的开发，就会使企业随着消费者对其产品反感的增加或市场上更新产品、替代产品的出现而陷入困境。

三是市场创新能力不足。许多高技术企业的失败，并非仅仅因为其产品质量不高、市场容量小，相反其产品质量可能相当不错，但由于其市场创新能力不足，仍然会被淘汰出局。由于高技术产品的知识密集度高，使得高技术企业的营销与传统产品的营销有较大的区别，因此企业要使自己的产品为市场接受，必须善于进行市场营销创新，这样才能有效降低高技术企业的市场风险。

四是不注重产品技术保护。不注重产品的技术保护是形成高技术创新收益不确定的主要原因之一。企业研制成功的高技术产品要保持一定的竞争优势，就必须注重技术保护，否则就会在市场上失去竞争优势。

五是生产过程控制不力。高技术企业能否生产出高质量的、符合市场需求的产品，与其生产过程的科学控制有很大的关系。高技术企业的生产往往需要高质量的零配件和及时的原材料供应，以保障高质量的产品及时供应市场，所以如何从外部及时获得所需的高质量的原材料，是高技术企业正常生产经营的一个重要方面。

3. 防范

高技术企业在创业过程中可能会遇到市场份额小,甚至无法实现规模经济、产品性价比不高、消费者不认同,以及产品生命周期过短等市场风险。企业应该采取合理的营销组合,提高产品的技术含量和服务质量,研发时就考虑将来产品的成本,并做适当降低成本的研究;在创业前期的市场论证时,根据市场和产品的特点分析产品生命周期,对于生命周期过短的产品,企业应分析其是否具有开发价值。

(三) 生产风险

1. 识别

生产风险的识别应从生产技术人员构成、生产设备与工艺水平、生产资源的配置状况、原材料供应状况四个方面展开。

2. 原因分析

生产风险是指企业在创业过程中,由于生产环节的有关因素及其变化的不确定性而导致创业失败或利润受损的可能性。对于创业企业来说,由于企业刚刚起步,生产人员的配备、生产要素的供给、各类资源的配置等容易出现问题,新产品又多是首次进入生产环节,工艺、设备等都难以得到保证,而且新产品必然要求与其质量控制相适应的新标准、新检测手段。这在创业阶段都需要尝试和摸索,故存在着较大的风险。

3. 防范

为了避免研发技术被替代技术替代或超越、现有生产设备或工艺无法达到产品商品化的要求,以及远离原材料供应地,企业无法正常生产等问题,高技术企业在技术研发时,就应考察替代技术的发展状况,评估技术本身的替代性,采取风险规避或自留策略,在研发时还要综合考虑现有设备与工艺的水平,以及自我研发相关设备与工艺的能力,创业时还要综合考虑原材料及能源供应,公司的地址要接近原材料产地,且能源供应充足。

(四) 财务风险

1. 识别

财务风险的识别主要从两个方面进行:①资产负债表状况。从资产负债分析,主要分为三种类型:一是流动资产的购置大部分由流动负债筹集,小部分由长期负债筹集,固定资产由长期自由资金和大部分长期负债筹集,自有资本全部用来筹措固定资产,这是正常的资本机构,财务风险较小;二是资产负债表中累积结余是红字,表明有一部分自有资本被亏损侵蚀,总资本中自有资本比重下降,说明出现财务危机,必须引起警惕;三是亏损侵蚀了全部自有资本,而且还占据了一部分负债,这种情况属于高度风险,企业必须采取强制措施来缓解这种状况。②企业收益状况。从企业收益分析,分为三个层次:一是经营收入扣除经营成本、管理费用、销售费用、销售税金及附加费用等经营费用后的经营收益;二是在第一层次上扣除财务费用后为经常收益;三是在经常收益基础上与营业收支净额的合计,也就是期间收益。对这三个层次的收益进行认真分析就可以发现其中隐藏的财务风险。对这三个层次的收益进行分析可以分成三种情况：一是如果经营收益为盈利而经常收益为亏损，说明企业的资本结构不合理，举债规模大，利息负担重，存在一定风险；二是如果经营收益、经常收益均为盈利，而期间收益为亏损，这种情况如果严重可能引发财务危机，必须加强监控；三是如果从经营收益开始就已经亏损，说明企业财务危机已经显现，反之，如果三个层次收益均为盈利，则是正常经营状况，财务风险不存在或很小。

2. 原因分析

财务风险主要是由高科技创业投资难以预期，前期资金周转太慢，而高技术新创企业普遍缺乏持续投资能力引起的。主要表现在以下四个方面：高科技创业的资金需求极难判定；高科技创业需要持续的研究开发资金投入；技术整合需要更多的资金投入；开发高科技产品的市场需求需要资金。财务风险在企业初创时更多体现为融资风险，其存在于技术支持和商业支持之间，是研究基金和投资基金之间存在的断层。创业者虽可以证明其构想的可行性，但往往没有持续的或足够的资金投入将其实现商品化，并达到初创企业的稳定运营。在企业创立后，财务风险体现为企业运营过程中资本的追加投资风险；当企业需要扩大规模，财务风险体现为融资风险；追加投资时，若无法筹集到足够的资金，其生产和经营将经受严峻的考验；同时，若企业的财务管理不规范，还会出现资金周转慢、呆账和死账多的现象，形成财务风险。

3. 防范

财务风险是高技术企业创业必须特别注意的重要风险，企业在创立阶段可以采取合伙制，引入风险投资，或者向国家申请创新、创业基金；为保证企业持续发展有充足的资金，可以引入风险资本，股份化改制或公开上市；对企业经营过程中出现大量应收款、坏账，生产或销售资金匮乏的情况，企业应采取以销定产策略，财务上采取风险预警措施，促进资金及时回笼。财务风险主要通过下面几个方面进行控制：

一是增强投资者和企业管理人员的风险意识。创业投资本身就是一项风险很大的投资行为，应该大大增强投资者和企业管理人员的风险意识，使其具备很强的风险观念，这样在投资和经营过程中就会有意识地注意防范风险，特别是财务风险。因为企业的市场风险和经营风险最终都会在财务风险上有所体现，可以说财务是创业企业经营的精神末梢，财务风险是创业企业最外在的风险，也是最后的风险，因为财务风险可以直接导致企业创业失败。企业理财人员应能够发现和正视风险，为决策层提供企业的财务风险信息，并提出有效防范措施供决策层参考，建立健全企业财务风险的防范机制。创业企业应该建立预算模型，选择预测风险的方法，对各种情况下可能发生的财务风险及风险的影响程度进行测试，对测试出的风险应采取预防措施，如通过保险、合同、担保和租赁等方式，把风险转嫁给保险公司、购销对象、担保人员和租赁人等。创业企业可以考虑利用变动成本法编制财务预算，而且要应用弹性预算，以尽量留有余地应付业务变动的影响。在预算编制时还应综合利用零基预算和滚动预算的预算编制方法，使预算成为抵御财务风险的有力武器。

二是积极吸收风险投资基金。风险投资基金是一种向创业企业提供股权资本的投资行为，其基本特征是：投资周期长，一般为3~7年；除投入资金外，投资者还向投资对象提供企业管理等方面的咨询和帮助；投资者通过投资结束的股权转让活动获得投资回报。创业企业如果能够多方面吸收风险投资基金的投资，就会大大改善创业企业的资本结构，充实企业的资本金，提高企业的偿债能力，降低和防范企业的财务风险。

三是保持资产流动性。企业资金流转总是周而复始地进行的，企业应当缩短应收账款周转期，以保持良好的资产流动性。创业企业应降低整体资产中固定资产的比重，这样就可以大大降低产品中固定成本所占的比重，降低企业的经营风险和财务风险。

四是加强组织结构和人员控制。按照决策系统、执行系统、监督反馈系统相互独立、相互制衡的原则进行财务内部控制组织结构的设置。创业企业投资者和管理人员应在其职责和权限范围内行使职权，做到高效、有序。企业内部监督系统应建立各项业务风险评价、内部控制状况的检查评价的处罚制度。创业企业的决策者及高层管理人员的能力、品行、资历和稳定性，关系到创业企业的安全和发展，因此有必要建立控制制度，特别是财务安全与风险控制制度，让决策者及高层管理人员科学可靠地承担起财务安全与风险控制的责任。

五是加强财务会计制度的建设。创业企业要按照科学规范、职责分明、监督制约、财务核对、安全谨慎和经济有序的原则建立严密的财务会计控制制度。会计纪录、财务处理和财务成果核算等完全独立，并且严格按照企业财务会计制度规范进行，保障财务、会计信息的完整性、准确性、客观性与有效性。

（五）管理风险

1. 识别

管理风险的识别主要从三个方面进行：一是创业者综合素质和经验。创业者综合素质和经验可以从创业者的技术能力、管理能力和经验、企业家精神和创业者的身心素质方面来考查。二是决策的科学化。考查决策是否符合规范，以及决策目标是否和企业的目标一致。三是管理机制的成熟度。初创企业管理制度方面往往不够成熟，企业应通过调查产业内相似企业的管理制度，将本企业与之对比，识别出哪些管理制度方面还不够完善。

2. 原因分析

管理风险指创业企业因管理不善而导致企业不能够获得预期利润或威胁企业运营甚至生存的风险。高技术企业的创业者一般都是技术出身，创业者利用某一新技术、新发现进行创业，他可能是技术方面的专业人才，但不一定具备专业的管理才能和意识，在战略规划上并不具备特殊的优势，或不擅长管理具体的事务，从而形成管理风险。这种风险主要体现在经营决策、战略规划、营销组合不合理以及组织制度的不科学，管理层的综合素质较低，以及对生产运作，企业内部沟通、激励等问题管理不力等方面。

3. 防范

管理风险的防范和控制可以从以下三个方面考虑：

一是建立健全的现代企业制度。建立科学的决策和监督机制是高技术企业控制管理风险的前提，而这些又离不开合理的产权制度与健全的公司内部治理结构。所以，为减少企业管理风险，企业必须要按照现代企业制度的要求，建立起真正完善的法人治理结构。经营者激励机制也是法人治理结构中不容忽视的重要问题，解决好经营者特别是中高层管理人员的利益分配问题，不仅可以引导他们致力于企业利益最大化，尽可能把决策风险和操作风险降到最低程度，减少经营者的短期行为，而且可以对企业"内部人控制"现象起到遏制作用。

二是完善企业的内部控制制度。完善企业的内部控制制度的一个重要手段就是建立健全严密的内部控制系统。企业内部控制系统必须覆盖企业的各项业务、各个部门和各级人员，并渗透到投资决策、执行、监督、反馈等各个环节。同时企业还必须建立科学的授权制度和岗位分离制度，对掌握企业内幕信息的人员实行严格的批准程序和监督处罚措施。

三是提高决策者、管理者的自身素质。对企业中高层管理人员的使用必须坚持德才兼备的用人标准，在人员甄选过程中两方面的素质都应该列入考核内容，同时还应加强员工的职业道德教育和业务培训工作。

（六）人员风险

1. 识别

人员风险的识别主要从三个方面进行：①流动性风险。流动性风险通过考查企业发展所需人力资本在市场上的稀缺程度、企业对该种人力资本的依赖程度和企业现有人力资本的流动性来确定。②契约风险。契约风险的评价通过考查员工的工作意愿来确定。③道德风险。道德风险通过考查代理人追求自身利益的程度来衡量。

2. 原因分析

高技术企业的人员风险和一般企业的人员风险有所不同，主要是指流动性风险、契约风险和道德风险。流动性风险是指拥有高存量人力资本的知识型劳动者的高流动倾向性给企业带来的损失的不确定性，知识型劳动者的这种倾向性又是由人力资本的稀缺性、依附性及其所有者的能动性所共同决定的。契约风险是由企业生产经营的长期性所决定的契约在履行过程中存在的种种风险和不确定性。在高技术企业中，人力资本效能水平的发挥，取决于其所有者工作的意愿和对工作的心理评价。当知识型劳动者处于低激励水平时，企业将相应处于低产出水平，使企业契约履行不完全，这就是所谓的"契约风险"。道德风险是由委托－代理关系产生的。企业创业过程中，出于经营管理和研发的需要，必然会聘用职业管理人员和新的技术人员加入企业，产生授权，形成委托－代理关系：创业者成为委托人，外聘人员成为代理人。两者之间的利益和目标往往不一致，且委托人不可能完全知道代理人的信息，造成信息的不对称，从而出现代理人以牺牲委托人利益为代价追求自身利益最大化的行为，导致委托人利益受损的风险，即道德风险。

3. 防范

首先，以人为本的管理理念是风险预防的前提。传统的管理理念仅仅关心劳动者创造财富的多寡，而忽视了劳动者自身发展的需要。随着知识经济时代的到来，新的稀缺资本出现，"资本雇佣劳动"让位于"劳动雇佣资本"。在新的游戏规则中，知识型劳动者既要求与企业家一同分享利润，又要求实现自我价值。人本管理可以使管理重心下移，组织结构趋向柔软化、扁平化，横向沟通加强，员工的需求被迅速识别，生产效率大幅提升。

其次，知识管理是减轻风险损失的有效途径。知识管理是以知识主管为组织者，以创建学习型组织为内容，为高技术企业实现显性知识和隐性知识共享而服务的新管理途径。其关键在于可使员工自觉地参与到知识共创与共享的过程中，最大化地发挥个人的创新能力，增加组织的知识储备。当隐性知识被及时记录、收集并整理为数据化知识后，因员工离职而造成的个体信息流失将大为减少，个人掌握核心技术环节对企业生产计划中断带来的威胁将不复存在。知识主管作为知识外显过程的主要负责者，其任务在于科学合理地设计以鼓励创新为基础的业绩评价与激励系统，打破等级界限，发挥员工的最大潜能。

最后，构筑复合式激励机制，发挥激励的综合效应。在复合式激励中，物质激励是基础，环境激励、目标激励是核心。将物质激励作为激励基础必须注意3个问题：第一，高薪酬必不可少，任何人都有满足生存的底层需求，知识型劳动者也不例外；第二，满足员工安全需要的医疗、养老、失业保障等应予以配套；第三，报酬形式的选取要兼顾企业短期利益和长期利益，员工持股计划、股票期权及合伙人制度都是有效的留人"法宝"。环境激励强调知识型员工的自我管理，将组织约束降至最低，仅给予员工共同愿景的指导，同时营造宽松的环境，以合理的授权帮助员工用自己的方式完成任务。目标激励是基于对知识型员工"自我实现人"的假设，侧重于工作多样化、挑战性的设计，通过协助员工制订职业生涯规划，实行工作丰富化，激励员工的事业心、责任感，满足其成就感。

四、创业者风险承担能力的估计

创业者风险承担能力估计需要从以下几个方面考虑。

（一）明势

明势的意思分两层，作为一个创业者，一要明势，二要明事。我们先来看明势。势，就是趋向。做过期货的人都知道，要想赚钱关键要做对方向，这个方向就是势。比方说，大势向空，你偏做多，结果可想而知。

创业的人，一定要跟对形势，要研究政策，这是大势。很多创业者是不太注意这方面工作的。对一个创业者来说，在政策方面，国家鼓励发展什么，限制发展什么，对创业之成败有莫大关系。做对了方向，顺着国家鼓励的层面努力，可能事半功倍；坐反了方向，比如说，某个行业、某类型企业，国家正准备从政策层面进行限制、淘汰，你偏赶在这时一头撞了进去，一定会鸡飞蛋打。

中势指的就是市场机会。市场上现在时兴什么、流行什么，人们现在喜欢什么、不喜欢什么，可能就标明了你创业的方向。假如你准备创业，而你的资金不足，经验又不足，那么你可以看看周围的人都在做什么，大家一起做的，你跟着做，一定没有错，虽然不可能赚到大钱，但赔本的可能也小，风险也小，较适合于那些风险承受能力较弱的创业者。能赚平均利润，对于小本经营的创业者就不错了。通过这样的锻炼，可以慢慢学习赚大钱的本领，慢慢积累赚大钱的资本。假如你的本钱雄厚，风险承受能力强，你当然可以从创业伊始就去剑走偏锋，寻冷门，赚大钱，只是这样的创业者不多。

小势就是个人的能力、性格、特长。创业者在选择创业项目时，一定要找那些适合自己能力，契合自己兴趣，可以发挥自己特长的项目，这样才有利于你持久性的全身心的投入。

明势的另一层含义，就是明事，创业者要懂得人情事理。世事洞明皆学问，人情练达即文章。创业的首要目的是合理合法地赚钱，创业不是为了要跟谁赌气，而是要心胸坦荡地去干事业。

（二）敏感

敏感不是神经过敏。神经过敏的人不适合创业。创业者的敏感，是对外界变化的敏感，尤其是对商业机会的快速反应。一些人的商业敏感来自耳朵，一些人的商业敏感来自眼睛，还有一些人的商业敏感来自自己的两条腿。

有些人的商业感觉是天生的，如胡雪岩，但更多人的商业感觉则依靠后天培养。如果你有心做一个商人，你就应该像训练猎犬一样训练自己的商业感觉，善于捕捉商机。良好的商业感觉是创业者成功的最好保证。

（三）人脉

创业不是引无源之水，栽无本之木。每一个人创业，都必然有其凭依的条件，也就是其拥有的资源。一个创业者的素质如何，看一看其建立和拓展资源的能力就可以知道。

创业者资源可分为外部资源和内部资源两种。内部资源主要是创业者个人的能力，其所占有的生产资料及知识技能，也就是人们通常所说有形资产及无形资产。创业者的家族资源也可以看作创业者内部资源的一部分。拥有一份良好的内部资源，对创业者个人来说无疑是重要的，但其中大部分不是通过创业者个人努力获取，而是自然存在的，具有天然属性。外部资源则是指创业者可以整合利用的除内部资源以外的资源，这对创业者的成功同样重要。

（四）谋略

创业是斗体力的活动，更是斗心力的活动。创业者的智谋将在很大程度上决定其创业成败。尤其是在目前产品日益同质化，市场有限、竞争激烈的情况下，创业者不但要能够守正，更要有能力出奇。

谋略或者说智慧，时时贯穿创业者的每一个创业行动中。谋略就是一种思维的方式，一种处理问题和解决问题的方法。对于创业者来说，智慧是不分等级的，它没有好坏、高明不高明的区别，只有好用不好用、适用不适用的问题。我们归结创业者智慧：不拘一格，出奇制胜。作为创业者，你的思维是否至今依然因循守旧？

（五）胆量

创业本身就是一项冒险活动，创业者必须具有一定的胆量。科学研究发现，成功人士的心理承受能力远远强过普通人，而创业正是最需要强大心理承受能力的一项活动。

创业专家在研究中发现，大凡成功人士都有某种程度的心理承受能力，有一定的胆量，企业界人士尤其如此。很多创业者在创业的道路上都有过惊险一跳的经历。这一跳成功了，功成名就；要是跳不成，则可能跌得头破血流。

创业需要胆量，需要冒险。冒险精神是创业家精神的一个重要组成部分，但创业毕竟不是赌博。创业家的冒险迥异于冒进。

（六）自我反省的能力

反省其实是一种学习能力。创业既然是一个不断摸索的过程，创业者就难免在此过程中不断地犯错误。反省正是认识错误、改正错误的前提。对创业者来说，反省的过程就是学习的过程。有没有自我反省的能力，具不具备自我反省的精神，决定了创业者能不能认识到自己所犯的错误，能不能改正所犯的错误，能不能够不断地学到新东西。

五、基于风险估计的创业收益预测

创业的收益一般指创业者投入资源后的实际产出核减会计成本后的剩余部分。一般来说，创业者投入越大，产出越高；创业的会计成本越低，创业的实际收益越高。尽管创业成功率低，但创业一旦越过盈亏点，收益会大大超过工薪阶层。

预期收入是创业者创业的主要动因。按照西方理性预期学派的观点，创业者作为"经济人"，设法规避风险，追求利益最大化是其本性。因此，在做出创业决策之前，必然会搜寻一切相关的信息，并进行合理的分析、测算，来形成对创业收入的理性预期。尽管这种预期是心理的、主观的，但由于这种预测的客观概率分布的期望值等于主观概率的分布期望值，因此，这种主观的预期仍是创业者进行创业抉择的客观基础。预期收入与创业者选择的项目和进入的行业相关，与其能控制的资源相关。不同的项目和行业、不同的资源收入，带给创业者的预期收入是不同的；同时，创业者所在环境中其他创业者的示范效应也影响创业者的预期收入。其他创业者的成功概率、财富状况，客观上会左右着创业者对收入的预期。因此好的创业环境是提高预期收入、促进创业活动的要素。不断改善创业环境，有利于招商引资或自主创业。社会收益是创业者在"看不见的手"引导下贡献给社会的财富，也是创业家们回报给社会提供的创业环境的酬金。个人的创业成就取决于国家或地区的体制和环境的优劣。创业者个人收益和社会财富间呈现一种正相关的关系。一个国家或地区市场化程度越高，体制环境和商务环境越优，创业成功者越多，该国家和地区的财富就越多，社会收益越大。创业者个人财富越多的国家和地区，社会财富越多。同样，那些个人创造财富最多的国家和地区，也是创业体制和环境最好、创业社会收入最高的地方。

第四节　商业模式开发

互联网的出现改变了基本的商业竞争环境和经济规则，标志"数字经济"时代的来临。互联网使大量新的商业实践成为可能，一批基于它的新型企业应运而生。新涌现的一些企业，如Yahoo、Amazon及eBay等在短短几年时间，就取得巨大发展，并成功上市，许多人也随即成为百万甚至亿万富翁，产生了强力的示范效应。其赚钱方式明显有别于传统企业，于是"商业模式"一词开始流行，它被用于刻画描述这些企业是如何获取收益的。本节将围绕商业模式的含义及商业模式创新的方法等相关内容展开介绍。

一、商业模式的定义与本质

"商业模式"已经成为挂在创业者和风险投资者嘴边的一个名词。几乎每一个人都确信，有了一个好的商业模式，成功就有了一半的保证。那么，到底什么是商业模式？商业模式是从全新的角度来考察企业，是一个正在形成和发展中的新的理论和操作体系。理论界没有形成统一权威的解释，归纳起来大致可以分为3类。

（一）盈利模式论

此种理论认为，商业模式就是企业的盈利模式，通俗地讲，就是公司通过什么途径或方式来赚钱。简言之，饮料公司通过卖饮料来赚钱；快递公司通过送快递来赚钱；网络公司通过点击率来赚钱；通信公司通过收话费赚钱；超市通过平台和仓储来赚钱等。但是，不能把盈利模式简单地等同于商业模式。盈利模式仅仅是商业模式的一部分，商业模式往往包含了更长链条的赚钱的逻辑。Joan Magretta提出，商业模式是一个企业如何赚钱的故事。与所有的经典故事一样，商业模式的有效设计和运行也需要有人物、场景、动机、地点和情节。为了使商业模式的情节令人信服，人物必须被准确安排，人物的动机必须清晰，最重要的是情节必须充分展示新产品或服务如何为顾客带来实惠和便利，同时又如何为企业创造了利润。

（二）价值创造论

此类理论认为，商业模式就是企业创造价值的模式，是一个企业创造价值的核心逻辑，价值的内涵不仅仅是创造利润，还包括为客户、员工、合作伙伴、股东提供的价值，在此基础上形成的企业竞争力与持续发展力。阿米特和左特认为，商业模式是企业创新的焦点和企业为自己、供应商、合作伙伴及客户创造价值的决定性来源。马格利·杜波森等人认为，商业模式是企业为了进行价值创造、价值营销和价值提供所形成的企业结构及其合作伙伴网络，以产生有利可图且得以维持收益流的客户关系资本。S. C. Voelpel 等认为，商业模式表现为一定的业务领域中的顾客核心价值主张和价值网络配置，包括企业的战略能力和价值网络其他成员（战略联盟及合作者）及其能力，以及对这些能力的领导和管理，以持续不断地改造自己来满足包括股东在内的各种利益相关者的多重目的。

（三）体系论

此类理论认为，商业模式是一个由很多因素构成的系统，是一个体系或集合。泰莫斯定义"商业模式"是一个完整的产品、服务和信息流体系，包括每一个参与者及其起到的作用，以及每一个参与者的潜在利益和相应的收益来源和方式。在分析商业模式过程中，主要关注一类企业在市场中与用户、供应商、其他合作者的关系，尤其是彼此间的物流、信息流和资金流。罗珉、曾涛和周思伟认为，商业模式是一个组织在明确外部假设条件、内部资源和能力的前提下，用于整合组织本身、顾客、供应链伙伴、员工、股东或利益相关者来获取超额利润的一种战略创新意图和可实现的结构体系以及制度安排的集合。

三类理论从不同的角度论述了商业模式的内涵。盈利模式论浅显易懂；价值创造论论述了企业的内在逻辑；体系论强调了商业模式的综合性，研究的视角更宽泛、更全面，能够从各个维度更系统地诠释商业模式的本质，是我们研究和理解的重点。

商业模式是一个包括多主体参加的从事生产经营活动的复杂系统。因此，商业模式必然具有系统的结构、行为和性能特征，这也为我们认识商业模式本质提供了依据。

第一，从结构上看，商业模式反映了系统中企业及利益相关者的位置，相互之间的连接渠道以及交易内容。

第二，从行为上看，商业模式体现了企业通过各类交易对系统中的物质流、资金流和信息流的控制和协调，实现企业内部、企业与外部利益相关者以及企业与客户之间相对均衡。

第三，从性能上看，商业模式连接了企业核心能力（资源）与企业战略目标，是企业动态能力的具体实现，企业在系统循环演化过程中实现自身价值目标，控制协调能力不断提升，系统效率不断改进。

二、商业模式和企业战略的关系

（一）商业模式和企业战略的区别

按照 Hil 等人的观点，所谓"企业战略"是经理所采取的旨在达成一项或多项组织目标的行动，其目标就是实现优于竞争对手的绩效和竞争优势，它具有过程本质，包括战略制订和战略实施两大阶段。可见，企业战略的本质特性是时序化、纵向的行动和过程。商业模式作为企业价值创造方式，具有一定的结构，其组成要素有机联系在一起，共同作用，形成一个良性循环，其本质特性是空间化、横向的方式和状态。企业战略是面向未来的、动态的、连续的从决策到实现的过程，商业模式是面向现实的、（相对）静态的、（相对）离散的价值创造方式。企业战略关注外部环境和竞争优势，商业模式关注内部结构和价值实现。它们两者都具有全局性，都面向整个企业；都具有系统性，前者包含目标体系和行动体系，后者包括结构体系和价值体系。

一般来说，在某个时段，企业只有一种商业模式，但可能同时存在多个战略。商业模式作为企业价值创造的基础地位总是存在的，不管它是否被企业有意设计，企业战略并不永远存在。捕捉商业机会的（初创）企业未必有战略，但一定要有商业模式；企业遇到重大情况需要采取行动时，则必定需要战略。从这个意义上讲，商业模式的重要性居首位，而企业战略则位居第二。在商业模式趋同的情况，（战略）核心能力决定企业成败；在环境相同、资源相近的情况下，竞争胜负取决于商业模式。

（二）商业模式与企业战略的关联

商业模式与企业战略的主要关联点在于：它们一定会共享某些要素，如波特的客户需求、产品或服务种类、接触途径三种战略定位。之所以如此，是因为从战略制订到战略实施必然要经历商业模式这个环节，商业模式是战略制订的结果，又是战略实施的依据。因此，两者之间存在一种客观的水平垂直式交融关系。商业模式与企业战略之间的交融关系决定了企业在制订战略的时候必须考虑商业模式的配套，在战略实施的时候需要把商业模式作为蓝图，在设计商业模式时候必须考虑企业战略的目标和意图。如果将商业模式视为在技术（资源）开发和经济价值创造之间起到媒介作用的关键装置，那么企业战略则扮演着这个关键装置的调节器角色；如果将它视作一架由不同部件组合而成、具有特定运行逻辑的机器，那么企业战略相当于它的操作员。至此，我们不仅可以揭示商业模式与企业战略之间的关系，而且可以理解、解释不同研究者对它们之间关系认知上差异的原因。

三、商业模式因果关系链条的分解

（一）商业模式涉及的基本问题

商业模式回答的基本问题实际上也是创业者需要厘清的基本问题，主要包括：

（1）建立什么样的产品价值链，可以成功实现产品的商业化？

（2）在这一价值链中，新企业将扮演什么角色？

（3）还有哪些合作伙伴需要加入？他们将分别扮演什么角色？其获利点在哪儿？

（4）谁向谁付费？为什么？或者说，在即将建立的价值链中，顾客是谁？是否有足够多的顾客愿意加入？

如果把通过可行性分析确定的创新产品或服务看成一种技术投入，那么商业模式是使其进行价值创造的转化器，把技术投入和社会产出连接起来。

（二）商业模式的基本构成要素

商业模式是一种简化的商业逻辑，需要用九种基本元素来描述这种逻辑。

价值主张：公司通过其产品和服务能向消费者提供的价值。价值主张确认公司对消费者的实用意义。

消费者目标群体：公司所瞄准的消费者群体。这些群体具有某些共性，从而使公司能够（针对这些共性）创造价值。定义消费者群体的过程也被称为"市场划分"。

分销渠道：公司用来接触消费者的各种途径。这里阐述了公司如何开拓市场。它涉及公司的市场和分销策略。

客户关系：公司同其消费者群体之间所建立的联系。通常所说的客户关系管理就与此相关。

价值配置：资源和活动的配置。

核心能力：公司执行其商业模式所需的能力和资格。

合作伙伴网络：公司同其他公司之间为有效地提供价值并实现其商业化而形成合作关系网络。这也描述了公司的商业联盟范围。

成本结构：对所使用的工具和方法的货币描述。

收入模型：公司通过各种收入流来创造财富的途径。

（三）商业模式的系统描述

如何描述商业模式呢？商业模式是一个系统，由不同组成部分、各部分间连接关系及其系统的"动力机制"三方面所组成。商业模式九个要素以更为具体的形态表现出来并相互作用构成有机的整体，就形成企业商业模式的具体形态。而各要素发挥作用，要在一定的动力运行机制下进行。这种机制也是商业模式的一个重要方面，可以体现为竞争战略及相关制度，比如如何激励员工的制度等。

上面讨论的是某一时点上的商业模式，或者说是静态的描述考察。但商业模式各构成要素及其关系和动力机制实际上不是一成不变的，而是动态演化的。执行与实施也是商业模式动力机制的重要部分。商业模式总是要实施才能实现其价值。一个好的商业模式可能会因为执行不当而不成功；一个不太好的商业模式也可能因为有力的管理与实施技能，而取得成功。因此，商业模式描述也要包括一定的实践与实施方面因素。总之，从构成要素及具体表现、相互连接关系、"动力机制"三方面去描述商业模式时，还要放在价值链或价值网络中、一定的时间跨度内，包含动态实施方面的内容，这样会更有助于把商业模式描述清楚。

四、商业模式的设计思路和方法

(一) 商业模式的设计思路

1. 商业模式塑造：把握全新市场机会

世界经济与技术不断向前发展，不但会产生新的产品，也会诞生新的行业，尤其是伴随着互联网的出现，信息网络和传统需求相结合，将衍生出许多全新的行业或市场机会，这也是我们发现商业模式更多地被互联网企业所使用的重要原因之一。当我们面对这样的一种史无前例的市场机会潮时，由于没有成熟的商业模式可以模仿或借鉴，所以需要我们创造崭新的商业模式来满足这些市场新机会。此时，商业模式设计的出发点是为了把握全新的市场机会，使企业能够有效地捕捉这些市场新机会，这也是商业模式不断发展的最大动力。

在个人电脑之前，软件产品最初只是运用于商业领域，软件只是同相应的硬件平台紧密绑定的。比如IBM的软件只运行于IBM的机器，他们主要服务于商用客户，软件业尚未形成一个单独的产业。微软敏锐地发现软件开发成本由于分摊于庞大的个人用户基础，因此降低了软件价格，使软件能够直接面向广大个人消费者，软件可以不再成为硬件的附属品。为了把握信息革命开始后的第一个市场机会，公司决定将软件从硬件体系中剥离出来，并为软件业务发展单独设置商业模式，让软件运行于各个不同品牌的个人电脑，再通过销售外包、专注技术等方式带来了巨大的市场，使微软成功开拓了软件行业。

从微软的软件商业模式的案例中我们不难发现，微软发现了软件行业及个人软件产品的新市场机会，在个人电脑领域成功地将软件与硬件分离，并针对性地设计了全新的商业模式，虽然遭到了一些硬件厂家的抵制，但是由于微软用高品质的软件产品和消费者能够接受的价格满足了个人电脑使用者的需求，并为消费者提供了更高的价值，最终使微软公司获得了成功。

2. 商业模式再造：突出产业价值链整合

商业竞争已然进入商业模式的竞争阶段，企业均非常重视商业模式的打造，行业内优秀企业所制订的商业模式理所当然地存在被竞争对手学习或复制的可能性，同时市场竞争和消费者需求变化也导致商业模式不可能永远保持高匹配度。如果行业内优秀企业想保持领先优势，避免与其他竞争对手提供相同的产品或服务，就需要阶段性地对现有商业模式进行再造，使自己的商业模式不断处于领先状态，为消费者提供更高价值的产品或服务，从而在战略高度上保持模式领先和构筑竞争壁垒。这种商业模式的再造是基于产业链的重新整合式的再造，是从产业链的角度去整合各项要素或资源，仅对产品或企业内部职能的调整均不能满足企业重获行业整体竞争优势的需要。对企业而言，产业价值链的整合调整，将为企业带来更多的行业机会。

IBM是企业管理方面的泰斗，现阶段不仅出售产品或服务，还开始对其百年生存的技巧和方法进行输出，帮助各国企业建立国际化公司的内部管理体系。纵观IBM的发展史，我们发现IBM有两次较大的商业模式变更。第一次是在IBM研发出个人电脑之后，为了继续获得个人电脑的先发优势，保持产品技术领先和高利润，IBM第一个实施纵向一体化为主的商业模式，开始整合上下游产业链，使IBM获得了成本优势和核心技术，继续保持了多年的领先优势。第二次是当IBM获得产业链整合和管理的能力之后，其主要竞争对手通过复制和学习也同样具备了这些能力，而由于技术的通用化和零部件生产的规模化优势的到来，纵向一体化优势日益削弱，提供给消费者PC产品的差异化却越来越小，商业模式在竞争对手的复制下已经不再适应行业竞争的需要，到了必须进行整改的时候。由于单独的对个人电脑产业价值链进行整合的办法之前已经被IBM使用过，戴尔和苹果等主要竞争对手也只能采用企业内部价值链整合的模式进行，即通过直销和体验模式不断赶超IBM，并取得了较好的成绩。此时，IBM由于不能找到更佳的商业模式，毅然出售PC业务给联想。而ＩＢＭ的商业模式随即出炉，其宣称在软件、硬件和服务领域为客户提供整体解决方案，这就意味着IBM的商业模式将是整合软件、硬件和服务三大业务，充分发挥IBM在三大业务的综合优势，并使三大业务的产业价值链互相整合、互相支持，形成一个相关业务相互融合的全新商业模式，至今已经取得卓越的成就。

3. 商业模式调整：突出企业价值链的整合

企业面对竞争时，商业模式再造虽然能够从战略高度使企业保持全面领先，但是并不是所有企业都具备整合创新产业价值链的能力，而一些非领导者企业在竞争时，他们的定位并不是为了满足大多数消费者的需求，而仅仅是为了迎合某类细分市场的消费者需求，并尽可能为其提供更大价值。针对此类企业的商业模式设计，更多的是对行业原有的商业模式进行优化调整。这种调整只是针对企业内部现有价值链进行调整，突出为某类消费者提供更有价值的产品或服务。这也将为企业创造更多的新产品和新机会，通过这些局部调整和有针对性的设计，即可为此类企业打造出新的商业模式，进而使此类企业与其他竞争对手形成差异化竞争优势。

戴尔在电脑行业商业模式进入无差异化的时候，创造了直销模式，戴尔模式的核心是变"先造后卖"为"先卖后造"，其本质是基于企业内部价值链中营销渠道的调整。戴尔通过营销渠道的调整将层层代理制改为直销制，在内部则优化了供应链和物流管理模式，并精简生产、销售、物流过程，使产品价格更有竞争力，通过客户自行选定电脑配置满足客户的个性化需求，为客户提供高价值的服务和更低价格的产品。中国秀客网通过网络这个交流平台，使全国的消费者可以把自己设计的作品（包括摄像、绘画或者涂鸦等）提交给网站，比如情侣照片，并同时提交定金，印染厂再把这些作品印染到消费者指定的商品上，比如印到情侣装上。其实该企业的商业模式只是将传统模式中企业内部价值链中的设计、制造、销售、回笼资金流程稍微调整了一下，将设计外包给消费者，形成了消费者设计，企业收定金、制造、100%定向售出并回笼的新商业模式。

（二）商业模式的设计方法

商业模式的设计方法有很多，在这里主要介绍以下五种。

（1）结合自己的产品和服务，将本行业和相关行业成功的商业模式予以整合。例如，共合网——传媒业的阿里巴巴，其创始人决定退出自己的广告资源平台，在经过细心挑选之后，选定分众传媒和阿里巴巴为自己的模仿对象，推出自己"江南春+马云"的商业模式，依靠这个模式，加之员工的悉心经营，共合网已经成为广告业的一颗新星。

（2）将传统商业模式与新型商业模式相结合。例如，北京红孩子有限公司，其创始人巧妙地结合目录销售、电话销售、网络销售三种传统的销售方式，灵活创新，提出以目录销售为主、网络销售为辅，在网上建立最大的"妈妈论坛"的商业模式。

（3）打破行业界限，将其他行业的商业模式经过改进运作到本行业之中。例如，PPG（上海）服饰有限公司将戴尔公司的直销模式引入服装销售领域，从营业开始几乎每个月销售量增长都超过30%，销售量直逼行业巨头雅戈尔。在2007年9月举行的商业论坛最佳商业模式中国峰会上，PPG（上海）服饰有限公司获得年度最佳商业模式第三名。

（4）寻找新的利润源泉。例如，巨人网络公司退出《征途》游戏，在众多收费网游的竞争下寻找到了新的利润源泉，依靠销售虚拟物品把免费的游戏做成最赚钱的游戏。

（5）选择提供能够满足顾客心理需求的产品和服务。从顾客的心理感受和心理需求入手，是商业模式设计的一条有效路径。

五、商业模式创新的逻辑与方法

互联网的新型企业的出现，对许多传统企业产生了深远冲击与影响。如亚马逊仅用短短几年就发展为世界上最大的图书零售商，给传统书店带来严峻挑战，新型商业模式显示出强大的生命力与竞争力。1998年后，美国政府也因此对一些商业模式创新授予专利，给予积极的鼓励与保护。无论对准备创业的，还是已有企业的人，这些都激励他们在这个经济变革时期从根本上重新思考企业赚钱的方式，思考自己企业的商业模式，商业模式创新开始受到重视。

商业模式创新的描述应包括三部分内容。一要说明新的商业模式，或者说创新后的商业模式什么样。二要说明新的商业模式相对于原有的模式，或者其他厂商的商业模式有什么区别，创新之处究竟在哪里。三要说明商业模式创新是如何发生的，过程是怎么样的。

（一）商业模式创新的本质

相对于传统的创新类型，商业模式创新有以下三个明显的本质特征。

（1）提供全新的产品或服务，开创新的产业领域，或以前所未有的方式提供已有的产品或服务。商业模式创新更注重从客户的角度，从根本上思考设计企业的行为，视角更为外向和开放，更多注重和涉及企业经济方面的因素。商业模式创新的出发点，是如何从根本上为客户创造增加的价值。因此，它逻辑思考的起点是客户的需求，根据客户需求考虑如何有效满足它，这点明显不同于许多技术创新。一种技术可能有多种用途，技术创新的视角常是从技术特性与功能出发，看它能用来干什么，去找它潜在的市场用途。商业模式创新即使涉及技术，也多与技术所蕴含的经济价值及经济可行性有关，而不是纯粹的技术特性。

（2）商业模式创新表现得更为系统和根本，它不是单一因素的变化。商业模式创新至少有4个要素明显不同于其他企业，而非少量的差异。商业模式创新往往伴随产品、工艺或者组织的创新，反之，则未必足以构成商业模式创新。如开发出新产品或者新的生产工艺，就是通常认为的技术创新。技术创新通常是对有形实物产品的生产来说的。但如今是服务为主导的时代，如美国2006年服务业比重高达68.1%，对传统制造企业来说，服务也远比以前重要。因此，商业模式创新也常体现为服务创新，表现为服务内容和方式，以及组织形态等多方面的创新变化。

（3）商业模式创新企业有良好的业绩表现，体现在成本、赢利能力、独特竞争优势等方面。从绩效表现看，商业模式创新如果提供全新的产品或服务，那么它可能开创一个全新的可赢利产业领域；即便提供已有的产品或服务，也能给企业带来更持久的赢利能力与更大的竞争优势。传统的创新形态能带来企业局部内部效率的提高、成本降低，但是它容易被其他企业在较短期时期模仿。商业模式创新虽然也表现为企业效率提高、成本降低，由于它更为系统和根本，涉及多个要素同时变化，因此它也更难以被竞争者模仿，常给企业带来战略性的竞争优势，而且优势常可以持续数年。

（二）商业模式创新的方法

按照IBM商业研究所和哈佛商学院克里斯坦森教授的观点，商业模式就是一个企业的基本经营方法。它包含四部分：用户价值定义、利润公式、产业定位、核心资源和流程。用户价值定义是为目标用户群提供的价值，其具体表现是给用户提供的产品、服务及销售渠道等价值要素的某种组合。利润公式包括收入来源、成本结构、利润额度等。产业定位是企业在产业链中的位置和充当的角色。核心资源和流程包括企业的生产和管理流程，而关键资源则是企业所需的各类有形和无形的资源。

基于对上述企业基本经营方法的变革，商业模式有四种创新方法：改变收入模式、改变企业模式、改变产业模式和改变技术模式。

1. 改变收入模式

改变收入模式就是改变一个企业的用户价值定义和相应的利润方程或收入模型。这就需要企业从确定用户的新需求入手。这并非市场营销范畴中的寻找用户新需求，而是从更宏观的层面重新定义用户需求，即去深刻理解用户购买你的产品需要完成的任务或要实现的目标是什么。其实，用户要完成一项任务，需要的不仅是产品，还需要解决方案。一旦确认了此解决方案，也就确定了新的用户价值定义，并可依次进行商业模式创新。

国际知名电钻企业喜利得公司就从此角度找到用户新需求，并重新确认用户价值定义。

喜利得一直以向建筑行业提供各类高端工业电钻著称，但近年来，全球激烈竞争使电钻成为低利标准产品。于是，喜利得通过专注于用户所需要完成的工作，意识到他们真正需要的是在正确的时间和地点获得最适用的电钻。然而，用户缺乏对大量复杂电钻的综合管理能力，经常造成工期延误。因此，喜利得随即改动它的用户价值定义，不仅出售而且出租电钻，并向用户提供电钻的库存、维修和保养等综合管理服务。为提供此用户价值定义，喜利得公司变革其商业模式，从硬件制造商变为服务提供商，并把制造向第三方转移，同时改变盈利模式。戴尔、沃尔玛、道康宁、Zara等都是按照这样的方式进行商业模式创新的。

2. 改变企业模式

改变企业模式就是改变一个企业在产业链的位置和充当的角色，也就是说，改变其价值定义中"造"和"买"的搭配，一部分由自身创造，其他由合作者提供。一般而言，企业的这种变化是通过垂直整合策略或出售及外包来实现的。如谷歌在意识到大众对信息的获得已从桌面平台向移动平台转移，自身仅作为桌面平台搜索引擎会逐渐丧失竞争力时，就实施垂直整合，大手笔收购摩托罗拉手机和安卓移动平台操作系统，进入移动平台领域，从而改变了自己在产业链中的位置及商业模式，由软变硬。IBM也是如此。它在20世纪90年代初期意识到个人电脑产业无利可图，即出售此业务，并进入IT服务和咨询业，同时扩展它的软件部门，一举改变了它在产业链中的位置和它原有的商业模式，由硬变软。

3. 改变产业模式

改变产业模式是最激进的一种商业模式创新，它要求一个企业重新定义本产业，进入或创造一个新产业。如IBM通过推动智能星球计划和云计算重新整合资源，进入新领域并创造新产业，如商业运营外包服务和综合商业变革服务等，力求成为企业总体商务运作的大管家。亚马逊也是如此，它正在进行的商业模式创新向产业链后方延伸，为各类商业用户提供如物流和信息技术管理的商务运作支持服务，并开放自身的20个全球货物配发中心，大力进入云计算领域，成为提供相关平台、软件和服务的领袖。其他如高盛、富士等也都在进行此类商业模式的创新。

4. 改变技术模式

正如产品创新往往是商业模式创新的最主要驱动力一样，技术变革也是如此。企业可以通过引进激进型技术来主导自身的商业模式创新，如当年众多企业利用互联网进行商业模式创新一样。当今，最具潜力的技术是云计算，它能提供诸多崭新的用户价值，从而提供企业进行商业模式创新的契机。另一项重大的技术革新是3D打印技术，如果一旦成熟并能商业化，它将帮助诸多企业进行深度商业模式创新。如汽车企业可用此技术替代传统生产线来打印零件，甚至可采用戴尔的直销模式让用户在网上订货，并在靠近用户的场所将所需汽车打印出来。

当然，无论采取何种方式，商业模式创新都需要企业对自身的经营方式、用户需求、产业特征及宏观技术环境具有深刻的理解和洞察力，这是成功进行商业模式创新的充分条件。

第七章　高校大学生创业教育的实施

第一节　大学生创业教育的基本理念

在1989年北京召开的"面向21世纪教育国际研讨会"报告中，将创业教育列为继学术性教育、职业性教育之后的关于"事业心与开拓教育"的"第三本教育护照"。作为知识经济下产生的国际教育新理念，我们有必要对创业教育概念的内涵、目标、内容、特征以及创业教育的意义做一番分析。

一、大学生创业教育的内涵分析

（一）创业教育的内涵

创业教育提出于20世纪90年代末，是目前国内外教育理论研究和教育实践探索的一个崭新领域。创业教育是新概念、新事物，有必要对其内涵做一番考察。综合目前的研究成果，特别是三次相关国际性会议的报告成果，创业教育（enterprise education）的内涵至少包括了三层含义：通过创业教育培养青少年自谋职业、创业致富的能力和本领；通过创业教育培养青少年从事创业实践活动所必须具备的知识、技能、能力和心理品质；通过创业教育培养具有开创性的社会变革的参与者。这三层含义是逐步递进和逐步深入的，并由此产生了两种创业教育观，即广义的创业教育观和狭义的创业教育观。广义的创业教育是指通过课程体系、教学内容和教学方法的改革，第二课堂活动的开展，培养学生的创新能力、实践能力，提高学生的整体素质以及增强学生的创业意识。狭义的创业教育是指对学生创业能力的培养。通过开设课程、资助资金、提供咨询等方式使学生具备开办企业的能力。广义的创业教育强调了教学改革，培养创新精神、创新能力、创业意识；狭义的创业教育强调了创业技能、资金条件等。笔者认为以上对创业教育的解释是完整意义上的内涵解释。综上，创业教育可以定义为以开发和提高学生创业基本素质为核心的素质教育，是一种培养学生的事业心、进取心、开拓精神、冒险精神，并能从事某项事业、企业和商业规划活动的教育。从本质上说，创业教育就是指培养学生创业意识、创业素质、创业技能的教育活动，即培养学生如何适应社会生存、提高能力以及进行自我创业的方法和途径。

第三次全国教育工作会中指出，"要帮助受教育者培养创业意识和创业能力。通过教育部门的努力，培养出越来越多的不同行业的创业者，就可以为社会创造更多的就业机会，对维护社会稳定和繁荣各项事业就会发挥重大的作用"。这既是对加强创业教育的重要性的科学阐述，同时也是对创业教育的内涵的正确理解，为我们在深化教育改革的过程中加强创业教育指明了方向。从这番话中可以看出，创业和创业教育是指广义的创业和创业教育。所谓"不同行业的创造者"，就是说创业不仅是指创办企业，还指在不同的行业开创事业。所谓"繁荣各项事业"，就是说创业不仅指为经济发展做贡献，还指在不同的行业为经济社会发展做贡献，为两个文明建设做贡献，为经济、政治、科技、教育、文化等各项事业做贡献。因此，我们提出的大学生创业教育，是指广义的创业和创业教育，即开创事业和与此相应的教育活动。根据这种理解，人人都有可能成为不同岗位、不同事业的开拓者，都有可能成为创业者。

（二）创业教育与创新教育、素质教育的关系

（1）创业教育与创新教育。创新教育是以培养学生创新精神和创新能力为基本价值取向的教育，它的本质不是教学生如何创新，而是培育受教育者的创新意识、创新精神与创新能力。而创业教育是开发提高学生自主开创事业的基本素质，培养创业意识，形成创业初步能力的教育。创业教育作为一种新的教育理念，一种新的教育模式，从根本上讲是一种创新教育，是在挖掘人类最高本质的基础上把创造力的开发作为根本功能的一种全新的教育理念和教育行为。另外，创业教育在实施过程中不仅是突出创业精神和创业能力的培养，更是一个创新教育过程，需要更新高等教育理念、内容、方法和手段，更需要高等教育功能的重新定位，要全面推进高等教育进行全局性、结构性的改革，是教育领域里一种全新的价值追求。从创新教育和创业教育的概念的比较中，我们不难发现，创新教育与创业教育内容结构相互融合、相辅相成。创新是创业的基础，高等学校的创新教育成效，可以通过其培养的学生未来的创业实践来检验。创业是创新的重要载体和表现形式，创业的成败根本倚仗创新教育的根基扎实程度。创新教育注重的是对人的发展总体的把握，创业教育着重的是对人的价值具体的体现，二者相互促进又相互制约，是密不可分的辩证统一体。

创新教育与创业教育的内容有许多相似之处，但这并不说明二者可以相互替代。因为，仅仅具备创新精神是不够的，它只是为创业成功提供了可能性和必要的准备，如果脱离创业实践，缺乏一定的创业能力，创新精神也就成了空中楼阁，无法落在实处。创新精神所具有的意义只有作用于创业实践活动才能有所体现，才有可能最终产生创业的成功。因此，创业教育应当是创新教育由侧重创新理念培养向侧重创新实践培养的转移和发展，是对创新教育理论与实践的提升和完善。

（2）创业教育与素质教育。素质教育作为现代教育思想、现代教育模式的一种表述形式，其内涵是全面贯彻党的教育方针，以提高国民素质为根本宗旨，以培养学生的创新精神和实践能力为重点，造就"有理想、有道德、有文化、有纪律"的德智体美等全面发展

的社会主义建设者和接班人。素质教育的核心内涵就是使人实现全面发展。大学生创业教育从某种意义上说是大学生素质教育和创新教育的有效载体，是把素质教育引向深入的一种新形式。通过创业教育，发展学生的创造思维能力、专业能力、实践能力，培养学生独立学习的品质、开拓创新的意识等，是促使应试教育向素质教育转轨的重要举措。可以说，创业所涵盖的基本素质是素质教育最终的目标，或者说素质教育最重要的部分就是创业教育。高等院校对学生各种素质的培养，说到底就是要使学生既学会做事又学会做人，这样的学生才具有创业的基本素质，或者说奠定了创业的基础，才有可能在今后各种不同类型的行业或岗位上开创出一番事业。这也是素质教育的最终目标。

素质教育、创新教育与创业教育的实施对象是共同的，学生目标也是一致的，都是为了培养人才，但侧重点不同，解决的是人才的不同层面素质的培养的问题。素质教育的目标是实现人的全面发展，解决的是"成人"的问题；创新教育的目标是培养学生的创新意识与创新能力，解决的是"成才"的问题；创业教育的目标是培养学生的创业精神和创业技能，为"成家立业"做准备。"成家立业"是个人发展的最高目标。

创业教育不是精英教育，而是面向全体学生，是高等学校全员参与、全方位覆盖和全过程贯穿教育各阶段的素质教育的系统工程。在高等学校在实施素质教育过程中，培养学生创新能力是进行创业教育、培养学生创业能力的内在本质和支撑；在实施素质教育过程中，进行创业教育、培养学生的创业能力是学生创新能力的具体体现和实践。因此，在大学生中开展创业教育，实际上是大学生素质教育、创新教育的一部分，是素质教育和创新教育的深入和具体化，它应当而且完全可以融会在素质教育、创新教育之中，但同时应把对创业人才的素质和能力的培养，作为一种具体、特殊的教育模式进行研究，从而使高等院校的素质教育、创新教育得以深入发展。

（三）创业教育与就业教育、专业教育的关系

（1）创业教育与就业教育。就业教育和创业教育是高等学校在探寻满足不同社会发展需要的途径与方法过程中的产物。它们既是两种不同的人才培养模式，也是两种不同的教育质量观。前者以填补现有的就业岗位为价值取向，后者则以创造性就业和创造新的就业岗位为目的。创业教育本身并不排斥就业教育，它包含在就业教育之中。就业应该包含从业和创业两种形式。计划经济体制时期，我国高校毕业生通过统一分配得到职业。就业制度改革后，毕业生通过"双向选择"实现就业目的。不论是"统分"还是"双选"，以往中国高校的毕业生实际上都是以参与前人业已存在的事业，即从业方式实现就业。若能在开创基业的同时获得自己的职业岗位，那便是通过创业的方式实现就业。应该说，自主创业的就业观是我们应提倡的一种比自主择业依附性更小、主体意识更强的就业观。如果我们站在就业的角度，把以解决受教育者的就业问题作为直接目的的教育称作就业教育，那么创业教育无疑是从属于就业教育的，创业教育理念在高校的形成和确立将大大地拓宽就业教育的发展空间。

（2）创业教育与专业教育。专业教育是指与普通教育相对，对教育者实施专门的职业技术教育和专门的劳动技能教育的活动。专业教育是创业教育的基础内容，因为人的创造性必须通过现代科学知识和人文知识所包含的文化精神的熏陶和教化才能潜移默化地形成，没有这个基础，创业教育只能是无水之源、无本之木。创业教育中的所创之"业"与专业教育是紧密相连的。创业教育是建立在融合学生所学的基础知识、专业知识基础之上的，通过各种创业实践、设计、模拟构想的实际操作，以达到培养学生创造、创新、创业的精神和技能的教育。创业教育应该从专业教育的特点出发，努力培养学生符合专业发展方向、适应未来创业需要的能力结构，使创业教育与专业教育相辅相成。

当然，创业教育也有发展为专业教育的可能，如美国百森商学院就设有创业学专业，培养高层次的创业人员。创业教育在我国目前正处于研究、探索阶段。我国创业环境艰难、创业文化稀缺、创业意识淡薄等特点决定了我国目前还不具备把创业教育作为专业教育来开展的条件，它的实施需要借助某种具体的教育类型作为载体，如基础教育、职业教育、成人教育、高等教育等。

二、大学生创业教育的目标

创业教育的目标是根据社会发展需要和人的发展需要综合确定的，创业教育的培养目标和要求是实施创业教育的基本依据，是创业教育选择教育内容、明确教育方法、实施教育举措的出发点和归宿点。

大学生创业教育的目标是充分挖掘学生潜能，开发学生创业基本素质，培养具有创业意识、创新精神和实践能力的具有开创型个性的人才。为此，高等学校创业教育的目标应该在两个层面上开展。第一个层面是以强化全体学生创业意识、丰富学生创业知识、提高学生创业能力和技能，培养学生创业心理品质为重点的创业基本素质教育，这也是实施创业教育的共性目标；第二个层面是以少数学生为对象实施创业教育来培养学生开创性个性，这也是实施创业教育的个性目标。通过创业教育培养大学生的主体意识、市场开拓意识、合作精神和团队意识、创新与超越意识、承受失败的挫折意识，使之具有基本的创业意识、创业知识、创业心理品质、创业能力，形成主动性、研究性学习的意识和习惯，具备独立生活、工作的能力，较高的发展潜力，竞争能力和较强的社会适应能力。

三、大学生创业教育的内容

高校创业教育的内容包括创业思想教育和创业技能教育两个方面，主要是以培养大学生的创业基本素质为目标，培养受教育者的全面能力，尤其是创造能力，建立培养大学生从事创业实践活动所必须具备的意识、心理品质、能力和社会知识结构等的教育体系。它是进行创业教育的依据，是实现高校创业教育目标的一个重要保证。

（一）树立自主创业意识

创业意识是指在创业实践活动中对人起动力作用的个性心理倾向，包括创业需要、创业动机、创业兴趣、创业信仰和创业世界观等心理因素。创业意识集中表现了创业素质中的社会性质，它支配着创业者的创业态度和行为，规定其态度和行为的方向和力度，是创业素质的重要组成部分。创业教育的首要任务就是培养大学生积极探索、开拓创新的改革意识，锐意进取、敢为天下先的竞争意识和励精图治、自强不息的奋斗精神，使大学生树立独立自主、艰苦奋斗、勇于竞争的自主创业意识，这是高等院校创业教育最重要的内容。培养自主创业意识的实质就是让受教育者"愿创"，即通过创业思想教育，端正创业思想，使大学生树立自主创业意识，使他们愿意创业，乐于创业。弱者等待机遇，强者把握机遇，智者创造机遇，从"工作找我"到"我找工作"，再到"我创造工作"，这不只是就业方式的转变，更是深层次的观念转变。当代大学生应该树立这样的意识：创业不是个人行为，而是合作与表率；创业不是攫取私利，而是奉献与无私；创业也是就业，是更高层次的就业；创业者是坚定的爱国者，富有激情的实践者，艰苦创业的实干家。

（二）培育创业心理品质

创业心理品质是指对创业者在创业实践过程中的心理和行为起调节作用的个性心理特征，它与人固有的气质、性格有密切的关系，主要体现在人的独立性、敢为性、坚忍性、克制性、合作性等方面，它反映了创业者的意志和情感。良好的创业心理品质是创业成功的前提和条件，是支撑艰辛创业道路的精神支柱。而一个人的心理品质又是可以在后天的训练中得以培养和提高的。针对我国大学生的特点和弱点，为适应未来经济、社会发展的需要，要特别重视独立性、敢为性、适应性、合作性等心理品质的塑造。由于意志和情感过程是上述心理品质的核心，因此要将培养学生对事业追求的决心和信心，敢于冒险不怕失败的勇气，坚忍不拔、持之以恒的品性和热爱生活、热爱工作的情感，帮助学生学会理性分析问题，善于适应不同的环境和善于交往、合作的心理品质作为重点。

（三）提高自主创业能力

创业能力是一种以智力为核心的具有创造特性和较高综合性的、能顺利实现创业目标的特殊能力。创业能力是一种核心能力，是创业成功的充分条件，它既是创业教育的核心内容，同时又是培育创业意识的重要途径。创业能力包括：学习能力，即获取知识的能力，包括对知识的接受、转化与应用；创新能力，即把创新思想转化为现实的科研、管理和实践动手能力，化解外界风险，取得竞争优势，它包括技术创新、决策创新、管理创新；经营管理能力，是一种人、财、物、时间、空间的合理组合，科学运筹和优化配置的心理能量的显示，是对拟选择的创业领域的体悟、把握、创意和运作水平的总和，包括经营决策能力、分析判断能力、社会沟通能力、指挥协调能力、抵御和化解风险的能力和信息处理能力，它在较高的层次上决定着社会实践活动的效率和成败，因此是一种较高层次的创业能力。

（四）形成创业知识结构

创业是一项系统工程。创业教育在培养大学生的创业意识、创业心理品质和创业能力的同时，还要使大学生具备一定的社会创业知识。首先，应具备扎实的专业知识和丰富的非专业知识。只有这两方面知识相结合，大学生才能正确分析形势和事物的发展趋势，把握事物发展的全局，产生精辟独到的见解和谋略，从而树立并实现自己的创业目标。其次，应具备相应的商业知识，如商品交换、商品需求、商品流通等知识。再次，应具备一定的管理知识，如人事管理、资金财务管理、物流管理、生产管理和市场营销管理等知识。最后，应具备相关的法律知识，如工商注册登记知识、经济合同知识、税务知识、知识产权保护等法律知识。对此，原国家教委副主任柳斌对此做了科学的概括，"在人的全面素质中，不仅包括了思想素质、基础文化素质、技术和职业素质，还包含了创业素质。大学生不仅应做到德智体全面发展，而且应成为社会主义现代化建设的开拓者、创业者。而所谓创业者不仅要能创个人、家庭之小业，而且要能为壮大集体经济、促进社会经济发展，为祖国繁荣富强大业创造或提供新的工作岗位，这就需要我们的新一代具有层次更高、综合性更强的创业素质"。

四、大学生创业教育的基本特征

（一）创业教育是一种主体性的教育

创业教育就是要把学生培养成社会实践活动的主体，强调受教育者社会行动能力的培养，强调受教育者在实践中学会生存，学会处事，从而更好地适应和融入社会。加强社会实践活动是创业教育的一个重要环节，在此环节中强调学生"自学""自悟""自为"，要求大学生不仅成为认识主体，更要成为实践主体和创造主体。因此，创业教育充分尊重学生的人格和学习的主体地位，最大限度地激发学生的积极性、主动性、能动性和创造性，发挥学生学习知识的主体作用，培养学生对知识、问题主动思考的质疑态度和批判精神，并应用所学的知识解决实际问题，使学生了解和掌握创业规律和特点以及创业主体所应具备的基本素质。

（二）创业教育是一种高层次的素质教育

当今时代是一个开放的时代、竞争的时代、变革和创新的时代，新的时代呼唤新型的、具有开创性的教育理念和教育模式。现阶段，要想有效改变高校素质教育与应试教育貌合神离的"两张皮"现象，只有大力加强大学生创业教育。创业教育特别强调人的"学习能力"与"做事能力"的统一，强调知识、技能与情感的结合。通过创业教育，发展学生的创造思维能力、专业能力、实践能力，培养学生独立学习的品质、创新开拓的意识等，这是促使应试教育向素质教育转轨的重要举措。因此，创业教育是高层次、高质量的素质教育，是素质教育的最高体现。创业教育的高层次还体现在创业教育的目标是素质教育真正的落脚点。一方面，创业教育所要培养的创业型人才的素质全面涵盖了素质教育提出的培养目标，是素质教育的高级阶段；另一方面，社会实践活动贯穿创业教育的始终，可以随时为素质教育的成果提供评价。

（三）创业教育是一种健全人格的教育

创业教育强调以人为本，充分尊重学生身心发展的客观规律和特点，注重发展学生健康、健全、完整统一的人格。创业教育以培养学生的创业意识和创业能力为重点，以形成创业基本素养为目标，注重开创性个性发展，强调培养学生良好的创业心理素质。通过创业教育，可以培养大学生的自立自强、勤劳勇敢、诚实守信、积极向上、善于合作、敢为人先、开拓创新等良好品质。任何人的创业成功都离不开环境和机遇，但最根本的因素还在于创业者自身素质的高低，在于其是否具有非凡的人格魅力。创业教育把对学生的知识传授、能力培养和人格塑造有机融为一体，因此，创业教育归根结底是一种健全人格的教育。

五、大学生创业教育的作用和价值

（一）促进社会进步发展与和谐

创业教育作为一种教育活动，对社会的发展起着重要作用。在我国高等教育初步实现大众化新的发展阶段，开展大学生创业教育，培养具有开拓性、创新精神和国际竞争力的高素质人才，不仅可以有效解决大学生就业难题，避免人力资源的浪费，增进社会和谐稳定，而且可以促进高校办学与社会的衔接，有利于深入推进产学研一体化，为社会经济快速发展做出更大的贡献，更好地体现以人为本的和谐社会要求。高校开展创业教育既是主动适应社会和经济结构调整时期人才需求变化的需要，更是积极应对知识经济时代对创新创业人才培养要求的需要。

大学创业教育要运用现代自然科学和社会科学发展的最新成果，针对学生成长与发展中出现的新问题，通过专业课程教学中创业教育的实施和第二课堂创业实践活动的广泛开展，培养具有开拓创新精神、创业意识、创业知识、创业能力与创业心理品质的创业型人才，使大学生不仅成为知识的拥有者、社会财富的创造者，而且成为具有开创性的社会发展的推动者。

（二）促进高等教育改革与发展

十九大报告中指出，要坚持就业优先战略和积极就业政策，实现更高质量和更充分就业。高校必要坚持以国家战略需求为牵引，大力推进毕业生就业引导工程建设，实现学校毕业生高质量就业，为创新型国家建设输送优质人才资源。大学教育如何走出传统教育理念的局限性，培养出具有开拓性、创新精神和国际竞争力的创业型人才，当务之急是创新教育模式。创业教育就是要改变以往就业教育思维模式，克服长期计划经济形成的就业依附性，使高校学生不仅成为求职者，而且逐渐成为岗位的创造者。这样既可以解决自身就业问题，还可以为更多的人创造就业机会，在一定程度上缓解大学生的就业压力，改善大学生的择业质量，形成良好的社会舆论，成为发展经济、推动社会进步、保持社会稳定的积极力量。

大学创业教育要树立科学发展观，通过确立与创业教育相适应的人才培养模式，通过改革现有的专业教育和课程体系，通过教学内容、教学方法与评价方式的创新，通过教学管理体制的探索，适应市场经济对人才培养规格的要求，适应知识经济对知识型、科教型创业人才的需要，适应世界高等教育改革与发展的新趋势，不断实现高等教育新的跨越式发展。在大学生中实施创业教育，既是适应知识经济发展、拓宽学生就业门路和构建国家创新体系的长远大计，也是高等教育功能的扩展。

（三）促进人的自由而全面的发展

创业教育既是一种生存教育，更是一种人生成功发展的教育，强调培养学生的首创、冒险精神、创业能力、独立工作能力以及技术、社交和管理技能，对人的全面发展起着重要作用。促进人的自由而全面的发展，是建设中国特色社会主义的本质要求。针对"使大学生不再仅仅是求职者，而首先将成为工作岗位的创造者"，大学生创业教育坚持以人为本，高扬人的主体性和自由个性，注重开发潜能，培养学生具有创新性的思维方式和良好的个性，提高其创造力、学习力、适应力、竞争力与成功效率，在实践中获得新的知识、能力和健康的身心，使大学生具备生存能力、竞争能力，真正成为充满活力的社会个体和群体，走向社会担负起创业的重任，进而实现自我价值。综上所述，学生在创业教育和创业实践环境中，既能培养健全人格，又能发展知识和能力，从而有益于人的全面发展，成为推动经济、社会进步的源泉。

第二节　大学生创业教育的发展概述

一、大学生创业教育的发展现状

（一）党和政府高度重视创业教育

在1999年第三次全国教育工作会议上，深刻阐述了进行创业教育的必要性和重要性，会议指出"要帮助受教育者培养创业意识和创业能力，通过教育部门的努力，培养出越来越多的创业者，就可以为社会创造更大的就业机会，对维护社会稳定和繁荣各项事业发挥更大的作用"。在这次会议的报告中也提出"要探索鼓励高校毕业生自主创业的有效途径和相应的政策措施。通过政府设立小额贴息贷款或借助社会风险投资基金等方式，扶持大学生开办、承包和改造企业，特别是小型科技民营企业"。2006年10月召开的十六届六中全会做出的《中共中央关于构建社会主义和谐社会重大问题的决定》中指出"保持高等院校招生合理增长，注重增强学生的实践能力、创造能力和就业能力、创业能力"。党的十七大上提出"实施扩大就业的发展战略，促进以创业带动就业"。

1998年颁布的《高等教育法》和1999年6月中共中央、国务院《关于深化教育改革全面推进素质教育的决定》中明确提出了以培养大学生实践能力和创业精神为重点的全面发展的教育目标；2004年国务院批转的《2003—2007年教育振兴行动计划》集中反映实施就业创业教育的政策精神，明确提出"进一步形成各级领导高度重视、中央有关部门通力合作、省级人民政府统筹协调、高等学校和中等职业技术高等学校目标责任明确的就业工作领导体制和运行机制。完善有利于毕业生就业和创业的政策框架体系"。"各类高等学校和中等职业技术高等学校都要加强实践教学环节，密切与行业、企业和有关部门的联系，建立一批长期稳定的就业、创业和创新基地。加强对学生的职业指导和就业创业教育，推动就业观念的转变。"正是由于党和国家政府高度重视培养人的创业精神和创业能力，提出培养创业型人才，从而推动了创业教育在教育领域的开展。

（二）大学生创业教育发展的实际状况

在我国，创业教育起步较晚。国内高校对大学生进行的创业教育系统性还远远不够，可以说只是起步阶段，无论是师资队伍、理论研究、课程设置、教材建设，还是实践基地等都不健全，还没有形成系统完善的创业教育理论与培训体系。虽然在这一领域进行探索的院校与专家不在少数，但没有形成一套适合中国国情与教育发展现状的行之有效的方案。到现在为止，创业教育在中国的发展可以大致分为两个阶段。此内容在第二章有所论述，故在此不赘述。从总体来说，创业教育在中国还只是处于起步探索阶段，鉴于高校之间的实际情况不同，加之创业活动本身的复杂性和多样性，各高校创业教育应该是立足自身实际、走特色化的创业教育之路。

二、大学生创业教育中存在的主要问题

一是重能力培养、轻意识引导，创业教育观念有待改变。从目前来看，我国高校创业教育的重点基本上都放在了学生的创业技能上的培养，着重动手能力的培养，而忽视对学生创业意识的培养和引导。实际上，创业意识是创业情感、创业精神的综合体现，是学生对自己未来发展的一种主动的憧憬和希望，是发自内心的期盼，是人生理想和个人价值寻找实现的途径。1999年6月，中共中央、国务院《关于深化教育改革全面推进素质教育的决定》中强调了创业教育思想，"高等教育要重视培养大学生的创新能力、实践能力和创业精神，普遍提高大学生的人文素养和科学素养"。从教育本质上讲，教育从重知识到重能力，再到重素、质重意识是教育接近其本质的观念性改变。

二是大学生创业教育的理论体系不健全。首先，由于高校创业教育的理论研究不够，系统理论论述薄弱，加上对创业教育实践经验总结不够，导致理论研究不能够充分发挥对

实践的指导作用。其次，大学生创业教育与学科专业教育分离。我国高校目前的创业教育，由于没有融合于高等学校整体育人的体系之中，与学科专业教育的开展并未形成有机联系，是在"正规教育"之外，利用课外时间进行的"业余教育"，这一舍本逐末、注重形式的做法使创业教育失去了学科专业这一最有力的依靠，致使创业学子们激情有余而内功不足。再次，就是我国尚未在高校中开设创业教育系列课程，仅有部分高校进行了试点，试点也主要停留在就业指导层面上，并没有开设系统的创业教育课程，很难全面地提高学生的创业素质，无法在校园内形成创新、创业的浓郁氛围。

三是创业教育动机误差。高校开展创业教育的动机不应该只停留在缓解大学生就业压力这个层面上，而应该着手于教育本身，通过创业教育来帮助学生树立远大的职业理想和目标，树立人生基本信念，培养学生正确的职业理想和人生价值观才是创业教育的题中之意。创业教育实施的是"以学生为本"的现代教育，它以促进学生综合素质的提高为目的，把培养人的全面发展作为具体目标，以教育学生做人为核心，使受教育者具备合理的知识结构、开阔的文化视野、在创新的思维品质和健全的人格等。

四是大学生创业教育的师资建设不完善。一方面，大学生创业教育缺乏具有创新、创业意识的师资队伍，老师普遍缺乏创业的意识、创业精神、创业知识和创业能力；另一方面，在高校中从事创业教育的教师大多缺乏实践经验，没有自身创业经历，还停留在纸上谈兵的阶段。从国外的情况看，例如，在英国的所有创业教育教师中，有21%是兼职教师，98%的教师曾经有过实业管理经验，高达70%的教师曾经创办过自己的企业。因此，国内高校如果要改变创业教育师资现状，就必须从目前的"知识型""传授型"向"智能型""创新型""全面型"的人才转化。高校应采取有力措施解决创业教育中专业化师资匮乏的问题，这是影响创业教育成败的又一个重要因素。

五是创业教育的开展范围不广泛，仅局限于少数学生。我国高校的创业教育开始于创业大赛，自开始就刻有极强的精英化痕迹。创业教育关注的是少部分人的骄人业绩。各个高等学校设立的学生创业机构，无论是大大小小的"创新实验室""学生创业俱乐部""科创中心"，还是"21世纪人才高等学校"，都是精英化的机构，大部分高校关注的仍然是少数人的"创业个案"，而不是多数人的"创业实践"，大部分同学因各方面条件的限制而只能成为袖手旁观的"看客"。

六是大学生创业教育的工作机制不健全。目前我国多数高校内部的培养目标、工作制度、激励导向、评价体系、文化氛围都未能向创业素质培养倾斜。在高等学校里，大家无法感受到一种积极向上、不畏困难、勇于探索的创新创业气氛，有的只是一种归于平庸、虚度年华的窘态或一种一心只读圣贤书的书呆子形象。大学生本应是具有朝气、富有激情的创业中坚，如果置身于这样一种封闭的、静态的、循规蹈矩式的"弱势文化"氛围中，必将掩埋掉大学生的创业激情和斗志。

七是高校在创业教育的专业实践教学中还存在不少问题。首先，高等学校的教学设置缺乏灵活性与互动性。由于很多高等学校还是沿用以前的教学模式、课程设置和教学内容，又在此之上生硬地添加了创业教育，没有根据学生专业化、差异化及社会化的需求对创业教育的内容进行更为详细的分类和归纳，这就导致了创业教育和学生的专业结合不紧密，没有针对性，而且由于学生在传统教育模式下的低动手实践能力和低创造性，从而造成了创业教育取得的成效并不理想，因此使创业教育和学生专业学习相结合、相呼应变得十分重要。其次，高等学校缺少专业实践基地。大学生的创业教育应当与专业联系起来，多参加专业实践活动，而目前我国高校的实习基地较少，尤其是贵州地区，由于经济落后，高等学校资金紧缺等问题，不能具体地安排学生参加专业实践活动。因此迫切地需要国家对高校专业实践基地的建设重视起来，加大经济的支持力度，使创业教育中的专业实践教学能够得到更好的实施。再次，各高校师生对专业实践教学重视不足。现在高校的主要教学采用的还是传统的教学方式，以在课堂上向学生传授理论知识为主，没有真正地把专业实践教学当成一项十分重要的教学方法来看待。在这种观念下，造成了专业实践教学成了一个空洞的口号，只属于少数人的实验型教学模式并没有被广大的高校所接受和应用，大部分高等学校只是把专业实践教学作为辅助教学的一种方式，并没有成为学生学习过程中的一个重要组成部分。

三、大学生创业教育中存在问题的原因分析

大学生创业教育中存在问题的原因是多方面的，概括起来有以下几个方面。

（一）高等教育体系弊端的影响

我国现行的教育体系存在脱离社会、脱离实际的状况，如部分高校有些专业设置滞后，培养出来的学生不适应社会发展对人才的需求，并且存在着专业设置过窄、人文教育薄弱（尤其是理工科院校）、教学内容陈旧、教学方法手段落后、教学模式单一等弊端。这样的教育体系对人的发展表现了极大的约束性及对文化多元发展的窒息性，培养出来的学生素质普遍不高，对国家和社会的依赖性有余，开拓性和主动性不足；传承能力有余，创新精神不足，容易趋于保守，缺乏自主能力和创新能力，难以适应复杂多变的社会生活和难以预测的外部环境。大学生创业教育正是克服上述弊端的有效探索，然而在现实中，高校把创业教育仍然置于高等教育体系之外，没能把创业教育纳入人才培养方案中，没有建立起真正的创业教育机制，为学生提供较好的创业教育条件和环境。

（二）高等学校传统教育模式的影响

（1）考核制度不利于创业教育。我国高校的考核制度实质上还是应试教育体制下的知识本位的考核制度。考核制度对于学生而言，是主要的指挥棒，高等学校考什么，学生学什么，高等学校如何考，学生如何学，在"片面追求升学率"的应试教育制度下，学生的创新能力存在着严重的"先天不足"。在知识经济和经济全球化的背景下，我们不再以培养博学之士为目标，而是以培养具有合理的知识结构、良好的能力结构和健康的心理结构

的全面发展的能解决问题的人才作为我们的培养目标。而现行的大多数考核方式方法、评价体系,把学生根据知识水平分为三六九等,不利于学生创业素质的培养,如英语教育的考核以笔试过级为主,使学生沉迷于背单词、做试题,虽然过了四六级,但仍是哑巴英语,不会在实际学习、生活、工作中运用。因此,在这样的情况下,高等学校不重视甚至意识不到创业教育,更不用说加强创业教育的理论研究、人才培养、课程体系建设了。

(2)教育方式依旧封闭落后。在高等教育教学中,学生一般处于被动接受的地位,在课堂上主要以教师讲授为主。在这种教育方式下,学生的积极性被严重忽视,直接导致了其学习主动性的逐渐丧失,学生的思想和行为受到很大的束缚。在缺乏积极的启发与讨论情况下,学生的独立思考能力和创新能力得不到提高。教学中单一的教学形式逐渐使学生丧失了学习的积极性和主动性,使学生学习越来越没有活力。这就造成很多学生虽然经过高等教育,但由于对所学的知识不能进行有机的联系,知识吸收僵化,不能在实践中加以运用,这也使学生很快遗忘所学过的知识。

(3)素质教育依旧匮乏。高等学校实施素质教育旨在全面提高全体学生的基本素质,开发人的潜能,使学生得到全面的、和谐的、充分的发展,而创新教育则是素质教育的核心。因为创造力是人的一种最宝贵的高品位素质,每一个正常人身上都具有创造的潜力,人的整体素质的提高,其核心就是创造潜力的开发。

我们培养的人才只有具有创新和开拓的应变能力,才能适应未来社会的各种挑战和竞争。而创业教育又是在素质教育和创新教育的基础之上建立起来的教育模式,是素质教育、创新教育的具体化和再深入。然而反观现实的素质教育,在实施的过程中呈现反复的现象,距离理想和目标当中的素质教育还有很大的差距。

(4)高校对大学生创业教育的重视程度不够。当前许多高校对开展创业教育停留在口头层面,还只是一种口号,对创业教育的重视程度严重不足,由此导致在实施过程中出现应付、变调等问题。对创业教育重视程度不足,直接反映在:没有理解创业教育的真正内涵和重要意义;没有形成完备的创业教育课程体系;创业教育仍处在"竞赛"的初级阶段;创业教育还停留于毕业生就业指导层面;图书馆关于创业教育方面的书籍和资料少之甚少等。所有这些问题直接导致创业教育形式单一,缺乏多样性、系统性与层次性,无法得到真正有效的落实,影响创业教育的实际效果。教育部部长周济院士指出高等学校的声誉归根结底要靠毕业生就业创业的实力及就业创业后做出的成绩。然而,大多数高等学校从高等学校管理者到教师都没有从高等教育大众化、大学生未来就业及世界高等教育发展的趋势角度,来认识创业教育对培养社会经济文化发展所需要人才所具有的重要意义,普遍缺少对高等学校实施创业教育的价值认识,没有认识到"以创业促就业"对提高就业率的积极作用,忽视创业教育的根本作用。

总之,面对经济社会发展的新形势、新要求,创业教育作为一种新的教育理念和模式,不但体现了素质教育的内涵,而且突出了教育创新和对学生实际能力的培养,它必将引导和推动高等学校办学指导思想的根本性转变。高等学校要全面推进创业教育,必须突破传统教育模式，建立以大众教育为背景，以素质教育为基础，以通才教育为依托，以开放教育为手段，以能力培养为核心的新型教育模式。

第三节 实施大学生创业教育的体系构建

一、创业教育理念的把握与确立

　　创业教育理念是大学生创业教育体系的灵魂，从根本上来说，它应该包含以下几个方面：以人为本的教育理念，以大学生为主体的教学理念，促进大学生全面发展的质量理念，培养创造型人才的教育价值理念，坚持终身学习的学习理念。要使创业教育的理念成为高等教育改革与发展的全新理念，首先要转变教育观念，明确创业教育目标，树立创业教育的教育价值观。观念制约行动，目标指明方向，理论指导实践。创业教育的顺利实施，最主要的是创业教育的思想必须在高等学校的管理者、教师和学生中形成共识。

　　我国大学生创业教育是要培养大学生创业意识、创业知识及相关的能力与品质。创业教育可以弥补创业经验的不足，可以系统地发展创业技能，最终目的就是要使学生毕业以后能够大胆地走向社会，面对市场，自主择业、自我创业。高校应树立知识与精神、能力整体和谐发展的教育观，彻底改变高校人才培养中重智育轻德育、重理论轻实践、重知识轻能力、重共性轻个性、重理工轻人文、重专业轻基础、重功利轻素质等现象，在传承文化的基础上进一步研究和创新文化，在发展智力的基础上进一步培养能力，在专业教育的基础上逐渐拓宽知识领域，在灌输教育的基础上逐步实现自我教育，充分重视学生个性、主体意识和创造能力的培养，把培养学生的创新精神与能力置于中心地位。同时，大学生创业教育应面向全体学生，关注个体差异和专业差异，顺应知识经济时代特点，全过程实施、全方位实施、全面实施。

　　高等学校管理者应当学习了解《世界高等教育会议宣言》的主要精神，把握世界高等教育发展的总趋势，转变旧的、僵化的教育观念，树立现代教育思想，变应试教育为素质教育、创新教育，改革人才培养模式，清醒认识"高等教育在培养民族创新精神和培养创造性人才方面肩负着特殊的使命"的重要意义，尤其是"要帮助受教育者培养创业意识和创业能力"，通过努力，"培养出越来越多的不同行业的创业者"；并要按照这一要求，在高等学校的各项工作中全面贯彻创业教育思想，从提高学生的基本素质、创新能力入手，在教学内容、方法、课程设置及考试制度等方面进行改革，将创业教育纳入人才培养计划中，加强学生创业能力的培养，为学生提供创业环境和机会，帮助学生做好自己的职业规划。

　　教师是实施创业教育的主要力量，教师持有何种教育观念决定着实际培养出来的是就业型人才还是创业型人才。在国家大力提倡创业教育的今天，通过宣传教育和教育思想大讨论的方式，通过政策的宏观调控，转变教师传统的教育就业观，树立以创业为核心的、面向未来的新观念，引导教师主动参与到创业教育的改革实践中去。

大学生要正确认识当前的就业形势，突破传统意义上"就业"的思维定式，使"创业"成为生存、发展和价值实现的首选项；要转变"等、靠、要"的思想观念，树立自主创业意识，把创业作为一种人生追求，一种挑战自我的方式，一种自我发展、自我完善的完美形式；要认识到培养创业精神、提高创业能力、树立创业人格的重要性和紧迫性，了解创业素质的必备条件以及如何具备这些条件。在此基础上，大学生要综合分析，对未来职业生涯进行合理的规划，主动自觉地配合高校教育，确立创业理想，明确创业方向。

二、加大高校教育教学改革力度

（一）构建科学的学科课程体系和教学模式

要构建科学的学科课程体系和教学模式，要形成新的促进培养学生创新能力的教育氛围，改革目前的课程体系、教育模式、教学方法及教育评价机制是关键。

（1）构建科学的课程体系。学科课程体系的建设、教材及内容的选择必须以市场的需求为导向，以发挥学生的主观能动性和创造性为核心，逐步实现课程弹性化、国际化、实践化、特色化、个性化，从而促进课程的综合化，教学内容的选择不能固定不变，要有开放性和灵活性，让师生共同参与探索知识的过程。高等学校可以根据不同类型学生的需要，选择不同深度和广度的课程。各高校在设置创业课程时还应结合高等学校的特点和学科优势，不同高等学校争取形成各具特色和优势的创业课程。

（2）转变教育模式。由精英教育向大众教育转变，由传统灌输式教学向创造性教学转变，由培养专才向培养通才转变，由"知识加智力"向"智能加创新"转变，由封闭式教育向开放式教育转变，由应试教育向素质教育转变。以大学生全面素质的培养和提升为基础，在基础知识教育和专业教育中有机融入创业精神、创业意识、创业素质和创业技能的培养教育。

（3）丰富教学方式方法。结合创业教育特别注重实践和实务的特点，采取活动开展、系列讲座、案例教学、实验实习、混合讨论、模拟创业等多种形式，给学生传授创业经验和技能。在教学过程中逐渐培养学生的灵活性、敏锐性和独创性，弥补学生社会经验的不足和高等学校创业课堂的局限。一般来说，大学生的创业教育宜采用贯穿式与项目式相结合的方式进行，对于创业知识的获取和创业意识的培养应采用全程贯穿式教学，根据大学生不同年级特点开设不同的创业知识课程和进行不同方式的创业思想与创业品格教育。对于大学生创业技能的培养，应采用项目式教学，让学生通过项目的展开逐步获得创业的基本技能。

（4）完善创业教育评价体系。大学生创业教育目标的实现需要通过完整的评价体系加以检查，我们应主要从评价方式的选择、评价标准的制订、评价操作系统的设计等几个方面来构建大学生创业教育的评价评估体系。特别是教学效果的评估要以运用知识解决实际问题的能力、获取信息和处理信息的能力、运用知识和信息进行创新的能力、合作竞争的能力以及专业技能与创业的结合能力为重要指标，同时将创业教育纳入考试改革的范畴并建立相应的考核体系和机制。只有这样，才能保证创业教育落到实处，抓出成效。

（二）深化教学管理和学生管理制度的革新

高校在加强创业教育的时候，应该深化教学管理制度和学生管理制度的改革和创新。在教学管理方面，要大力改革和完善学分制，实施弹性学习制度，营造一个开放宽松、有利于学生个性充分发展的育人环境和创业环境，让学生充分发挥自己的兴趣与专长，使学生拥有广博的学科知识，具备创业的基本素质。学生在校期间，可以根据自身实际情况申请创业、就业，实行工学交替，分阶段地完成学业。学生管理方面，在规范的基础上，要更多地使用激励机制，激励学生进行创业训练，培养创业意识和能力，从而进一步激发大学生的创业热情。

（三）建立具有创新能力的专业化师资队伍

（1）高校创业教育师资应采取选拔聘用制，向全社会敞开大门，充分挖掘和利用社会资源和校友网络，从校外各领域聘请一批具有实践经验又有一定管理理论修养的企业经营管理人才、成功企业家、孵化器的管理专家、风险投资家、咨询师、技术专家，以及其他理论知识与实践经验、操作技能均十分优秀的人才担任兼职讲师或作为"创业导师"，让他们走上创业教育讲坛，向学生开设讲座和进行咨询辅导，让学生体味直接来自实践的真知灼见。

（2）高校应大力组织培养优秀的创业教育师资。首先，高校要遵循教学规律和人才成长的规律，采用民主推荐、个人自荐、竞争选拔、课题带动等方法，把有专业特长和发展潜力的学科带头人选拔出来，承担创业教育和科学技术研究的重任。其次，高校要通过培训、校企合作、国际合作、挂职锻炼等形式提高创业教育师资的理论水平并创造条件适当鼓励教师参与企业咨询，创办经营企业以及各种研究活动，增加其管理实践经验，提高其创业意识和创业实践感知。再次，转变教师的教学方式，通过互动式、案例式、讨论式、实践式的教学，既教给学生创业必备的知识，又能从思想上深入激发学生创新创业的欲望，从而调动他们的潜能，去从事创新创业活动。

总之，高校必须采取一切可行的办法来切实提高教师的创业素质，造就一支具有崇高的职业理想、积极的探索精神、开阔的人生视野、扎实的创业能力的专业化教师队伍。

三、加强大学生创业教育的组织和领导

（一）建立高等学校创业教育领导小组

高等学校成立由学校党政领导、督学、有关职能部门及各教学单位负责人组成的全校创业教育领导小组，负责领导、协调全校创业教育工作，对推进创业教育中牵涉全局的规

划、政策、表彰等重大事宜有决策权力，负责对全校创业教育工作和下级创业教育组织或团体进行宏观管理和监控，形成一个党委统一领导、行政具体负责、主要领导挂帅、部门分工合作、学生工作部门为主、党政工团齐抓共管的高校创业教育与推广工作格局。

高等学校领导是创业教育的领导者和决策者，负责创业教育理念、目标的确定和相关政策的制订；教务处是创业教育的主要管理部门，负责制订符合创业教育要求的专业培养方案和学业评价标准并监督创业教育的质量；学工部是创业教育的重要管理部门，负责制订学生课外、校外创业教育活动要求和管理办法以及组织、指导学生的创业教育活动；校团委、学生会是创业教育的重要执行机构，负责按照创业型人才培养要求和教务处、学工部制订的要求，组织学生积极开展各项创业教育活动；宣传部是创业教育的主要宣传机构，负责宣传高等学校有关创业教育的理念、政策、制度和动态；人事部门要制订创业教育师资的规划、培训、选拔聘用、职称评定和福利的相关政策和制度；科研部门要制定创业教育科研的扶持与奖励的相应制度；创业教育研究指导中心要加强对创业教育的研究与指导并与人事、教务部门共同负责对创业教师的培养；各教学单位是创业教育的实际执行者，负责培养方案的落实、教学计划的执行、各项创业教育活动的具体实施以及本单位创业教育的研究与探索；教辅单位和后勤部门为创业教育提供服务与保障。

（二）成立创业与创业教育研究中心

高等学校创业与创业教育研究中心是进行创业与创业教育学术研究的机构，负责组织人员进行创业与创业教育的理论研究及课程开发；组织申报各类创业与创业教育研究课题；定期组织召开创业与创业教育学术研究会议并积极组织创业与创业教育论坛；建立广泛的外部联系网络；为创业和创业教育的理论研究和交流提供园地。

（三）建立大学生创业指导中心

高校大学生创业指导中心是高等学校促进校企文化结合、扶持大学生创业的机构，负责宣传大学生创业政策和信息，普及创业教育；校内各教育机构的协调组织与管理；校内创业文化氛围的营造；学生创业项目的审查和辅导；开展创业指导和专题讲座，推广成功创业者的经验；创业社团的管理，风险投资的争取与管理工作。

总之，高校的各个部门和各级领导要把大学生创业教育作为高等教育改革、提升办学质量的重要载体来抓，纳入年度和中长期的发展规划中去，进一步明确大学生创业教育的使命和地位。高校要进一步统一思想，在高校形成人人重视创业教育，人人贯彻执行创业教育理念的良好氛围，凝聚起高校推广创业教育的合力。

四、建立健全创业教育保障机制

高校创业教育基于创新性教育和创新性学习，重在培养学生创造力，应从多个层面建立系统有效的保障机制，形成一个高校、社会、企业、政府四方面良性互动式发展的创业教育生态系统，有效开发和整合社会各类创业资源，以保证创业教育持续、健康发展。

（一）构建大学生创业平台和实践途径

大学生创业素质的培养，最终要通过创业实践活动得到巩固和发展。在创业教育的课程体系中，创业实践活动能使学生进一步巩固知识，激发研究欲望，提高所学知识和技能转化为实际运用的能力，还能培养情感和意志，塑造人格个性，树立坚定的社会责任感，进而实现创业所需的综合能力的全面提高。从创业实践角度，我们当前应该做到：

（1）开展科技创新和经济管理活动。此活动受资金、专业等条件的局限较多，主要是创办各种形式的创业园，指导学生自主设计、创办、经营商业企业或科技公司等。

（2）开展各种形式的创业教育活动。如组织"创业计划大赛"，开展"创业沙龙""创业教育论坛""人才论坛""青年创业大讲堂""成功创业者报告会"活动，成立"创业俱乐部""创业训练营""创业教育网站"，开展学术报告、研讨、辩论、科研竞赛和创业交流，开设创业教育讲座和创业管理培训班等。

（3）开展课内外创业实践活动。无论是理工科学生，还是文科学生，从培养学生在未来社会中的生存能力和创业能力的角度看，除开展大学生课外科技活动外，各种专业、各种特长的学生都可以接受创业教育，开展创业实践活动，如各种竞赛活动的实施方案、一种刊物的策划与创意、一个社团的组织与管理、一次公共活动的设计与组织、一个科研立项的起草与申请、一个项目的运作管理、一种专利或技术的发明与使用、一种法律实践或金融实践的模拟等，都是创业实践活动的重要内容。

（二）建立大学生创业支持与服务体系

创业支持与服务体系是十分重要的环境因素，是由政府、学术机构、中介组织及个人共同参与建设，旨在直接促进创业与中小企业健康成长的服务网络。当前我们应该做到：

（1）在组织层面上，着重建立指导机制、活动机制和激励机制。一是要加强对大学生创业教育活动的组织领导，制定配套政策，确保活动开展有宽松环境。二是高等学校要对教师的教学、科研和创业辅导工作予以支持，经费上给予保证，以科研促教学，以创新促创业。三是要为在校生和毕业生的创业努力提供多方面的支持。创造条件设立创业基金和创业促进会、联谊会等组织结构，在资金和咨询辅导上为学生和毕业校友提供一定的帮助。四是要普及创业计划竞赛等活动，使学生的创业计划竞赛等活动规范化、制度化。五是要提供有利于年轻教师和学生发展个人兴趣、特长和脱颖而出的土壤，建立公平、公正、合理的奖励制度，这在很大程度上能调动教师与学生开展创业活动的积极性，促进创业教育在高等学校广泛地开展。六是丰富创业教育资源。高等学校应搜集与提供更多的学习资源，扩大学习资源的边界，弥补创业教育资源的数量和质量方面的不足。七是要建设有利于创业的舆论环境。高等学校要广泛利用广播、电视、校刊、校报、板报、校园网站等宣传工具，大力宣传创业的重要意义，宣传创业的经验，宣传成功创业的典型，树立勇于创业的榜样，弘扬创业精神，在校园形成讲创业、想创业、崇尚创业、以创业为荣的校园舆论氛围，引导形成鼓励创新、开拓进取、宽容失败、团结合作、乐于奉献的校园创业文化氛围。

（2）在制度层面上，着重建立政策保证机制和经费保障机制。应着眼于形成创业教育理念，调动师生开展创业教育的积极性，使高等学校和学生形成合力。改善创业教学与实践的软硬件设施条件，为学生创业提供政策、项目、资金和环境支持和保证等，为学生开展创业活动提供良好的基础环境，充分发挥学生自主性和开拓性，自觉开展和自主开发各种创业活动。建立大学生科技创新基金和创业启动基金，鼓励学生进行科技创新活动和创业设计，扶持大学生创办高科技企业，建立创业公司。

（3）在条件层面上，着重建立基地支持机制、技术支撑机制和学习交流机制。建立校内外产学研实习基地，创办科技创业园区，开放教学科研实验室和工程技术研究中心，构筑大学生实践创新的平台。加强国际交流，组织国内高校到国外创业教育搞得好的高等学校学习，借鉴先进的经验，尽快缩短与国外创业教育的差距，促进国内创业教育的发展。

（三）加大大学生创业教育的政策保障

1. 政府优化大学生创业政策和建立健全相关法律法规

创业政策是指为了刺激创业而采取的有关政策，创业政策重在改善创业活动的文化和环境。目前国家虽然在大力提倡和鼓励个人创业，但现实情况不太乐观。有创业者表示，严格的登记制度、烦琐的审批程序、沉重的税费负担，加之政府各部门的收费、罚款不胜枚举以及各种创业服务的缺失，使原本就势单力薄的中小企业不得不面临悲剧，也使很多创业者不堪重负。

可见，政府必须转换职能，为大学生创业提供高效率的行政服务。在过去出台的一系列优惠政策的基础上，政府还应继续积极创造条件，制定推行创业的扶持政策和措施，为创业提供相应的法律和制度保证。创业政策应该尽量减少限制、降低门槛、简化程序、方便快捷、搞好服务。政府应将大学生创业纳入社会创业的系统中，让大学生在创业方面享有"国民待遇"。通过贷款担保、基金支持、简化审批手续、制定相应的税收减免扶持政策以及对有创业愿望和创业能力的大学生提供专门的创业培训，对大学生进行创业指导、政策咨询、项目论证、跟踪辅导等服务，帮助他们解决创业管理中出现的各种问题，提高其创业成功率。

2. 高等学校应制定推进创业教育的指导性意见

高等学校要参照国家的有关文件精神，制订推进创业教育的指导性意见，明确高等学校创业教育的指导思想和目标、实施原则、要求和对策。在校园内形成对创业教育的统一认识。

3. 高等学校制订推进创业教育教学方案

高等学校要把创业教育纳入高等学校教育过程，要研究制订创业教育教学方案，这是高等学校推进创业教育的载体与依据。高校要通过重新整合和创新创业教育的人才培养方式，研究制订创业教育教学方案，确定创业教育课程类型、设置课程的门数、教学时间的分配、学生学习方式及创业教育教材的选择；同时与社会各界保持多方位、多渠道的联系，积极争取和充分运用社会资源,建立起广泛的专业实践和社会实践基地。

4.高等学校制定鼓励和推进大学生创业的政策

高等学校要制定鼓励和推进大学生创业的政策并设立大学生创业基金,为经过专家论证具有良好前景的创业项目提供资金扶持,为创业团队提供初始创业基金。同时高等学校要积极利用政府的政策,为学生创业提供税收、融资、房租的优惠,鼓励学生进行创业实践并对在创业过程中做出成绩的学生给予表彰和奖励。

参考文献

[1] 里尔登,等.职业生涯发展与规划[M].侯志谨,译.北京:中国人民大学出版社,2010.

[2] 屈善孝.大学生职业生涯规划与创新高校思想政治教育[J].思想政治工作研究,2010(6):40-42.

[3] 崔世莹.大学生职业生涯规划教育中思想政治教育元素的研究[J].高等教育,2011(4):32-33.

[4] 袁焕伟,张元.帕森斯职业指导思想对我国的借鉴[J].职业技术,2010(2):4-5.

[5] 张音.以职业生涯规划教育为视角分析大学生择业观[J].思想政治教育研究,2011,27(3):131-133.

[6] 杨怀祥.美国大学生就业服务体系研究及对我国就业指导工作的启示[J].学校党建与思想教育,2010(1):85.

[7] 郭剑.当前大学生职业生涯规划的现状及对策[J].中国大学生就业,2010(20):39.

[8] 尹娟.导师制在大学生职业生涯规划实践教学中的应用[J].江苏高教,2011(1):120.

[9] 丁翠玲.大学生职业生涯规划教育研究[J].教育与职业,2009(32):81-83.

[10] 崔智涛.从美国生涯咨询的发展看我国大学生就业指导的问题与出路[J].全球教育展望,2009(5):80-83.

[11] 于东江.高校开展大学生职业生涯规划教育的必要性和措施[J].教育与职业,2010(2):72-74.

[12] 缪子梅.切实加强高校校内创业教育师资队伍建设[J].中国高等教育,2013(23):32-34.

[13] 张红梅.基于创新创业应用型人才培养的教师队伍建设[J].继续教育研究,2016(4):21-23.

[14] 高国平,钱俊.高校创新创业教育与专业教育互动融合中的师资队伍建设思考[J].科技创业月刊,2016(23):51-52.

[15] 刘彦军.高等教育综合改革背景下的创新创业教育模式探索[J].中国高校科技,2015(9):82-85.

[16] 张兄武，徐银香. 探索分层递进式创业教育体系 [J]. 中国高等教育，2016(19)：54-57.

[17] 黄兆信. 推动我国高校创新创业教育转型发展 [J]. 中国高等教育，2017(7)：45-47.

[18] 李亚奇，王涛，李辉. 加强专业教师创新创业教育教学能力建设探析 [J]. 创新与创业教育，2017(5)：122-125.

[19] 鄢显俊. 课堂教学能力是高校教师的首要职业能力 [J]. 中国大学教学，2016(3)：71-75.

[20] 姜衍，孙潇宇，殷丹丹. 浅谈高校创业双导师队伍的建设 [J]. 创新与创业教育，2017(5)：133-136.

[21] 朱飞. 协同学视阈下的高校多元协同创业教育研究 [J]. 高等工程教育研究，2016(5)：39-43.